Impressum

Hinter der bunten Mauer

2. Auflage 2021

Autorin Cornelia Zoels
Cover: Andy Niemann und C. Gina Huber, LAYOUTRIOT
Buchsatz: C. Gina Huber, LAYOUTRIOT

© Herstellung und Verlag: Books on Demand, Norderstedt
www.bod.de @2021

Die Bibliografische Information der Deutschen Nationalbibliothek;
Die Deutsche Nationalbibliothek verzeichnet diese Publikation in
der Deutschen Nationalbibliografie; detaillierte bibliografische Daten sind im Internet über dnb.dnb.de abrufbar

ISBN: 9783753461632

Vorneweg

»Dem kleinen Mauerblümchen gleich, das im Verborgenen blüht.
Sei immer fromm und gut, auch wenn dich niemand sieht«

- Autor unbekannt -

Wie, Sie kommen aus dem Osten und wie, da hat man auch gearbeitet? Da drüben waren doch alle faul, da gab es eh keine Arbeit. Es gab nix da drüben bei den Ossis, nicht einmal Bananen oder andere Südfrüchte. Da waren doch alle bei der Stasi! Frauen und Technik, das kann doch nicht gut gehen. Die ostdeutschen Frauen waren leicht zu haben. Du siehst aus wie ein Mauerblümchen, mach mal was aus dir. Bevor ich diese Vorurteile hörte, lebte ich 25 Jahre von 1964 bis 1989 hinter dem »Eisernen Vorhang«. Davon zwölf Jahre gemeinsam mit meinen Eltern und drei Geschwistern in einem 300-Seelendorf im Land Brandenburg. Mein größtes Lebensziel war es, Lehrerin zu werden oder mit Menschen zu arbeiten. Natürlich ohne politischen Einfluss der Schule und ohne in die Partei eintreten zu müssen. Ich träumte von liebevollen Eltern, von Freiheit und Glück. Mein Leben ist aber ganz anders verlaufen, als ich es mir erhofft hatte. Meine Eltern verkauften Haus und Hof. Sie stellten einen Ausreiseantrag. Und sie liebten mich nicht. Sie wollten mit allen Mitteln in den Westen, ob mit Kindern oder ohne, das war denen egal. Was das bedeutete, war mir als Zwölfjährige nicht klar. Daher lebte ich unbeschwert weiter und verfolgte konsequent mein Ziel. Allerdings habe ich nicht mit der Willkür der Lehrer in der Schule gerechnet und, dass die Hunde von der Stasi jeden meiner Schritte beobachteten. Das Leben da drüben war kein Zuckerschlecken, sage ich Ihnen, aber dennoch habe ich es überlebt, auch ohne Bananen. Zumindest lief ich nicht Gefahr, zum Affen zu mutieren. Ich hatte die Wahl zwischen den Montagsmalern oder dem Schwarzen Kanal.

Die Montagsmaler waren ein unterhaltsamer Spaß, der für die Menschen im Osten überlebenswichtig war. Obwohl uns die Westverwandtschaft mit vielen Produkten und Klamotten das Leben im Osten erleichterte, fiel es mir immer schwerer, dort zu leben. Nachdem der Versuch, aus dem kläglichen Dasein zu flüchten, scheiterte, wurde ich kurze Zeit später von meiner Familie getrennt. Fast 20 Jahre danach habe ich sie wieder getroffen, aber ohne nennenswerten Erfolg. Der Traum von einer harmonischen und liebevollen Umgebung, Glück und Freiheit, von einer normalen Schul- und Berufslaufbahn und von einer Sportkarriere wurde zerstört. Sie hinterließen einen soliden gestörten Block in der Seele. Nur mein Körper überlebte diese spannenden, aber auch humorvollen Episoden im Sozialismus und in meinem Leben heute. Den Wunsch, ein Buch zu schreiben, lösten zahlreiche Geschichten aus. Es sind Geschichten über ungewöhnliche Kriminalfälle, gescheiterte Fluchtversuche, Verfolgung, Beschattung, den Umgang mit Irrtümern oder Vorurteilen, um nur einige zu nennen. Eine grelle, skurrile, klärende Erkenntnis überkommt mich bei der Feststellung, dass sich die Dinge in der neuen westlichen Welt ähnlich anfühlen. Und in meiner Erinnerung spüre ich noch immer die Hoffnung, die stets in mir pochte. Tag für Tag, Nacht für Nacht und Jahr für Jahr klammerte ich mich an die Hoffnung, das Glück zu finden. Ich sehe noch immer ein Mädchen, das sich still beschwerte. Der Schmerz darüber, nicht bemerkt, frei zu sein und sesshaft zu werden, war unerträglich und ist es bis heute. Wie eine Rebellin protestierte ich gegen die Bedingungen, in denen ich mich als junger Mensch befand und heute als reife Frau befinde.

Ich möchte nicht das Vorurteil bestätigen, dass die Ostdeutschen nur am Jammern sind. Ich schildere, was ich vor und nach dem Mauerfall erlebt und erfahren habe. Oft hieß es, das kannst du nicht. Das kann nicht funktionieren. Das ist unmöglich oder schlag dir das aus dem Kopf. Trotzdem habe ich alles versucht, gegen viele Widerstände anzugehen – es geht eben doch! So etwas prägt. »Es ist nichts unmöglich, das können wir schaffen, wenn alle mitmachen«. So konnte ich Kollegen und Freunde motivieren, für die langersehnte Freiheit zu kämpfen. Konfrontiert mit vielen Vorurteilen startete ich mein Leben wenige Jahre nach dem Mauerfall in Westdeutschland. Oft war ich es leid, diese Vorurteile zu hören. Sie taten weh. Warum, erfahren Sie in diesem Buch. Am meisten aber störte mich das Unwissen über den einstigen diktatorischen Staat im deutschsprachigen Europa. 31 Jahre nach dem Mauerfall haben sich die Vorurteile gelegt, aber das Unwissen blieb. Bis vor kurzem habe ich die Geschichten meiner Kinder-, Jugend- und Erwachsenenzeit, an die ich mich erinnere, Schülern im Gesellschaftsunterricht erzählt. Heute motiviere ich Menschen, an ihren Zielen und Träumen festzuhalten und sie konsequent zu verfolgen.

Dieses Buch soll Sie bewegen, aus Ihrem Leben etwas Positives zu gewinnen und persönliche wie auch berufliche Krisen zu meistern. Auch wenn das Buch bereits abgeschlossen ist, ist mir bewusst, dass die Suche nach dem Glück weitergeht. Eines weiß ich aber schon heute; ich werde meinen Platz finden und irgendwann dort ankommen, wo ich als Mensch geachtet, respektiert und geliebt werde. Man darf nie aufhören daran zu glauben, und wie wir wissen, stirbt die Hoffnung bekanntlich zuletzt.

Inhaltsver-
zeichnis

1. Teil

Meine Ankunft im Leben

Das Leben kann nicht schöner beginnen

Es ist Juni und ein Mittwoch im Jahr 1964, kurz nach Sommeranfang, als ich das Licht der Welt erblickte. Bei der Geburt ist man sehr hilflos und muss sich mit dem abfinden, was einen umgibt. Es war ein kalter, kahler Raum, wie ich annehme, für die werdenden Mütter gedacht. Die weißen Wandfliesen waren sauber und die Entbindungspritsche etwas ramponiert. Kein Wunder, denn meine Mutter hatte schließlich gerade mit den Wehen gekämpft. Grelles Licht kam von einer Glühbirne an der Decke. Nebenan, nur durch Wände aus Stoff getrennt, schrien andere werdende Mütter nach ihren Müttern. Jetzt musste ich unbedingt schauen, wo ich angekommen bin. Ich tauchte aus dem blutgetränkten Laken auf und bekam von einem Mann, der einen weißen Kittel trug, die ersten Schläge. Nachdem ich mir die Seele aus dem Hals geschrien habe und mit meinen geballten Fäusten noch etwas ungeschickt meine blutbeschmierten Augen rieb, wurde es erstmals warm. Eine Frau, ich nehme an die Hebamme, wickelte mich in ein Tuch. Meine Mutter lag wie eine Tote im Leichenschauhaus. Eingehüllt in eine Bettdecke schlummerte sie auf der Pritsche, nur ihre großen Brüste und der blonde, verschwitzte Schopf schauten heraus. Ein jämmerlicher Anblick, wie ich fand, und trotzdem hat mich die Hebamme auf die Brust gelegt. Als ich endlich die Brustdrüsen dazu bewegen konnte, mir Milch in den Rachen zu spritzen, wurde das Schauspiel abrupt beendet. Ich wurde zu einer für mich viel zu kleinen Waage getragen und anschließend in einer Wanne aus Zink gebadet. An der Wand hing ein Spiegel. Ich konnte mich das erste Mal betrachten. Der Spiegel war sehr herzlos, denn der zeigte mir alle vorhandenen Schäden. Keine Zähne, verschrumpelte Haut und keine Haare. Das Leben kann nicht schöner beginnen. Nachdem ich mit meiner Mutter die Geburtsstätte verlassen habe, fuhren wir gemeinsam in ein Dorf, das ziemlich abgelegen zwischen Seen und Wäldern lag. Es war ein warmer Sommertag und ich hörte ein für mich völlig fremdes Geräusch. Vögel saßen auf den Dächern, Pfählen und Stangen, sie sangen ihre Lieder. Sie hörten sich lustig an, so dass ich mich auf mein Zuhause gefreut habe. Wir betraten das Haus, indem ich nun zwölf lange Jahre meiner Kindheit verbringen sollte. Plötzlich standen scheinbar Hunderte von Gesichtern und schwitzende Gestalten um mich herum. Mit arteriosklerotischen Grimassen hatten sie sich an meiner Mutter vorbei gequetscht, nur um einen Blick auf mich zu werfen. Toll! Bei aller Freude, angekommen zu sein, wurde mir klar, dass diese Leute zu meiner Familie gehörten und ich in einem Irrenhaus gelandet sein muss. Ich bekam Angst und fing an zu schreien. Eine grauhaarige Frau, vom Leben gezeichnet, nahm mich in den Arm und versuchte, mich zu beruhigen. Sie hatte eine weiche, zarte Stimme, die meine schlechte Stimmung gleich in eine positive umwandeln konnte. Wir lächelten uns an und mit einem breiten Grinsen im Gesicht hat sie mich weitergereicht. Es war meine Omi mütterlicherseits. Ich mochte sie jetzt schon. Zwischenzeitlich nahm ich außer Schweiß noch andere Gerüche wahr. Diesen Duft kannte ich bereits aus dem Krankenhaus. Es roch nach Kaffee und selbstgebackenen frischen Kuchen. Ich landete auf den Arm eines dunkelhaarigen Mannes. Allem Anschein nach, mein Vater, der mich nur widerwillig beäugte. Er zeigte kein großes Interesse und hatte mich sogleich an eine andere ältere Dame weitergereicht. Sie sah mich durch ihre dicke Hornbrille an und lächelte. Obwohl ihr bereits einige Zähne fehlten, mochte ich sie leiden. Es war meine Oma väterlicherseits, die sich scheinbar über mein Ankommen sehr gefreut haben muss, denn sie hatte Tränen in den Augen. Vielleicht wusste sie aber mehr über die Umstände in der Familie und hatte Mitleid mit mir, wer weiß das schon. Gerade als ich eingeschlafen war und mich mit meiner Umgebung abgefunden hatte, wurde ich durch lautes Gebrüll wach. Ins Zimmer stürzten zwei Kinder, blass und mager, die mich anscheinend auch begrüßen wollten. Das größere Kind von beiden war mein Bruder. Die Kleine mit dem fiesen Blick war meine Schwester. Was hatte ich verbrochen, dass ich so bestraft wurde? Mir war klar, dass ich zukünftig all die Aufmerksamkeit, die ich heute bekommen hatte, teilen musste. Oh Gott, ich bin als drittes Kind eindeutig ein Produkt aus der genetischen Restpostenverwertung! Was soll ich hier? Ich werde doch nie als vollwertiges Wesen angesehen.

Was soll's. An der Kaffeetafel saßen noch die Opas und andere Verwandte. Scheinbar waren sie alle sehr neugierig auf mich oder wollten einfach nur frischen Kuchen essen. Ich schlief wieder ein.

Das Irrenhaus

Unser Haus stand am Dorfrand, etwas abgelegen vom Ortskern. Felder und Wälder, wohin man schaute, sehr idyllisch, wie ich fand. Das Haus war durch den Vater meiner Mutter, der leider mit 22 Jahren im Krieg bei Gefechten in Russland gefallen war, gebaut worden. Die einzige Bombe, die je das Dorf im Zweiten Weltkrieg getroffen hatte, fiel ausgerechnet nahe dem Haus auf ein Feld. Die Scheiben der Fenster waren zerborsten, das Dach wurde durch den Druck des Aufpralls stark beschädigt und die Wände hatten Risse. Verwandte und Bekannte haben das Haus wieder in Stand gesetzt. So konnten meine Omi und meine Mutter, die zu diesem Zeitpunkt sehr klein war, dort weiter wohnen. Das Feld hingegen konnte in diesem Jahr nicht mehr bestellt werden. Zu groß war das Loch, das die Bombe hinterlassen hatte. Während des Krieges inspizierten die Russen das Haus. Sie fanden es so schön, dass sie sich für eine Weile einquartierten. Für eine Wasserleitung hatte das Geld nicht gereicht. Es fehlte aber auch das Material, um Leitungen verlegen zu können. Schlussfolgernd verfügte das Haus 20 Jahre später bei meiner Geburt immer noch über kein fließendes Wasser. In der unteren Etage befanden sich die große Küche, zwei kleinere Zimmer und ein größerer Raum. Wie in einem Rondell konnte man von einem Zimmer ins andere gelangen, ohne dass einem schwindlig wurde. Das Haus war ohne Badezimmer ausgestattet. Das hätte ohne Wasser eh kein Sinn gemacht. Über eine quietschende Holztreppe mit ca. 16 Stufen gelangte man vom Flur ins Obergeschoss. In diesem Teil des Hauses war auch mein Reich zu finden, das ich mir mit meiner Schwester teilen musste. Es war schlicht eingerichtet, aber durch zwei Fenster recht hell. Ein Kachelofen hielt im Winter das Zimmer warm. Seine Kacheln waren braun, sie glänzten in der Mittagssonne. Wie bei Kachelöfen üblich, konnte man Dinge wie Socken oder Getränke hinter einer Luke warmhalten. Vorausgesetzt man hatte ihn zuvor mit Kohlen bestückt und diese angezündet. Leider gab es keine Tür aus Glas, um das Fackeln der Flammen zu beobachten. Sobald man die

Tür öffnete, entwichen der Glut kleine Funken, die wie Sterne kurz aufleuchteten und auf den Fußboden zurückfielen. Das hatte was! Natürlich war der Holzfußboden durch eine Metallplatte vor dem Ofen geschützt. Sie hatte im Laufe der Zeit recht viele Brandstellen bekommen und an Glanz verloren, zu oft wollten wir das Leuchten der Sterne sehen. Um ein warmes Zimmer zu haben, schleppten wir die Kohlen nach oben. Dann feuerten wir den Ofen so lange an, bis er Funken spuckte und eine wohlige Wärme abgab. Mein Kinderbett stand direkt an der Wand, die mit hellen Tapeten verziert war. Welch ein Glück, man hatte auf die großen Blumentapeten der 60ziger Jahre verzichtet. Dennoch war die Position meines Bettes nicht gerade gesund und ungefährlich. Nicht wegen der Wasserquellen, die es ja nicht gab, sondern wegen der herabhängenden Stromkabel und der offenen Steckdose. Da ich von Natur aus sehr neugierig bin, untersuchte ich die Steckdose mehrmals und bekam nach den physikalischen Gesetzen schlussfolgernd etliche Stromschläge. Ich war damals zwei Jahre alt. Sie bescherten mir ein besonders prickelndes und kribbliges Gefühl, das ich oft erleben wollte. Keiner weiß warum. Eines Tages musste ich mit einem Gegenstand, der mir heute nicht mehr bekannt ist, diese Dose intensiver untersucht haben. Plötzlich gab es einen Knall und es stank nach Versengtem. Da ich scheinbar das hell erleuchtete Haus in Dunkelheit versetzt hatte, bekam ich Angst und fing an zu schreien. Ob ich mir bei dieser Aktion wehtat, kann ich heute nicht mehr beantworten. Eines ist aber gewiss. An die Schläge danach, die nicht aus der Steckdose kamen, kann ich mich noch genau erinnern.

Das Spannendste an unserem Haus war das fehlende Bad. Ein Plumpsklo hinter der Hundehütte fungierte als sanitäre Einrichtung. Sobald ich laufen konnte, musste ich auch nachts die Hütte ohne Licht aufsuchen. Die Angst vor dem stinkenden und tiefen Loch überwand ich nur langsam. Ich nahm allen Mut zusammen, denn eine nasse Hose konnte ich mir nicht erlauben. Die Winter waren zu dieser Zeit meist sehr kalt und der Schnee lag über einen Meter hoch. So stapfte ich mit meinem langen Nachthemd und ohne Schuhe schnell durch den Schnee, um das stinkende Loch weiter zu füllen. Manchmal war kein Klopapier vorhanden. So kam es, dass ich eines Tages die vergessene Sportzeitung»Deutsches Sportecho« meines Vaters benutzte, um sauber das wackelnde Klohäuschen zu verlassen. Schon beim Benutzen überkam mich kein gutes Gefühl, da mein Vater ein euphorischer Fußballfan war. Wer sonst hat eine Sportzeitung auf dem Klo? Weiterhin hatte ich Angst mit meinem Hintern an der Klobrille anzufrieren. Unvorstellbar war es in diesem Mief zu verrecken, deshalb beeilte ich mich mit meinen Geschäften. Vor dem Weg zurück grauste es mich regelmäßig. Mir blieb keine andere Wahl, denn ich wollte wieder zurück in mein Bett, das sicherlich bis zu meinem Eintreffen an Wärme verloren hatte.

Nachdem ich die quietschende Klotür langsam wieder zu machte, war der Hund hellwach und fletschte seine Zähne. Es wurde immer gruseliger. Dennoch habe ich es geschafft, mich eng an der Stallwand lang zu hangeln, um nicht vom Hund gebissen oder gar gefressen zu werden. Seine Kette reichte Gott sei Dank nicht bis dahin. Im Hof stand eine Wasserpumpe, die im Winter mit Stofftüchern oder Handtüchern eingepackt werden musste, damit sie nicht einfriert. Von weiten sah sie wie ein richtiger Mensch aus, der in der rechten Hand einen Baseballschläger trug. Nach kurzer Schrecksekunde war mir klar, dass diese komische Gestalt unsere Wasserpumpe sein musste. Ich konnte an der Wasserpumpe vorbei ins Haus flüchten.

Da kein fließendes Wasser vorhanden war, schleppten wir bereits als Kinder die Wassereimer ins Haus. So kam es, dass sich an meinen dünnen Oberarmen Muskeln aufgebaut haben. Deshalb konnte ich mich vor den brutalen Übergriffen meiner Geschwister und später meiner Klassenkameraden wehren, für mehr reichte es noch nicht.

Später, ich muss sieben oder acht Jahre alt gewesen sein, bekam unser Haus tatsächlich noch einen kleinen Anbau. Darin befand sich dann das Bad mit fließendem Wasser aus der Wand. Samstags war der Badetag für alle! Ich wollte immer mit meiner Schwester gemeinsam als Erste in die Badewanne. Dieser Wunsch hatte auch seine Gründe. Zum einen war ich früher fertig, zum anderen musste ich nicht das schmutzige Wasser meiner Vorgänger benutzen. Das Wasser wurde für zwei Durchgänge in die Badewanne gelassen. Ja, meine Eltern waren in solchen Dingen sehr sparsam. Also gab es immer Theater um die beste Badezeit. Das Badezimmer strahlte auch nicht wirklich Freude aus, da die Fliesen schwarz waren und fast jeden Tag von mir geputzt werden mussten. In diesen Zeiten wünschte ich mir, dass dieser Anbau nie stattgefunden hätte. Zum Trost redete ich mir ein, dass die Wandfliesen doch eine gute Errungenschaft zu DDR-Zeiten sein mussten. Schließlich waren alle Leute, die uns besuchten, hell auf begeistert.

Die bucklige Verwandtschaft

Mein Vater war zum Zeitpunkt meiner Zeugung gerade aus der Haft entlassen. Man hatte ihn zuvor aus politischen Gründen ein Jahr inhaftiert, da er eine DDR-Fahne im betrunkenen Zustand verbrannte. Ich kann verstehen, dass er sich sofort mit meiner Mutter vergnügte. Damals war mein Vater 24 Jahre jung. Ein gutaussehender Mann mit dunklen Haaren und einem schmalen Oberlippenbart. Mit der Zeit änderte sich aber sein Aussehen. Sehr oft schaute er zu tief ins Bierglas und das gute Essen meiner Mutter gab ihm den Rest – der Bauch wuchs und wuchs. Seine Hosen hingen etwas schlapp unter seinem dicken Bauch und wurden mit einem Gürtel festgehalten. Dieser Gürtel kam von Zeit zu Zeit auch noch anders zum Einsatz. Nämlich dann, wenn er betrunken aus der Dorfkneipe kam. Wir wurden durch lautes Gebrüll und Gepolter aus dem Schlaf gerissen. Mitten in der Nacht ließ er uns antreten. Völlig verängstigt, wie vor einem Schießkommando stehend, reihten wir uns nacheinander auf. Wir lernten, wie man den Gürtel aus dem Hosenbund zieht und ihn so zusammenfaltet, dass ein schnallendes Geräusch erzeugt wird.

Anschließend ist es wichtig, dass man seinem Gegner tief in die Augen schaut, auch wenn man vielleicht schon doppelt sieht. Egal! Den Arm einfach hochnehmen und zusammen mit dem Gürtel versuchen, den Gegner außer Gefecht zu setzen. Er muss so getroffen werden, dass er schreiend davonläuft. Diese Übung haben wir oft wiederholt, um für das kommende Leben gut gerüstet zu sein.

Ich kann mich noch daran erinnern, dass ich im Hof spielte und mich an einer Rasierklinge, die dort im Sand lag, geschnitten hatte. Die Narbe ziert heute noch meinen linken Daumen. Das Blut ist wie ein Wasserfall nur so aus meinem Daumen geströmt. Mir wurde schlecht. Mein Vater wickelte mir Handtücher um den Finger und fuhr mit mir auf dem Moped zu einer Krankenschwester im Ort.

Wir hatten kein Auto und kein Geld für so einen Luxus. Außerdem hatten sie keine Lust, zwanzig Jahre auf ein Auto zu warten. Bei den meisten Banküberfällen oder anderen Raubzügen wurden Autos als Fluchtutensil verwendet. Wer will da schon eine Bank ausrauben, wenn man zwanzig Jahre auf das Fluchtauto warten muss? Die DDR-Regierung hat damals ganz logisch gedacht und hat somit die Kriminalität auf ein Minimum reduziert. Schließlich hatte man unter der SED-Regierung keinen Grund, Überfälle zu begehen. Weit ist man eh nicht gekommen, da die Grenze und somit die berühmte Mauer unüberwindlich schien.

Ich ging noch nicht zur Schule und es war an einem Samstag, als das mit meinem Daumen passierte. Alle hofften, dass die Krankenschwester auch zu Hause sei – besonders ich! Auf dem Rücksitz des Mopeds habe ich dann versucht, mit meinen kurzen, dünnen Armen den dicken Bauch meines Vaters zu umschlingen. Ich hatte panische Angst vom Sitz zu fallen. Mit der linken Hand hatte ich keine Möglichkeit mich festzuhalten, sie war ja dick eingewickelt. Bevor er losfuhr, rief er:»Halt dich fest.«

Ich habe es ja versucht, aber irgendwie war mein Arm zu kurz. Ich hielt mich dann an seiner Jacke fest. Mein dicker Vater und ich auf dem kleinen Moped»Spatz«. Irgendwie hatten alle Modelle Tierbezeichnungen wie Schwalbe, Star oder der besagte Spatz. Diese Fahrt werde ich nie vergessen. Da die Straßen im Osten nicht mit Gold, aber auch nicht mit diesem schwarzen Zeug gepflastert wurden, bekam ich Angst und Bange. Die hellen Handtücher wechselten bereits ihre Farbe und sahen rosa bis rot aus. Irgendwie gelang es mir, mich festzuhalten. Um mich abzulenken und nicht an den Schmerz denken zu müssen, zählte ich die vielen Schlaglöcher auf der sandigen und staubigen Straße. Ob ich falsch zählte, weiß ich nicht mehr. Da ich noch nicht in die Schule ging, war die Wahrscheinlichkeit recht hoch! Gott sei Dank, die Krankenschwester war zu Hause und hatte auch die nötigen Verbandsachen, um die Wunde zu versorgen. Die Rückfahrt war wesentlich entspannter, nur die Handtücher, die ich festhalten musste, haben gelitten. Ich glaube, meine Mutter hat sie anschließend weggeworfen. Damit ich nicht so viel vom Schmerz im Daumen spürte, habe ich mich wieder mit den Schlaglöchern befasst. So um die 100 Stück auf 1,5 Kilometer, grob geschätzt. Ich war mir sicher, dass ich nun des Zählens mächtig war. Für kurze Zeit konnte ich so meinen pochenden Daumen und die Schmerzen vergessen. Nun soll mal jemand behaupten, dass Schlaglöcher ihren Sinn verfehlen.

Mit meinem Vater konnte man aber auch viel Spaß haben. Eines Tages, meine Mutter war im Krankenhaus, wollte er den Sonntagsbraten zubereiten. Er hat den Braten aus Schwein und Rindfleisch, umgangssprachlich »Halb und Halb«, mit Salz und Pfeffer gewürzt und ihn angebraten. Danach goss er die Brühe darüber und stellte ihn mit kleiner Flamme auf den Herd. Im Nebenzimmer, das als Esszimmer diente, haben wir Kinder mit ihm herumgetollt und gespielt, bis uns plötzlich ein beißender Geruch in die Nase fuhr. Es war der Braten, der inzwischen ziemlich lange vor sich hin geköchelt hat. »Scheiße« rief mein Vater und stürzte in die Küche. Vom Braten, von den Möbeln geschweige vom Herd war nichts mehr zu sehen, weil sich der hellblaue Rauch über alles legte. Im Topf loderten bereits die Flammen. Er nahm ihn und rannte durchs ganze Haus auf den Hof, wo die Wasserpumpe stand. Die aus dem Gefäß aufsteigende Flamme wurde immer größer. Den Topf stellte er unter die Pumpe und mein großer Bruder Michael musste das Wasser hochpumpen. Es zischte und spritzte. Vom Fleisch keine Spur mehr. Der Topf konnte nur noch entsorgt werden. Es gab an diesem Sonntag Rühreier. Heute stellt sich mir die Frage, was wäre passiert, wenn wir zu diesem Zeitpunkt schon fließend Wasser gehabt hätten? Mein Vater war in der Schule nicht gerade begabt und in manchen Situationen hat man das auch gemerkt. Er schloss die Volksschule ab und arbeitete anschließend in der LPG (Landwirtschaftliche Produktionsgenossenschaft). Einige Jahre später besuchte er noch die Berufsschule, um einen Bauberuf zu lernen. Meine Mutter saß bis spät abends im Wohnzimmer und erledigte für ihn die Hausaufgaben. Wenn er noch Lust hatte, übte sie mit ihm. Irgendwie hat er einen Abschluss geschafft und konnte dann sogar junge Leute auf Baufahrzeugen ausbilden. Eines Tages kam er aufgelöst nach Hause. Unter Tränen erzählte er, dass ein Auszubildender durch die Baggerschaufel erschlagen worden war. Ihn traf Gott sei Dank keine Schuld. Aber von nun an, so mein Gefühl, waren seine Besuche in der Kneipe regelmäßiger. Oft trug er einen Teil des schmalen Gehaltes (ca. 700 Ost-Mark) gleich am Zahltag in die Kneipe, um seinen Kummer zu ertränken. Unsere Mutter schickte uns los, um den Vater abzuholen. Er freute sich, wenn wir kamen, so glaube ich jedenfalls. Meistens ging meine Schwester mit mir los, weil sie hoffte, eine Brause spendiert zu bekommen. Mein Vater saß dann, die Zigarette im Mundwinkel, mit anderen Männern am Tisch, spielte Karten und trank Bier. Hin und wieder brachte die Bedienung auch ein kleines Glas mit Schnaps. Die Kneipe war durch den Qualm der Zigaretten und der dicken Zigarren, die einige alte Männer rauchten, sehr stickig. Ich fing erst einmal an, fürchterlich zu husten. Die Männer saßen in den Ecken des Raumes und schauten uns neugierig an, als wir durch die vergilbte Tür reinkamen. Sofort habe ich meinen Vater entdecken können. Er grölte laut, weil er wohl gerade einen Stich gemacht und somit das Kartenspiel gewonnen hatte. Ich meine, die Männer haben um Geld Skat gespielt, aber ich wusste es in diesem Moment nicht genau. Auf dem Tisch lagen lauter 10 oder 20 Pfennig Stücke. Als wir ihm sagten, dass er nach Hause kommen soll, spendierte er uns erst einmal eine Brause, wie von meiner Schwester vorausgesagt. Ich mochte die Brause eigentlich nicht, weil die meist nach Bier schmeckte. Die Bedienung hat sich nicht wirklich große Mühe beim Auswaschen der Gläser gegeben. Lieber saß sie auf dem Schoß eines jungen Mannes. Da wir die Glückssträhne unseres Vaters durch unsere Gegenwart beeinträchtigten und er, von da an jedes Spiel verlor, sollten wir wieder nach Hause gehen. Wir zogen ohne unseren Vater ab. Zu Hause angekommen kam uns eine enttäuschte und fluchende Mutter entgegen. »Warum habt ihr ihn nicht mitgebracht?«, fragte sie uns. Wie soll ich denn als siebenjähriges Kind den Vater überzeugen mit nach Hause zu kommen? Ich glaube, meine Mutter hatte es damals sehr schwer. Wahrscheinlich hat sie in diesem Moment auch nicht nachgedacht. Für mich war das überhaupt nicht zu verstehen. Warum spendierte er uns erst eine Brause und ließ uns einige Stunden später mitten in der Nacht zur Gruppenübung antreten? Eine methodische und didaktische Strategie mit Lerneffekt habe ich dabei nicht erkennen können, aber meine Eltern waren ja jung, unerfahren. Vielleicht waren sie auch überfordert.

Mein Vater war handwerklich sehr geschickt. Vieles am Haus reparierte er selbst und renovierte sogar die Zimmer. Damals fand ich das dumm, da wir als Kinder bereits mithelfen mussten. Wir putzten den Dreck vom Boden oder hielten mit dem Besen die Tapete, wenn mein Vater die Decken tapezierte. Aber ich habe gelernt, wie man Fußböden putzt, die Möbel vom Staub befreit, Staubsauger oder Besen bedient, die Wäsche wäscht und Essen kocht. Ach ja, und wie man Tapeten an die Wand bekommt oder wieder ab. Zu Recht kann ich heute behaupten, dass ich in der Lage bin, einen Haushalt zu führen. Wenn mein Vater nicht gewesen wäre, könnte ich die Dinge sicherlich nicht und würde eventuell in einer Messi-Wohnung hausen. Kaum auszudenken, wenn RTL oder Kabel 1 Fernsehen mit einem Kamerateam vor meiner Tür stehen würde. Abgesehen davon habe ich auch gelernt, mich zur Wehr zu setzen. Das übermittelte Wissen sollte mir später sogar das Leben retten! Daher kann ich den Erfahrungen nur etwas Positives abgewinnen.

Meine Mutter war früher eine sehr hübsche, schlanke Frau mit langen blonden Haaren, die meist zu einem Zopf zusammengebunden waren. Die Schule hat meine Mutter mit 1 abgeschlossen und bei der Post gelernt. Als sie mit meinem großen Bruder 1961 schwanger war, besuchte sie eine Verwandte im Westen. Sie hat leider nicht die Möglichkeit genutzt, im Westen zu bleiben. Wenige Wochen nach der Geburt meines Bruders am 13. August 1961 wurde die Mauer gebaut. Noch heute muss ich mich an diese Geschichte erinnern und ich komme ins Träumen. Was wäre, wenn, zählt in diesem Moment aber nicht.
Meine Mutter hatte früher in unserem Haus ein eigenes Zimmer. Hier stapelte sie die Post und die Pakete von anderen Leuten aus dem Ort. Damit verdiente sie ihr Geld. Da wir kein Auto besaßen, musste meine Mutter alles aufs Fahrrad packen und die Post im Dorf austragen. So hielt sie sich lange fit und blieb vorerst schlank. Sportbegeistert war sie nicht und, selbst wenn sich die Möglichkeit geboten hätte, ins Fitnessstudio zu gehen, hätte sie es eh nicht getan. Es gab nur die traditionellen Sportveranstaltungen und Vereine. Davor hat sie sich immer gedrückt. Das Zimmer mit den vielen Paketen befand sich im Erdgeschoss unseres Hauses. Rechts und links standen Regale für die eingehenden Pakete und Briefe, so glaube ich jedenfalls. Links unter dem Fenster stand ein Schreibtisch, der nostalgischen Charakter besaß. Die braune Farbe, die er

mal besessen hatte, war an vielen Stellen bereits abgeschürft. Der Tisch sah aus, als hätte er bereits 100 Umzüge hinter sich gelassen. Aber er passte gut ins Zimmer, da die Regale auch nicht besser aussahen. Scheinbar gab es in der DDR auch keine Farbe.

Wir hatten ein Telefon, das aber nur selten klingelte. Wir konnten nicht groß umher telefonieren, weil die anderen Leute, mit denen man sprechen wollte, keine Telefone besaßen. Nur Ärzte, Lehrer und manche alten Leute hatten ein Telefon oder die Mitarbeiter bei der Post, aber auch nicht alle. Das Telefon hatte eine schwarze Drehscheibe mit weißen Zahlen, es kann aber auch andersherum gewesen sein, ich weiß es nicht mehr so genau. Ich habe mich besonders auf den Fahrer gefreut, der ein paar Mal in der Woche morgens die Post mit einem großen LKW brachte. Er bekam von uns Kindern den Kosenamen »Meister Proper«, weil er wie der Mann aus der Werbung aussah. Es durfte keiner wissen, dass wir Westfernsehen schauten. Meister Proper hatte auch eine Glatze und grinste uns an, wenn wir in den LKW stiegen, um gemeinsam mit ihm zur Schule zu fahren. Sie war ca. drei Kilometer entfernt im Nachbardorf und lag zufällig auf seinem Weg. Ich hatte also drei Kilometer Zeit, in positive Gedanken zu flüchten, um mich auf den Tag vorzubereiten, der hoffentlich ohne große Zwischenfälle verlaufen sollte. Dabei schaute ich oft Meister Proper an, weil er ein sehr freundliches Gesicht hatte. Er strahlte etwas ganz Besonderes für mich aus. Es war Liebe und Geborgenheit.

Bereits als kleines Kind, ich war noch nicht in der Schule, habe ich meiner Mutter geholfen, die Zeitungen von Haus zu Haus zu tragen. Bei der Gelegenheit lernte ich die Namen der Leute und wusste fast über jeden im Ort Bescheid. So interessant waren die Einwohner mit ihren Geschichten aber nicht. Daher habe ich sie auch schnell wieder vergessen. Meine Arbeit, heute Kinderarbeit genannt, wurde nicht sonderlich belohnt. Meine Mutter hat mich schon früh spüren lassen, dass ich kein Wunschkind war. Daher kann ich mich an Huldigungen oder gar Lobeshymnen nicht erinnern. Mir hätten aber auch schon Umarmungen oder liebevolle Worte gereicht. Also lernte ich schnell, wie ein Roboter, zu funktionieren. Ich hatte aber Glück im Unglück. Es hätte mich noch härter treffen können. Stell sich mal einer vor, wie ein fünf- oder sechsjähriges Kind, vollgepackt mit Werbeblättern, Katalogen oder dicken Zeitschriften, wie sie es heute gibt, mit dem Kinderfahrrad losradelt. Auf Straßen mit Schlaglöchern oder weichen Sand wäre ich auf Grund meiner zierlichen Gestalt früher oder später stecken geblieben oder gar zusammengebrochen. Später hatte meine Mutter die Poststelle aufgegeben und in der Stadt eine Stelle bei der großen Hauptpost angenommen. Somit haben wir unser Telefon verloren und außerdem war ich meine Arbeit los! Mein kleiner Bruder Andrè bekam bei der Geburt zu wenig Sauerstoff und war deshalb geistig zurückgeblieben. Er hatte dunkle Locken und trug später eine Brille mit bunten Aufklebern, da er auf einem Auge schielte. So wie ich war er kein Wunschkind, daher wurden wir kaum beachtet. Meine Mutter hatte mit André eine schwierige Geburt. Sie ist fast daran gestorben und gab meinem kleinen Bruder die Schuld daran. Sie hat es später oft erwähnt. Was konnte er denn dafür? Mein Bruder muss sein ganzes Leben lang mit einer Behinderung leben. Einmal habe ich sogar geträumt, dass sie versucht hat, uns schon vor der Geburt los zu werden. Manchmal denke ich an diesen Traum. Mein Bruder ist heute 54 Jahre, gesundheitlich angeschlagen und arbeitet hin und wieder als Helfer. Er lebt in der Nähe von Berlin.

Mein großer Bruder Michael hatte es als Erstgeborener und als Wunschkind natürlich viel einfacher. Aber auf Grund seines angeborenen Herzfehlers war er immer das Sorgenkind und wurde besonders von den Omas und Opas verwöhnt. Nicht, dass mich das eifersüchtig machte, aber als Kind dieser Familie wollte auch ich meine Anerkennung. Zu DDR-Zeiten wurde er nicht am Herzen operiert, weil man sich das nicht zutraute. Vor 15 Jahren, er war gerade 38 Jahre alt, musste er operiert werden, sonst hätte er seinen nächsten Geburtstag nicht erlebt. Aber während der OP gab es Komplikationen und er bekam einen doppelseitigen Schlaganfall.

Meine Schwester ist ein Fall für sich. Sie ist ein Jahr älter als ich und war auch ein Wunschkind. Sie hat bereits als Kind sehr fantasiereiche Geschichten erzählt und später hat sie ohne rot zu werden gelogen, was das Zeug hält. Sie hat die Geschichten so glaubwürdig erzählt, dass man wirklich gedacht hat, dass alles stimmt, was sie sagt. Aber eigentlich haben fast alle gewusst, dass sie gerade lügt. Trotzdem wurde sie meist von Prügel verschont. Eigentlich hätte sie bei so viel Fantasie ein Buch schreiben müssen.

Meine Oma Anna und mein Opa Otto väterlicherseits, die bereits seit langem tot sind, lebten nur ein paar Häuser weiter. Ich bin als Dreijährige zu den beiden geflüchtet, weil ich mich hier am wohlsten fühlte. Hier habe ich auch meiner Uroma die langen weißen Haare gebürstet. Wie sie hieß, weiß ich nicht mehr. Sie sind während des Krieges aus Polen geflüchtet und haben sich im Osten Deutschlands eine neue Existenz aufgebaut. Ob sie damals überzeugte Ostdeutsche waren, wusste ich zu diesem Zeitpunkt nicht, da man sich als Dreijährige darüber keine Gedanken macht. Als ich fünf Jahre alt war, haben die beiden den Osten verlassen, um in den Westen zu gehen.

Als Rentner durfte man die DDR auch ohne großen Aufwand und langer Wartezeit verlassen. So ähnlich wie im Westen waren die Rentner für den Osten wertlos. Sie kosteten nur Geld.

Meine Omi und mein Opi mütterlicherseits lebten bis zum Ende ihrer Tage in unserem Dorf, etwa 500 Meter von uns entfernt. Mein Opi war der Stiefvater meiner Mutter. Ihr richtiger Vater ist im Krieg gefallen. Ob sie auch Flüchtlinge waren, weiß ich nicht. Meine Mutter sah ihrer Mutter ziemlich ähnlich. Meine Omi war die Frau, die auch hin und wieder ein paar schlechte Zensuren unterschrieben hat. Wenn ich Sorgen hatte, konnte ich zu ihr kommen und sie hatte immer ein offenes Ohr. Besonders gerne habe ich sie wegen ihres Schäferhundes besucht, der mir oft in schwierigen Zeiten Trost gespendet hat. Ich liebte diesen Hund mehr als alles andere. Als meine Omi starb und mein Opi sich wenige Wochen später auf die Suche nach einer »Neuen« machte, mochte ich ihn nicht mehr. Eine erlebte Geschichte mit ihm wird mich mein Leben lang verfolgen.

Meinen Onkel Rudi und meine Tante Emma habe ich kaum verstanden, weil die einen für mich fürchterlichen Dialekt sprachen. Immer wieder musste meine Oma Anna übersetzen und ich habe mich fast totgelacht über die komischen Wörter. Meine Tante musste dann mitlachen. Sie kamen aus einem kleinen Ort in der Nähe von Stuttgart, daher auch der Dialekt. Ich habe nur gute Erinnerungen an diese Zeit. Die beiden waren immer lieb und nett zu uns und brachten viele Geschenke aus den Westen mit. Leider sind beide mittlerweile verstorben.

Meine Tante Marga kannte ich als eine liebe und geduldige Frau. Sie sprach auch so witzig wie Tante Emma und Onkel Rudi. Sie hatte bis zum Tod ihres Mannes eine Gärtnerei bewirtschaftet.

Ihren Mann habe ich nicht mehr kennengelernt. Nach einigen Jahren, als ich meine Tante endlich kennenlernen durfte, bekam sie Parkinson und starb einige Zeit später im Pflegeheim. Ich werde sie für immer in meinen Erinnerungen behalten.

Ach, und da bin ich ja auch noch …, die meisten Menschen nennen mich Conny und das ist auch gut so. Ich bin heute 56 Jahre alt und habe bereits vor Jahren geträumt, ein Buch zu schreiben. Bloß gut, dass ich jetzt erst damit angefangen habe, weil die Zeit einfach nötig war, um ausreichend Stoff für ein ganzes Buch zu haben. Den Anstoß, auch wirklich anzufangen, hatte mir ein Freund zu einer Zeit gegeben, die ich lieber nicht erlebt hätte. Aber ich habe gelernt, dass jammern nichts bringt und daher einfach mit dem Schreiben losgelegt. Es hat mir Spaß gemacht, in alten Erinnerungen zu schwelgen und neue Dinge als Erlebnis überhaupt zu entdecken. Um das Verlegen des Buches zu finanzieren, habe ich nebenbei in einem Pflegeheim für Suchtkranke und in einer großen Firma am Fließband gearbeitet. Ich habe einen Sohn, der immer die Hauptrolle in meinem Leben spielen wird, egal was kommt! Früher hatte ich mit Spitzeln und unehrlichen Menschen zu kämpfen und heute auch! Das und noch vieles mehr hat mich verändert. Ich trug mich mit dem Gedanken, endgültig aus dem Leben zu flüchten, aber dann hatte ich ein Ziel: dieses Buch!

2. Teil

Der Umzug in ein neues Leben

Mit Gottes Hilfe

Der Wendepunkt meines, bis dato kläglichen Daseins, nahm mein Leben im zwölften Lebensjahr. Mein Vater wollte unbedingt seine Mutter, also meine Oma Anna, in Westdeutschland besuchen. Alles drehte sich nur darum. Er stellte bei den Behörden einen Besucherantrag und durfte wider Erwarten in den Westen reisen. Meine Mutter war zu dieser Zeit Mitglied der Partei (SED) und mein Vater beteuerte, natürlich in die DDR zurückzukommen. Vielleicht waren das die Gründe, warum er in die BRD reisen durfte. Ein Tag vor der Abreise hat er sich einen Glassplitter eingetreten. Schuld war ein heruntergefallenes Fieberthermometer. Mein Vater war wütend und gab mir die Schuld für das Elend. Ich lief heulend raus und habe zu Gott gebetet, dass der blöde Splitter aus dem Fuß geht. Gott muss mein Flehen gehört haben, denn als ich wieder ins Haus kam, war der Splitter entfernt. Mein Vater konnte also ohne ein östliches Mitbringsel in den Westen reisen. Kontakt mit ihm konnten wir nicht halten, da wir kein Telefon mehr hatten und die Briefe sehr lange dauerten. Mit der Rückkehr meines Vaters änderte sich schlagartig die Einstellung zum Osten oder sollte ich besser sagen zum Westen? Ich weiß es nicht! Jedenfalls hat er von den vollen Regalen in den Kaufhäusern geschwärmt und dass man sich im Westen über alles frei unterhalten kann. Es war die Wende in meinem Leben, lange bevor die richtige Wende kam.

Der Umzug

Nach einiger Zeit wurde uns Kindern mitgeteilt, dass das Haus zum Verkauf stand und wir vorläufig in die Stadt in eine große Wohnung ziehen würden. Wir schrieben das Jahr 1976. Was? Ich habe geglaubt, ich höre nicht richtig! Raus aus der idyllischen Landschaft mit ihren Seen und Wäldern? Nein! Und wieso eigentlich vorläufig? Das wollte ich nun keinesfalls. Aber wir Kinder hatten keine

Chance und mussten uns mit den Gedanken unserer Eltern abgeben. Wir wären aber nicht die Kinder der Sippe Zoels, wenn wir uns nicht einen Plan ausgeheckt hätten.

Wenn Leute sich das Haus anschauen wollten, nahmen wir uns vor, sie zu vergraulen und zu erzählen, dass es im Haus spukt und auch schon jemand in diesem Haus ermordet wurde. Gesagt und getan! Die ersten Interessenten sind gleich wieder weggefahren. Aber ein junges Paar, die Frau war Erzieherin, hat den Braten gerochen und schmunzelte uns nur an. Oje, das Haus war in diesem Moment wohl doch verloren. Zukünftig wird ein roter Trabbi vor unserem Haus stehen. Das heißt, wir mussten unsere Koffer packen. Alle meine vielen Medaillen und Urkunden sowie das wenige Spielzeug und die Klamotten mussten gepackt werden. Die brauchbaren Sachen haben wir in große Holzkisten gelegt und die zerbrechlichen Gegenstände wurden vorher in Zeitungspapier gewickelt. Das Haus musste komplett leer sein, damit die fremden Leute in unser Haus einziehen konnten. Ich habe das nicht verstanden, was meine Eltern da machten. Ein Haus mit so viel Platz, den Garten und die Tiere einfach so aufzugeben. Für eine Stadtwohnung, in der man sich ständig über den Weg läuft und keiner eine Rückzugsmöglichkeit hatte. Meine Freundin Lisa (Name geändert) sagte mir, dass ich Geld bezahlen müsste, um in den Wald zu kommen. Ich antwortete:»Das glaube ich dir nicht!« Später hat sich die Aussage meiner Freundin tatsächlich bestätigt. Ich musste mit der Bahn einige Zeit fahren, bis ich endlich wieder die Waldluft riechen konnte. Dafür habe ich 10 Pfennig bezahlt. Ohne Rücksicht auf unsere Wünsche und Bedürfnisse sind wir mit Sack und Pack in die Stadt gezogen. In der Stadt angekommen musste ich erst einmal lernen, dass man die Leute auf der Straße nicht grüßt. Die haben mich immer irritiert angeschaut, wenn ich guten Tag gesagt habe. Auf dem Dorf war halt alles anders. Hier hat man kürzere Wege gehabt, um bei der Freundin zu sein. Man musste alle Leute auf der Straße grüßen, denn das gehörte sich schließlich so. Aber das störte mich nicht, da ich fast alle Menschen im Dorf kannte und sie wiederum mich. Ach, wie gerne wäre ich dortgeblieben. Anfangs haben meine Schwester und ich uns ein Zimmer mit unseren Brüdern teilen müssen. Als ich das erste Mal das Zimmer betrat, war mir klar, dass das keine gute Idee war. Das konnte nicht gut gehen. Ich suchte meine Klamotten zusammen und habe festgestellt, dass meine Urkunden und Medaillen fehlten. Sie waren weg und meine Eltern kümmerte das gar nicht. Ich hatte den leisen Verdacht, dass sie die Sachen weggeworfen haben. Scheinbar sollte sich alles ändern. So ein Umzug bringt natürlich auch einen Schulwechsel mit sich. Ich musste eine neue Schule besuchen. Meine Noten waren bis dahin recht ordentlich. Ich hatte ein sehr gutes bis gutes Zeugnis. Besonders viel Spaß hat mir Sport, Musik, Russisch, Deutsch, Mathematik, Biologie und Geschichte gemacht. Es war sehr spannend, aber auch aufregend für mich. Mein erster Schultag in der Stadt war nicht das, was ich mir so vorgestellt hatte. Da stand ich nun auf einem der vielen Flure in der großen Schule und wusste nicht wohin. Die Kinder der Unterstufe fragten mich, ob ich ihre neue Lehrerin wäre. Damals war ich als Zwölfjährige schon 1,73 groß und war gut entwickelt. »Nein«, meinte ich und sie zogen enttäuscht ab. Irgendwie habe ich mich dann durchgefragt und den Raum der sechsten Klasse gefunden. Gleich in der ersten Stunde hatte ich Russisch, eins meiner Lieblingsfächer. Alle saßen, wie festgetackert auf ihren klapprigen Stühlen, weil, wenn einer der Lehrerinnen eine autoritäre Zicke war, dann die Maschke. Das wusste jeder, selbst die, die noch nie bei ihr Unterricht hatten. Außer ich! Ich war völlig ahnungslos, was das betraf. Russisch dagegen konnte ich sehr gut, bildete ich mir bis dato zumindest ein. Ich musste mich vor allen blöd glotzenden Sechstklässlern vorstellen und kam mir vor, als ob ich zweimal sitzen geblieben wäre. Was waren die alle klein und was war die olle Maschke für ein Drachen? Als der Drachen die Klasse betrat, war es mucksmäuschenstill. Man hätte eine Stecknadel fallen gehört, so leise war es. Bei der Frau hatte man keine Mühe, sich zu konzentrieren. Und es war auch besser zuzuhören, denn die Maschke konnte die Leute richtig auseinandernehmen und in der Luft zerfleischen. Bei anderen Lehrern haben wir im Unterricht Karten gespielt, bei der ollen Maschke hätten wir uns das niemals getraut. Hin und wieder ließ sie einen aus der Klasse vorne strammstehen, beschimpfte ihn und drohte mit Strafarbeit. Nachdem ich mich mit diesem Elend abgefunden hatte, fragte sie mich, welche Note ich auf dem letzten Zeugnis hatte. Ich antwortete stolz: »Eine Eins«. Ein Raunen ging durch die Klasse und alle drehten sich um. Ich saß auf Grund meiner Größe auf einer der hinteren

Schulbänke und habe stolz wie Oskar über das ganze Gesicht ge-
grinst. Das sollte sich aber schlagartig ändern, denn die »Maschke«
meinte daraufhin: »Das wird nicht mehr lange so sein!« Auf Grund
ihrer tiefen Tonlage und lauten Erhebung ihrer Stimme meinte sie
garantiert keine bessere Note. Was ja bei einer bestehenden »Eins«
theoretisch und praktisch auch nicht gehen würde. Oh lieber Gott,
wo bin ich hier gelandet und wie wird das Elend enden, habe ich
mich gefragt. Die Antwort habe ich einige Monate später auf dem
Zeugnis gesehen. Ich habe mich gleich um zwei Noten verschlechtert. Warum wurde mir erst später bewusst.

Der Antrag, der alles ändern sollte

Meine Eltern waren fest entschlossen, die DDR zu verlassen. Als
Zwölfjährige wusste ich noch nicht, welche Konsequenzen dieser
Wunsch hatte. Heute denke ich, dass meinen Eltern damals die
Tragweite des Antrages nicht wirklich bewusst war. Zum einen
wurden Ausreisewillige zu Staatsfeinden erklärt und zum anderen
dauerte die Genehmigung zur Ausreise bis zu einigen Jahren. Erschwerend kam hinzu, dass meine Eltern vier Kinder hatten, wovon
drei recht gute Schüler waren und somit dem produktiven Staat als
Fachkräfte zukünftig fehlen würden. Viele Ausreisewillige wurden
sozial schikaniert und bewusst kriminalisiert, um sie dann unter
einem Vorwand verhaften und verurteilen zu können. Es war im
Jahr 1976, als meine Eltern die Abteilung Inneres des Rates in unserer Stadt aufsuchten, um diesen Antrag zu stellen. In ihrem Antrag
beriefen sich meine Eltern auf ihr Recht auf Freizügigkeit aus der
KSZE Schlussakte von Helsinki.
Und auf Artikel 13 der allgemeinen Erklärung der Menschenrechte,
in der es hieß:
»Jeder hat das Recht, sich innerhalb eines Staates frei zu bewegen
und seinen Aufenthaltsort frei zu wählen. Jeder hat das Recht, jedes
Land, einschließlich seines eigenen, zu verlassen und
in sein Land zurückzukehren.«
Die meisten Anträge auf dauerhafte Ausreise in westliche Länder
wurden zunächst abgelehnt. In seltenen Fällen wurde die Ausreise
für Personen, die in der DDR nicht mehr erwünscht waren, vorü-
bergehend oder dauerhaft gestattet. Da Rentner für den Staat wert-

los waren, durften die ohne Antrag in die Bundesrepublik Deutschland ausreisen oder übersiedeln. In den letzten Jahren ab Mitte der 80ziger Jahre machten die Ausreisewilligen ihren Ausreiseantrag unter anderem durch weiße Bänder an den Autoantennen öffentlich. Dies führte wegen »unerlaubter Standartenführung« zur Verfolgung durch die Volkspolizei. Seit 1988 haben die Ausreisewilligen regelmäßig demonstriert und mussten deshalb mit Strafverfahren und Haftstrafen rechnen.

Verbotene Tierliebe

Eines Tages, noch vor dem Ausreiseantrag hatten wir in der Schule die Aufgabe schriftlich festzuhalten, welche Sendungen und Filme wir in unserer Freizeit schauen. Ich war gerade in der dritten Klasse. Da ich zur Ehrlichkeit erzogen wurde, habe ich natürlich meine Lieblingssendungen wie Lassie, Skippy das Buschkänguruh und Flipper aufgeschrieben. Klar habe ich auch »Flimmerstunde« angegeben, weil das so ziemlich die einzige Kindersendung im Osten war, die mir gefallen hat. Ich wusste doch nicht, welches Unheil meine Tierliebe auslösen würde. Am nächsten Tag stand die Lehrerin vor der Tür und wollte mit meinen Eltern sprechen. Ich dachte, dass sie nur Gutes über mich erzählen würde, da ich zu diesem Zeitpunkt zu den Besten in der Klasse gehörte. Es kam aber ganz anders! Ich durfte nicht bei dem Gespräch dabei sein und wurde, als die Lehrerin wieder ging, zu meinen Eltern zitiert. Ich musste mal wieder ein fürchterliches Donnerwetter ertragen, ohne überhaupt zu wissen, was los war. Meine Tierliebe war aus Sicht der Lehrerin wohl übertrieben. »Dass du das ja nicht noch mal machst!«, schrien mich meine Eltern an. Zur Strafe durfte ich einige Zeit lang kein Fernsehen schauen. Das machte mir nichts aus, weil ich sowieso wenig ferngesehen hatte und lieber draußen an der frischen Luft spielte oder ein Buch las. Ich verstand aber die ganze Aufregung nicht, zumal ich später wieder genau die Sendungen schauen durfte. Aus dieser Geschichte habe ich gelernt, dass ich niemals mehr so etwas in der Schule erzählen oder schreiben darf. Niemals! Mein Bruder Michael musste bereits drei Jahre zuvor, genauso wie ich, aufschreiben, welche Filme er am liebsten sah. Da wir meistens dieselben Serien und Filme geschaut haben, bekam er genauso viel

Ärger, aber die Lehrer setzten noch einen drauf! Einträge ins Zeugnisheft bekamen wir nur zum Schuljahresende, aber mein Bruder bekam schon zum Halbjahr folgenden Eintrag. »Michael schaut in seiner Freizeit zu viel Fernsehen«. Was immer das auf dem Zeugnis zu suchen hatte.

Die üblen Tricks der Lehrer

Als uns Tante Emma und Onkel Rudi wieder besuchten, war Michael gerade in der dritten oder vierten Klasse. Seine Lehrerin stellte die Behauptung auf, dass Trabbis besser seien als die Autos der Marke Mercedes! Nun, mein Bruder hat das natürlich besser gewusst. Oft hatte er mit sehr viel Augenmerk den Mercedes unseres Onkels unter die Lupe genommen und aufs Genaueste wissen wollen, wie alles funktioniert. Mit diesem Wissen legte er Widerspruch ein und diskutierte das Thema mit der Lehrerin, zur Freude der Mitschüler, eine ganze Stunde aus. Die Lehrerin nahm Kontakt zu meinen Eltern auf. Was sollten meine Eltern darauf sagen? Wo der Junge Recht hat, hat er Recht. Aber sie hielten sich distanziert und meinten nur, dass sie mit ihm sprechen wollten. Mein Onkel Rudi hingegen hat ihm mit den Worten »Sehr gut« auf die Schulter geklopft.

Bereits meine Geschwister kämpften mit der Willkür mancher Lehrer und verschlechterten sich in den meisten Fächern um ein bis zwei Noten. Besonders Michael hat darunter gelitten. Ich bekam diese Diskussionen zu Hause nur am Rande mit, weil ich mich auf den Sport konzentriert habe. Da ich schon seit der ersten Klasse sehr zielstrebig war, konnte ich mir nicht vorstellen, dass ich in der Schule leistungsmäßig absacken würde. Also lernte ich für die anstehenden Tests und Klassenarbeiten. Ich malte mir in Gedanken bereits gute Abschlussnoten aus. Schließlich wollte ich Lehrerin werden. Dazu brauchte ich natürlich auch gute Noten, um das Abitur zu machen.

Eines Tages, ich war in der siebten Klasse, beantwortete ich gerade die Fragen einer Klassenarbeit in Geografie, als plötzlich der Wächter vor meiner Bank stand. Und vielleicht ist es nicht wichtig zu erwähnen, was ich gerade dachte in diesem Moment. Als er auf mich zukam, hatte ich nämlich ein extrem ungutes Gefühl, als er sich so vor mir aufbaute. Er war ein Riese, durch und durch Kommunist und immer auf Krawall gebürstet. Und er war ein Arschloch! Wenn der Typ schlechte Laune hatte, schmiss er mit allem, was ihm gerade in die Hände fiel. Das wollte ich nur kurz erwähnt haben. Nun aber weiter …

Er riss mir das Heft aus der Hand, weil ich angeblich geschummelt haben soll. Ich wehrte mich und sagte, dass ich so etwas nicht nötig habe, schließlich habe ich für diese Arbeit gelernt. Er könne sich überzeugen, dass ich keinen Spickzettel habe. Er drehte sich einfach um und nahm meine Arbeit mit. Im Klassenbuch hat er eine Fünf eingetragen. Meine Arbeit habe ich nie wieder gesehen. In einem anderen Fall wurde meine Deutscharbeit schlecht benotet, weil ich angeblich dieselben Textpassagen hatte, wie mein Banknachbar. Seine Arbeit wurde allerdings mit einer Zwei bewertet, aber jeder in der Klasse wusste, dass er in Deutsch eine Niete war. Überhaupt war er ein Vollidiot! Also, wer hier von wem abgeschrieben haben muss, sollte auch der Lehrerin aufgefallen sein. Es sollten noch viele andere Beispiele folgen, die uns das Lernen in der Schule erschwerten. Da es meinen Geschwistern ähnlich erging, machte ich mir in der achten Klasse kaum noch Hoffnung auf einen guten Durchschnitt. Mein Ziel war es, die erweiterte Oberschule zu besuchen, um mein Abitur zu machen.

Weiterhin wollte ich in die Englischklasse, die mir aber verwehrt wurde. Da es sich um kein Pflichtfach handelte, konnten alle unbequemen Schüler ausgeschlossen werden. Nach und nach wurde mir bewusst, zu welchen Mitteln gegriffen wurde, um uns zu schikanieren und meine Eltern in die Knie zu zwingen. Immer öfter verschwanden meine Arbeiten, die ich zuvor abgegeben habe und auf eine gute Note hoffte. Aber die Lehrer meinten nur, keine Arbeit, dann auch keine oder sogar schlechte Zensuren. Dagegen waren wir machtlos und Gespräche meiner Eltern mit den Lehrern schier sinnlos. Obwohl ich zum Schluss meine Arbeiten höchstpersönlich abgegeben habe, wurden diese angeblich von den Lehrern nicht gefunden. Selbst einige Klassenkameraden haben meine Abgabe bestätigt, trotzdem blieben die Arbeiten verschwunden.

Viel Aufregung um eine Kette

Ich war Schülerin der achten Klasse, als ich mich am Morgen für die Schule fertig gemacht hatte. Auf meiner Kommode im Zimmer lag die Kette, die mir meine Tante Marga zum Geburtstag geschickt hatte. Sie war silbern und hing mir bis zum Bauchnabel herunter. Die geeigneten Klamotten noch dazu und ich sehe wie ein Hippie aus, dachte ich mir, als ich vor dem Spiegel stand.

An der Kette befanden sich Kleeblätter und Kügelchen, also ein ganz normaler unauffälliger Schmuck. Ich mochte die Kette und legte sie mir um. Bereits vor der Schule wurde ich von einigen Mädchen umschwärmt. Sie fanden meine Kette großartig, aber sie meinten auch, dass ich sicherlich Ärger bekommen werde. Warum sollte ich? schwirrte es mir durch den Kopf. Aber sie sollten Recht behalten.

Meine Eltern hatten wenige Tage später eine Einladung in die Schule bekommen. Da dies nichts Gutes heißen konnte, wurde ich gleich von ihnen ins Verhör genommen. Aber mir fiel nichts ein, warum sie zur Schule kommen sollten. Ich habe mir nichts zu Schulden kommen lassen, daher hatte ich auch kein schlechtes Gewissen. Ich konnte diesem Termin gelassen entgegensehen. Es kam der Tag, an dem meine Eltern in die Schule gingen, um zu erfahren, was ich Schlimmes angerichtet habe. Als sie zurück waren, glaubte ich nicht, was ich zu hören bekam. Die Lehrer hatten sich tatsächlich über meine Kette aufgeregt und der Direktor ein Verbot ausgesprochen. Ich durfte diese Kette in der Schule nicht mehr tragen.

»Was? Ich trage, was ich möchte und damit basta! Das kann ja wohl nicht wahr sein. Haben die noch alle Latten am Zaun«, regte ich mich maßlos auf.

Aber meine Eltern waren bereits verängstigt und der Meinung, dass es besser wäre, die Kette nicht zu tragen. Sie wollten nicht riskieren eingesperrt zu werden. Das fand ich äußerst übertrieben, aber sie hatten wirklich panische Angst in den Knast zu kommen. Daher habe ich die Kette nicht mehr getragen. Mir kam eine viel bessere Idee. Nein, die genialste Idee überhaupt! Das war das Beste, was mir zu diesem Verbot eingefallen ist. Ein Klassenkamerad war Christ und sein Vater war Pfarrer. Er trug immer eine Kette mit einem Kreuz. Ich bat ihn, mir auch eine Kette mit so einem Kreuz zu besorgen. Wenn es geht, sollte das Kreuz so groß wie möglich sein. »Kannst du mir so ein Kreuz besorgen?«, fragte ich ihn. »Ja«, sagte er und brachte mir ein paar Tage später eine Kette mit einem riesigen Kreuz mit. Das Kreuz war so groß, dass man es bereits aus mehreren Metern Entfernung sehen konnte. Von da an habe ich diese Kette mit dem riesigen Kreuz getragen. Keiner konnte irgendetwas sagen. Wenn aber Blicke töten könnten, wäre ich gleich am ersten Tag tot umgefallen.

Mit Westpropaganda die Schule unsicher gemacht

Im selben Paket wie die Kette war ein T-Shirt mit einem bunten Aufdruck. Es war weiß und der Bodensee in blauer Farbe malerisch wie ein Kunstwerk auf das T-Shirt gedruckt.

Am besten gefiel mir aber der Spruch, der über dem Aufdruck stand. Er ging so:»Lindau liegt am Bodensee, wer's nicht glaubt, der komm und seh!« Das T-Shirt passte mir und ich zog es später in der Schule an. Dass ich Ärger bekommen würde, war mir klar, da ich bereits Kettenverbot hatte. Aber ich war in der Pubertät, die ja auch nicht vor uns Ost-Teenies Halt gemacht hat. Weil ich in der Schule provozieren wollte, zog ich dieses T-Shirt natürlich auch an. Es zeigte Wirkung und manche Lehrer waren empört. Ich musste aber nicht zum Direktor und meine Eltern mussten auch nicht in die Schule. Spätestens jetzt war denen klar, dass wir Kinder zu Hause nicht sozialistisch erzogen wurden, zumal wir damals auf Grund des Ausreiseantrags Staatsfeind Nummer 1 in der Schule waren. Die erste Stunde hatte ich Kunst und ich wurde gleich zu Beginn des Unterrichts vom Lehrer angesprochen. Der hatte sich über den Spruch auf meinem T-Shirt erbost. Ich dachte nur, was für ein Lustmolch! Der guckt jungen Mädchen auf die Brust. Ich nahm es trotzdem locker hin und entgegnete, dass ich weiß, dass Lindau am Bodensee liegt und dieser im Westen. »Hätte ich jetzt Geografie bei Wächter, würde ich die Note »Eins« einfordern. Mein Wissen um den See ist auch ein Beweis dafür, dass ich es nicht nötig habe bei Arbeiten abzuschreiben«, machte ich meinem Ärger Luft. »Das können Sie Herrn Wächter meinetwegen sagen!«, schrie ich ihn weiter an. Er hat mich nur komisch angeschaut und einige Klassenkameraden haben gelacht. In diesem Moment fühlte ich mich gestärkt und hoffte auf weitere Konflikte mit den Lehrern. An diesem

Tag blieben sie aber weitestgehend aus. Während meiner Schulzeit sollten mir noch oft solche Geschichten passieren. Da wir überwiegend nur Westklamotten hatten, fielen wir in der Schule sowieso schon auf. Wir trugen meistens Markenjeans und die Kinder beneideten uns. Ich fühlte mich mit diesen Sachen einfach toll! Eines Tages im Unterricht behauptete Wächter, dass Jeans in der Bundesrepublik und in Amerika Arbeitshosen sind. Ich habe ihn gefragt, woran er diese Aussage festmacht und welche Begründungen er uns nennen kann. »Das ist ja typisch! Diese Frage kann nur von dir kommen«, motzte er mich an. »Richtig! Nur wer nicht fragt, bleibt dumm oder nicht?«, meinte ich zu ihm. »Du verstehst es ja eh nicht und bist viel zu dumm, also muss ich diese Frage nicht beantworten«, meinte der Wächter zu mir. Was für ein Spinner! dachte ich so, als mir plötzlich folgende Antwort über die Lippen huschte: »Ich gehe davon aus, dass Sie es selbst nicht wissen. Die Jeans, die Sie nämlich meinen, werden in den Billigländern wie Asien hergestellt. Das habe ich mal in der Sendung »Auslandsjournal« gesehen. Sie sollten öfter Fernsehen schauen, dann wären sie besser informiert«, habe ich nachgelegt und somit für noch mehr Zündstoff gesorgt. Er hat mich aus dem Unterricht geworfen! Meine Klassenkameraden schmunzelten mich an, als ich den Klassenraum verließ. Viele von ihnen wussten, was ich meine, haben aber aus Angst geschwiegen.

Meine Jugendweihe

fiel aus, trotzdem wurde gefeiert! Die Jugendweihe wurde seit 1859 von freireligiösen Vereinigungen begangen und war bis 1954 in der DDR verboten. Danach wurde in der DDR die Jugendweihe für Jugendliche veranstaltet, die 14 Jahre alt oder in der achten Klasse waren. Sie trat an die Stelle der christlichen Konfirmation. Anders als heute wurden die Jugendlichen beinahe dazu genötigt, daran teilzunehmen. Die Veranstaltung wurde sehr gut vorbereitet. Die Jugendlichen absolvierten zehn Jugendstunden, das war Pflicht. In denen wurde die Geschichte der DDR und der Arbeiterbewegung, der Kampf der Sowjetunion im Zweiten Weltkrieg sowie die Entwicklung des sozialistischen Gesellschaftssystems erläutert. Spätestens hier wurden die Jugendlichen zu Parteitreuen erzogen, indem die SED als Machtinstrument zur Sicherung von Frieden und

Wohlstand dargestellt wurde. Aber nicht nur theoretische Stunden fanden statt, sondern auch Ausflüge zu Gedenkstätten für die Opfer des Faschismus und Besichtigungen von Konzentrationslagern. Letzteres würde ich in der heutigen Zeit auch an allen Schulen zur Pflichtveranstaltung machen. Die Jugend von heute interessiert sich kaum für die deutsche Geschichte. Dabei will ich nicht alle über einen Kamm scheren, aber ich habe viele kennengelernt, denen das alles egal ist. Ich, für meinen Teil, war nach diesem Ausflug sehr geschockt und bekomme die Bilder bis heute nicht aus dem Kopf. Diese Zeit darf nie in Vergessenheit geraten, genauso wenig wie die Zeit, in der ich als Jugendliche lebte.

Die Schikanen breiteten sich immer massiver aus. Da ich auch keine Lust auf dieses blöde Gerede vom tollen Sozialismus hatte, entschieden meine Eltern, dass ich an dieser Festlichkeit nicht teilnehmen musste. Für mein Umfeld, aber auch für die Verwandten, war ich an diesem Tag krank. Sie sollten nicht wissen, dass wir keine Linientreuen waren. Daher plagten mich Bauchschmerzen, weil die leicht vorzutäuschen waren. Windpocken, Masern oder ein gebrochenes Bein wären keine gute Idee gewesen. Nach guter Manier redete ich mir die Schmerzen ein. Gern habe ich mein schauspielerisches Talent entdeckt. Ich war mir immer schon sicher, dass es irgendwo in mir schlummerte. Mit ein bisschen mehr Übung hätte ich für diese hohe Schauspielkunst garantiert den Oskar gewonnen. Naja, die Schauspielerei hatte auch ihre Schattenseiten. Da ich Bauchschmerzen hatte, musste ich doch tatsächlich auf den Kuchen und auf die extra zur Feier gebackene Torte verzichten. Selbst unter den Verwandten befanden sich rote Socken. Daher wurde ich denen offiziell als Kranke vorgestellt. Alle haben mich bemitleidet, weil ich nicht an der Feier teilnehmen konnte. Ich war darüber nicht böse. Das Gelöbnis, dass ich mein Leben dem Schutz und der Stärkung des Sozialismus widmen sollte, wäre mir nur schwer über die Lippen gekommen. Außerdem bekamen alle Jugendlichen das Buch »Der Sozialismus – Deine Welt«. Das Buch war das Letzte, was ich in meiner Büchersammlung haben wollte. Darauf konnte ich gut verzichten, aber von der Torte hätte ich gerne ein Stück gegessen. Ich hätte sicherlich sehr gut ausgesehen auf der Bühne, neben den anderen Jugendlichen, mit meinen schicken Klamotten aus dem Westen. Ein langer schwarzer Rock, eine cremefarbene Bluse mit

Schlips und eine Stola zierten meinen gebrechlichen Körper. So durfte ich, trotz meiner Bauchschmerzen wenigstens zum Fotografen. Ich lächelte gequält in die Kamera!

Der schwarze Kanal

war eine politisch-agitatorische Sendung des DDR-Fernsehens im Kalten Krieg. Diese Sendung wurde immer montags ausgestrahlt und es wurden stets Ausschnitte aus dem Westfernsehen gezeigt und von Karl-Eduard von Schnitzler kommentiert. Im Vorspann der Sendung lief immer ein kurzer Trickfilm mit eigenartiger und verzerrter Melodie. Dabei wurde der Bundesadler gezeigt, der auf einem Antennenwald landet und hin und her hüpft, um sein Gleichgewicht zu suchen. Schließlich stürzt er aber kopfüber ab. Die Streifen auf seiner Brust sollten eine nationalkonservative Gesinnung des Westfernsehens symbolisieren und der Absturz des Adlers einen - durch Karl-Eduard von Schnitzler vereitelten - Versuch westlicher Propagandamedien, Lügen und Halbwahrheiten zu verbreiten. Intention der Sendung war es, die westdeutschen Nachrichten- und Magazinsendungen als Propaganda des Klassenfeindes darzustellen. Schließlich war der Konsum westlicher Fernsehsendungen den sogenannten Multiplikatoren wie z.b. Lehrern, Journalisten und Offizieren untersagt, ideologische Interpretationen unerwünscht. Die Sendung, soweit ich mich erinnern konnte, wurde für uns zur Pflichtveranstaltung, weil wir im Staatsbürgerkundeunterricht die besprochenen Themen durchnahmen. So kam es, dass ich einen Montagabend meine Eltern bitten musste, für mich die Sendung »Der schwarze Kanal« anzustellen. Die Informationen benötigte ich für den Unterricht am nächsten Tag. Ich musste mir ein riesiges Gezeter meiner Mutter anhören, weil diese Sendung auf keinen Fall in diesem Haus geschaut wurde. »Dann bekomme ich aber eine schlechte Note«, meinte ich zu meinen Eltern. Mein Vater sagte darauf: »Na und, ist doch nur Staatsbürgerkunde!« »Aber ich will doch, ohne rot angehaucht zu sein, eine gute Note haben, schließlich möchte ich Lehrerin werden«, antwortete ich.
»Schlag dir das aus dem Kopf«, meinte mein Vater kurz und bündig. Am nächsten Tag habe ich fast alle Klassenkameraden gefragt, was denn so in der Sendung erzählt wurde. Aber die Spacken ha-

ben die Sendung auch nicht gesehen. Ich bekam Panik, denn keiner konnte mir weiterhelfen, schließlich brauchte ich die nötigen Informationen, weil ich garantiert drankommen sollte. Da saß ich nun in der Klasse und mich plagte das schlechte Gewissen. So ging es mir immer, wenn ich nicht gelernt habe. Was mache ich nur, wenn der Stabülehrer Schmitzke mich fragt? Schließlich war ich Staatsfeind Nummer 1 und die hatten mich auf dem Kieker. Ich versuchte mich klein zu machen, was mir bei meiner Größe nicht wirklich gut gelang. Schmitzke kam in den Klassenraum. Wie immer mit dem Kackanzug und seiner komischen Ledertasche, die aussah, als ob sie an Lepra erkrankt sei. Was für ein durchgeknallter Typ, dachte ich so, als er mit Schwung seine Tasche auf den Lehrertisch schmiss und in die Klasse starrte. Er legte diese seltsame Visage wahrscheinlich auf, um zu vertuschen, dass er den »schwarzen Kanal« selber nicht gesehen hat, weil montags immer die Montagsmaler liefen. »Zoels«, hörte ich nur und musste aufstehen. Wenn man aufgerufen wurde, musste man seinen Kadaver vom klapprigen Stuhl bewegen und geradestehen. Also bewegte ich mich ganz langsam nach oben, weil ich die Befürchtung hatte, Schmitzke könnte jetzt Fragen zum »schwarzen Kanal« stellen.

Als er mich dann aber fragte, was der Unterschied zwischen Sozialismus und Kapitalismus ist, bin ich fast ausgerastet vor lauter Glück! So eine einfache Frage! Ich überlegte kurz und habe geantwortet: »Der Sozialismus ist gut und der Kapitalismus ist schlecht!« Die Anderen in der Klasse grinsten mich nur an. Wahrscheinlich freuten sie sich darauf, dass ich mich wieder mit dem Schmitzke anlege. Aber ich staunte nicht schlecht, als er mir daraufhin eine »Eins« gab. Wie? Was ist jetzt los? Hatte der guten Sex mit seiner Frau gehabt oder wie komme ich zu dieser Ehre? fragte ich mich. Das hat echt schon gereicht, um eine »Eins« zu bekommen? Na, wenn das so ist, muss ich mir ja keine Gedanken mehr über den schwarzen Kanal machen. Ohne diese Sendung jemals gesehen zu haben, konnte ich meine mündliche Prüfung in Staatsbürgerkunde mit der Note »Eins« bestehen. Die Sendung »Der schwarze Kanal« startete am 21. März 1960 und wurde am 30. Oktober 1989 nach 1519 Folgen im Zuge der politischen Wende abgesetzt. Gott sei Dank!

Den Wehrdienstunterricht boykottiert

Ich war Schülerin der neunten Klasse, als der Wehrdienstunterricht eingeführt wurde. »Was soll ich mit so einem Fach?«, dachte ich mir. Ich war mir sicher, dass ich nie eine Waffe in die Hand nehmen werde, schon gar nicht als Frau! Am ersten Tag habe ich mich noch dazu durchgerungen, am Unterricht teilzunehmen. Aber nur, weil ich befürchten musste, dass meine Eltern inhaftiert werden, wenn ich da nicht hinginge. Zuvor hatte ich mit meiner Mutter darüber diskutiert, die das Fach natürlich auch ablehnte. Aller Widerspruch nützte nichts, ich musste daran teilnehmen.

Nur widerwillig ging ich an diesem Tag in die Schule. Mir war schlecht, weil ich genau wusste, was auf mich zukommt. Aber ich war auch gespannt, ob alle meine Klassenkameraden da sind. Als ich die Klasse betrat, saßen einige Jungen in einer Ecke und diskutierten. Wir Mädels haben uns auch gefragt, warum wir eigentlich dabei sein müssen. Alle, ohne Ausnahmen, waren anwesend. Vorne stand bereits der Lehrer und ein hohes Tier der Armee kam noch dazu. Er muss Anfang 50 gewesen sein, groß und dunkelhaarig mit grauen Schläfen. Der hatte ziemlich viele Sterne auf seiner grauen Uniformjacke. An seiner Brust, direkt am Herz, waren einige der Orden, die ihn als Helden präsentierten. Meine Güte dachte ich so, der stellt bestimmt gleich einige aufschlussreiche Fragen.

Zuerst stellte er sich vor und warb für den Armeedienst. Man sollte sich für 25 Jahre verpflichten, um sein Vaterland vor dem kapitalistischen Feind zu schützen. Nee, ist klar!

Ich fragte ihn: »Was sollen eigentlich die Mädchen bei der Armee?« Er schaute mich komisch an und beantwortete meine Frage nur sehr flüchtig. Schließlich mussten die Soldaten versorgt werden. Na toll, dachte ich so, und schon werde ich Köchin bei der Armee! Wie ich befürchtete, wurde der Unterricht für mich völlig langweilig und ich gab mir Mühe, die Augen offen zu halten. Handys zum Spielen gab es ja noch nicht. Dann aber wurde es plötzlich interessant und ich öffnete meine Lauscher! So ziemlich am Ende der ersten theoretischen Wehrdienststunde stellte der Mann mit den Orden folgende Frage: »Was würdet ihr tun, wenn ihr Soldaten an der Grenze seid und ihr eure Eltern beim Verlassen der DDR erwischt?«

Ich schaute mich in der Klasse um, keiner sagte was. Nun, ich wollte den armen Menschen nicht so dumm sterben lassen, also habe ich nach vorne gerufen: »Ich würde sie erschießen.« Der Soldat nickte sichtlich zufrieden und fragte weiter: »Und warum?«

»Na, weil sie mich nicht mitgenommen haben!«, antwortete ich ganz mutig.

Ein Raunen ging durch die Klasse, der Lehrer schüttelte den Kopf und dem Soldaten, der wohl ein hochrangiger Offizier war, schlug die Kinnlade runter. Beide, der Lehrer und der linientreue Offizier fingen an zu tuscheln. In dem Moment klingelte es zur Pause und ich war die Erste, die das Klassenzimmer verlassen hatte. Seitdem war ich immer krank oder hatte verschlafen, wenn es einmal in der Woche zum Wehrdienstunterricht ging. Meine Mutter war nicht begeistert, dass ich mir dieses Geschwafel vom Sozialismus und unserem Feind, den Kapitalismus, nicht antun wollte. Sie hatte Angst vor der Stasi, wenn ich nicht am Unterricht teilnehmen würde. Später kam noch ein Quäntchen Glück hinzu. Ich hatte mir beim Handball den Fuß verletzt. Und das stimmte sogar! So kam es, dass ich an dem einwöchigen Wehrdienstcamp nicht teilnehmen musste.

Es gab keinen einzigen Mitschüler, dem das Camp gefallen hat. Man stelle sich das mal vor! Die Armen mussten tatsächlich durch Schlamm kriechen, über Hindernisse klettern und anschließend mit Luftgewehren schießen. Mir verschlug es echt die Sprache, als ich das hörte. Man, war ich froh, dass ich ein kaputtes Bein hatte.

3. Teil

Dieser Weg wird kein leichter sein

Berufsverbote

In der DDR war das Grundrecht auf Berufsfreiheit nicht gesichert. Es konnte gemäß § 53 StGB ein Berufsverbot von einem Jahr bis zu fünf Jahren verhängt werden. Die Möglichkeit der Ausbildung zum gewünschten Beruf und dessen Ausübung konnte aus Sicht der Machthaber bei vorliegender politischer Unzuverlässigkeit untersagt werden. Die Rechtsgrundlage für diese Bildungsdiskriminierung bildete die Aufnahmeordnung zur erweiterten Oberschule, in der es hieß und ich zitiere: »Für die Erweiterte Oberschule und für die Berufsausbildung mit Abitur sind Schüler auszuwählen, die sich durch gute Leistungen im Unterricht auszeichneten. Außerdem sollten sie über eine hohe Leistungsfähigkeit und -bereitschaft verfügen sowie eine politisch-moralische und charakterliche Reife besitzen. Ihre Verbundenheit mit der Deutschen Demokratischen Republik hatten sie in ihrer Haltung und der gesellschaftlichen Aktivität bewiesen.

Gründe, welche nicht explizit in der Ablehnung des Aufnahmegesuches genannt wurden:

○ Die Betroffenen waren keine Mitglieder der FDJ oder anderer Massenorganisationen.

○ Die Betroffenen nahmen an kirchlichen Veranstaltungen wie zum Beispiel Religionsunterricht oder Junge Gemeinde oder an der Konfirmation teil.

○ Die Betroffenen kamen aus Familien mit stark ausgeprägter bürgerlicher Tradition, wie Ärzte, Pfarrer, Handwerker ...

○ Die Familien der Betroffenen hatten Verwandte mit engem Verwandtschaftsgrad im westlichen Ausland, insbesondere in der Bundesrepublik Deutschland.

○ Die Betroffenen verweigerten sich der Jugendweihe.

○ Die Betroffenen waren in der Schule an Auseinandersetzungen und Diskussionen mit Direktoren, Staatsbürgerkundelehrern und anderem Lehrpersonal beteiligt.

Nun, ich war zu diesem Zeitpunkt weder in der FDJ noch hatte ich an der Jugendweihe teilgenommen. Stattdessen ließ ich mich taufen, nahm am Religionsunterricht teil und diskutierte gerne mit den Lehrern in der Schule. Ich beteiligte mich nicht an gesellschaftlichen Aktivitäten und mir fehlte die Verbundenheit zur Deutschen Demokratischen Republik, kurz DDR! Wie sollte da wohl mein Weg aussehen?

Bei meinen Recherchen zu diesem Buch bin ich auf einen interessanten Artikel gestoßen. Laut BerRehaG gemäß § 3 (»verfolgte Schüler«) können Betroffene Schadensersatz geltend machen. Da ich mich auf Grund des Ausreiseantrages meiner Eltern und der Schikanen in der Schule als Betroffene sehe, werde ich den Antrag auf jeden Fall stellen. Bis zum 31.12.2019 ist dieses Gesetz gültig.

Nachdem meine Eltern den Ausreiseantrag stellten, bekam meine Mutter in ihrem Beruf bei der Post große Schwierigkeiten. Sie wurde auf ihrer Stelle von den Parteigenossen so lange schikaniert, bis sie nervlich so am Ende war, so dass sie von sich aus kündigte. Wie ich mich erinnern kann, trug sie zum Schluss die Post aus, obwohl sie bereits vorher die Filiale in unserer Stadt geleitet hat. Sie wechselte einige Zeit später zur Sparkasse. Nur wenige Tage nach ihrem Arbeitsbeginn kam sie nach Hause und meinte: »Die Hunde von der Stasi haben mich auf der Arbeit besucht. Meinem Chef wurde mitgeteilt, dass ich einen Ausreiseantrag gestellt habe und somit für die Sparkasse nicht mehr tragbar wäre. Die haben mich rausgeschmissen, was soll ich jetzt machen?«

Da es kein Arbeitsamt oder Sozialamt gab, lebten wir einige Zeit nur vom Gehalt meines Vaters, das für sechs Personen reichen sollte. Mit etwa 700,- Mark für sechs Personen? Das ging selbst in der DDR nicht! Daher war meine Mutter auf der Suche nach einer neuen Arbeit. Egal, wo sie vorsprach, bekam sie keinen Job. Sie war mit ihren Nerven am Ende und vertraute sich ihrem Arzt an, der ihr glatt eine Stelle als Haushaltshilfe anbot. Sie sollte zwei bis drei Mal in der Woche das Haus putzen. Außerdem Kochen, Wäsche waschen und bügeln, Kohlen für die Öfen aus dem Keller hoch schleppen und zeitweise auf die Kinder aufpassen.

Dafür sollte sie dann circa 300,- Mark bekommen. Weil wir das Geld unbedingt brauchten, ging sie auf das Angebot ein. Sie fuhr zwei bis drei Tage in der Woche mit der Straßenbahn zum Haus des Arztes.

Einmal habe ich sie begleitet, da es ihr gesundheitlich nicht gut ging. Das Haus war riesig und lag ziemlich weit ab, so dass wir noch eine halbe Stunde brauchten, um dort anzukommen. Ich holte die Kohlen aus dem Keller und putzte die Treppe. Nach einigen Wochen sprach sie der Arzt an und meinte, dass er von der Stasi aufgesucht worden war. Man verbot ihm, sie weiter zu beschäftigen, ansonsten würde er Ärger bekommen. Da meine Mutter vermeiden wollte, dass er Stress mit der Stasi bekam, hat sie die Stelle aufgegeben. Beide Seiten haben es bedauert, aber es war notwendig. Wenige Wochen später arbeitete sie in einem kirchlichen Altenpflegeheim. Die Arbeit machte ihr Spaß und sie kam soweit ganz gut zurecht. Sie hatte die alten Leute ins Herz geschlossen und kam immer sehr traurig nach Hause, wenn eine Oma oder ein Opa starb.

Nach einer Weile konnte sie das nicht mehr ertragen und hat als Verkäuferin in einem Tierladen angefangen. Hier gab es aber nur Fische, die sich im Aquarium tummelten und sorgenfrei ihre Gefangenschaft genossen. Sie bekamen täglich ihr Futter und es wurde immer gründlich sauber gemacht. Später hat sie in einem Lebensmittelgeschäft gearbeitet und verkaufte das, was es so gab. Hin und wieder brachte sie mal Bananen oder Orangen mit. Mein Vater konnte als Bauarbeiter weiterarbeiten. Er hat aber keine Auszubildenden mehr betreut, so wie vor dem Ausreiseantrag. Daher bekam er auch weniger Geld. Die Typen von der Stasi haben ihn hin und wieder auf der Arbeit besucht, um ihn für gewisse Fragestunden abzuholen. Er ließ sich aber vorerst nicht umstimmen. Meine älteren Geschwister, wie bereits erwähnt, konnten auch nicht den Beruf lernen, den sie eigentlich machen wollten. Mein kleiner Bruder wurde auf Grund seiner Behinderung schon vorher diskriminiert. Er hat weder einen Schulabschluss noch eine Ausbildung. Später musste er sich als Straßenbauer durchschlagen. Ein Wunder, dass er überhaupt eine Arbeit gefunden hat.

Ein Lehrer, den ich in der Ausbildung kennenlernen durfte, hat uns allen besonders gut gefallen. Hauptsächlich uns Mädchen. Mit seiner freundlichen und lockeren Art war er an der ganzen Schule beliebt. Aber nicht nur das hat uns gefallen, sondern er sah zudem noch verdammt gut aus. Ich glaube, dass viele Mädels in ihn verliebt waren und ihn anhimmelten. Er war gerade mit dem

Studium fertig und keine sieben Jahre älter als wir. Der hatte sicherlich eine Freundin, dachte ich so und verabschiedete mich von dem Gedanken, einmal mit ihm essen zu gehen. Nach den Ferien freute ich mich wieder auf die Schule, denn am ersten Tag hatten wir den besagten Lehrer. So saßen wir alle gespannt auf unseren Bänken und warteten. Aber er kam nicht. Nach etwa 20 Minuten kam stattdessen unser Klassenlehrer und erklärte uns Folgendes: »Herr T. wird euch zukünftig nicht mehr unterrichten, da er die sozialistischen Werte nicht vermitteln kann. Herr T. will in den Westen. Ab sofort wird er hier nicht mehr als Lehrer tätig sein.« Die meisten aus der Klasse reagierten erschüttert, weil er in den Westen wollte. Ich hingegen konnte ihn verstehen und war nur traurig, dass er uns nicht mehr unterrichten durfte.

Traumberuf war futsch

Bereits als kleines Kind wollte ich unbedingt Lehrerin werden. Ich kann dieses Phänomen nicht erklären, es war halt so. Vielleicht habe ich die Leute bewundert, weil sie immer so viele Dinge wussten. Noch in der Grundschule träumte ich davon, Deutsch und Geschichte zu studieren, um den Kindern das Wissen zu vermitteln. Während meiner Schulzeit lernte ich Lehrer kennen, die ich sehr gerne mochte, aber auch Lehrer, die ich überhaupt nicht leiden konnte. Die meisten, denen ich begegnet bin, waren durchgeknallte Typen. Mein damaliger Biologielehrer in der Unterstufe hat ein Selbstexperiment gemacht und 40 Tage lang nur Wasser getrunken, was ich jetzt nicht so schlimm fand. Aber er merkte nicht, wenn einer von uns eine ganze Stunde hinter der Tafel stand. Ein anderer Lehrer lief mit seinem Rednerpult durch die gesamte Klasse und packte sich samt Pult auf die Fresse. Der Nächste war hinter seiner Zeitung eingeschlafen und das im Sportunterricht. Eine Lehrerin kam mit verschiedenen Schuhen zur Arbeit, was nicht gerade für einen ausgeglichenen Seelenfrieden sprach. Später gab es auch Lehrer, die sich tatsächlich für mich und meine Geschichte interessiert hatten. Manche begaben sich für mich selbst noch in Gefahr. Ich habe auch Lehrer kennengelernt, die nach den Ferien nicht mehr zur Schule kamen. Sie fanden das Urlaubsland »Bundesrepublik Deutschland« scheinbar recht gut und sind gleich dageblieben. So, da stand ich nun vor der Klasse und sollte meinen Berufswunsch äußern. Ich war in der achten Klasse und wollte logischerweise auf der erweiterten Oberschule das Abitur machen, um meinem Traumberuf ein Stück näher zu kommen. »Ich möchte Lehrerin werden«, habe ich ganz stolz der Klasse mitgeteilt. Da ich auf einen guten Durchschnitt hoffte, den ich vorher auch noch hatte, war das ein realistischer Wunsch! Ich weiß heute nicht mehr, welche Lehrerin mir darauf die geistreiche Antwort gab: »Du willst Lehrerin werden? Du kannst doch die Kinder gar nicht sozialistisch erziehen, das kannst du gleich vergessen!«

Die halbe Klasse drehte sich nach mir um und wartete gespannt auf eine Antwort. Zunächst hielt ich diese Aussage für einen schlechten Scherz, im nächsten Moment war ich geschockt, weil ich mit dieser Antwort nicht gerechnet habe. Aber ich war klug genug zu wissen, warum die das gesagt hat und antwortete: »Nun, wenn der Beruf nicht geht, können Sie mir sicherlich sagen, welchen Beruf ich dann noch lernen kann?«

»Nein, das kann ich dir nicht sagen!«, fauchte sie mich an. Ganz langsam begriff ich, dass es wohl keinen Beruf für mich geben wird. In diesem glanzvollen Land, indem es angeblich keine Berufsverbote und offiziell keine Arbeitslosen gab, hatte mein Wunsch nichts zu suchen.

»Wahrscheinlich werde ich in irgendeiner von diesen grauen und kaputt gewirtschafteten Fabriken landen, die es ja zur Genüge gibt! Außerdem könnte ich noch Nonne werden, also muss ich mir um meine berufliche Zukunft ja keine Sorgen mehr machen«, habe ich darauf geantwortet. Sie schaute mich komisch an und rief den nächsten Schüler auf, um dem die gleiche Frage zu stellen.

Ich hingegen meldete mich krank ab und lief nach Hause, um meiner Mutter von dieser kuriosen Berufsberatung zu berichten. Wenn das so ist, dass ich mein Abitur nicht machen kann, dann werde ich jetzt von der Schule gehen, habe ich meiner Mutter gesagt. Sie war entsetzt und wollte natürlich, dass ich wenigstens einen Abschluss hatte. Daher flehte sie mich förmlich an, die Schule weiterhin zu besuchen. »Nein! Warum auch?«, erwiderte ich. Ich kann das Abitur nicht machen, mein Notendurchschnitt ist schlechter geworden und ich habe keine Lust mehr auf diese

Schikanen.«
Ich habe eine lange Diskussion mit ihr geführt. Schließlich musste ich aber einsehen, dass der Abgang nach der achten Klasse nichts bringt, weil ich dann tatsächlich als Hilfsarbeiterin in einer Fabrik gelandet wäre. Und als Kuhbäuerin in der LPG wollte ich auch nicht enden. Ich konnte aus politischen Gründen nicht die Erweiterte Oberschule besuchen, um das Abitur zu machen. Daher musste ich mich zwangsweise beugen und die Schule bis zur zehnten Klasse besuchen. Aber welchen Beruf könnte ich jetzt noch lernen? fragte ich mich. In der Abschlussklasse musste ich mich schließlich entscheiden.

Bei meinen beiden älteren Geschwistern lief die Berufswahl fast genauso ab. Meine Schwester hat sich als Tierpflegerin im Tierpark Berlin beworben und hat eine Absage bekommen, in der es hieß: »Wenn sie einen Notendurchschnitt von 1,2 haben, dann können Sie sich wieder melden.« Meine Schwester war gut in der Schule und meinte nur, dass sie mit diesem geforderten Notendurchschnitt auch Tierärztin werden könne. Sie hat so wie mein Bruder Michael auch lange nach einem geeigneten Beruf gesucht. Erschwerend kam bei meinem Bruder hinzu, dass er herzkrank war. Er konnte dann aber den Beruf des technischen Zeichners lernen.

Das elfte Gebot

Ich dachte mir, wenn ich schon keine Lehrerin werden darf, dann wenigstens Kinderdiakonin in einer kirchlichen Einrichtung. Also habe ich mich kurzerhand entschlossen, dass ich mich mit 15 Jahren taufen lasse, um meine Chancen zu erhöhen. Da stand ich nun, mit zwölf anderen Erwachsenen in der Kirche und habe den Segen entgegengenommen. Meine Eltern waren nicht dabei. Ich bekam Panik, weil ich ein Staatsfeind war und nicht wusste, wie meine Zukunft im Osten aussehen würde. Also habe ich mich über die Kirche in Berlin-Weißensee für einen der angebotenen Ausbildungsplätze als Kinderdiakonin beworben. Tatsächlich wurde ich auch zum Test eingeladen. Vorher lernte ich noch schnell die 10 Gebote und schaute mir die Geschichten in der Bibel an. Bevor ich mit meiner Mutter losfuhr, überprüfte mein Vater das angeeignete Wissen und fragte mich, ob ich auch das elfte Gebot kenne. »Das elfte Gebot? Nee, das kenne ich nicht«, schaute ich ihn fragend an. »Na dann werde ich es dir mal verraten.« Und er sagte: »Du sollst deine Mutter und deinen Vater ehren, wenn sie dich schlagen, so kannst du dich wehren.« Dabei lachte er sich fast kaputt. Was für ein schlechter Witz, dachte ich. Wenn ich mich wehren würde, käme entweder er oder ich in den Knast. Nein danke!

Ich machte mich mit meiner Mutter auf den Weg. Während der Zugfahrt übte ich noch ein wenig. Ich hatte echt Mühe, dieses elfte Gebot aus meinem Kopf zu verbannen, irgendwann habe ich es schließlich geschafft. Mit den anderen Bewerbern, überwiegend nur Mädels, habe ich dann die Fragen über Gott und die Welt beantwortet. Später wurden Alltagssituationen mit behinderten Kindern nachgestellt und wir mussten darauf reagieren. Ich hatte ein sehr gutes Gefühl, denn ich war durch meinen kleinen Bruder auf behinderte Kinder gut eingestellt. Der Tag war anstrengend und ich war froh, als ich am Nachmittag mit meiner Mutter wieder nach Hause fuhr. Nun galt es zwei bis drei Wochen abzuwarten, bis das Ergebnis kommen sollte. Ich war mir sehr sicher, dass ich den Test mit gut bestanden hatte, denn die Fragen waren für mich relativ einfach. Ich malte mir bereits eine Zukunft in Berlin aus, denn ich hätte ein Zimmer direkt auf dem kirchlichen Gelände beziehen können. Endlich weg von zu Hause! Ein guter Plan, wie ich fand. Daher wartete ich täglich auf eine positive Nachricht aus Berlin. Neugierig schaute ich jeden Tag in den Postkasten. Eines Tages kam ich von der Schule nach Hause und der ersehnte Brief lag auf dem Tisch. Ich machte ihn sofort auf und las ihn schnell durch. »Sie haben die Prüfung mit gut bestanden, aber da Ihre Eltern der Kirche nicht zugehörig sind, wurden Sie bei der Auswahl nicht berücksichtigt.« Na toll, der Plan ging ja mal richtig in die Hose! Selbst die Kirche verwehrte mir die Zuflucht. Ob der liebe Gott wohl meine Gedanken zum elften Gebot gehört hatte?

Der Start ins Berufsleben

Ein damaliger Lehrer hat sich die Mühe gemacht und mir einige Berufe vorgeschlagen, die ich ausüben könnte. Krankenschwester konnte ich mir nicht vorstellen, weil ich am Leid der anderen Menschen zerbrochen wäre.

Als Friseurin war ich zu ungeschickt und in einer Fabrik wollte ich auch nicht landen. Seitens der Schule hat man mir angeraten in die FDJ einzutreten, damit ich einen vernünftigen Beruf lernen könne. Genau das wollte ich nicht! Ich wollte nicht in diese FDJ! Aber ich bekam Panik, weil ich nicht so enden wollte wie meine Mutter. Ich sah weiterhin meinen Abschluss gefährdet.

Zwischenzeitlich hatte ich auch gehört, dass man nicht zu den Prüfungen zugelassen wird, wenn man kein FDJ-Mitglied war. Vor lauter Angst trat ich diesem ominösen Verein bei und legte das Abzeichen für gutes Wissen ab. Allerdings habe ich mir geschworen, sobald ich mit der Schule und der Ausbildung fertig sei, würde ich sofort wieder austreten, was ich dann auch getan habe. Ich habe mich für den Beruf entschieden, den meine Schwester auch begonnen hatte, zu erlernen. Damals war die Berufsbezeichnung »Facharbeiter für städtischen Nahverkehr«. Da ich diesen Beruf auf einer Fachschule erlernte, ist mein Abschluss mit dem heutigen Fachabitur gleichzusetzen. Ich konnte mich mit dem Gedanken, einen technischen Beruf zu erlernen überhaupt nicht anfreunden, denn schließlich wollte ich meinem Traumberuf nachgehen. Daher sah ich dieser technischen Ausbildung skeptisch entgegen, obwohl mir meine Schwester sagte, dass die Ausbildungsinhalte gut zu lernen seien. Technik bedeutete für mich viel Mathematik und Physik. In diesen Fächern war ich früher relativ gut. Aber mit der Zeit und mit dem Ausreiseantrag meiner Eltern änderten sich die Noten und meine Motivation, überhaupt noch was zu lernen. Daher hatte ich die Befürchtung, dass ich den Stoff nicht mehr abrufen könne.

Dann endlich war es so weit. Es gab eine Infoveranstaltung im Betrieb, die ich mit meiner Lieblingserzieherin aus dem Heim, besucht habe. Zwischenzeitlich war in meinem Leben viel passiert, denn ich war plötzlich im Heim und hatte kein Zuhause mehr. Warum? Das erfahren Sie später.

Nun zurück zur Geschichte …

Ich weiß noch, wie sie mich anschaute und mir angesehen hat, dass dieser Beruf nichts für mich ist. Sie sah mit ihren roten Haaren, ihren Sommersprossen und ihren rehbraunen Augen wirklich süß aus. Zudem war sie sehr nett und einfühlsam. Aber sie wusste auch, dass dies meine einzige Chance war, überhaupt einen Beruf zu lernen. Sie meinte zu mir, dass ich diese Anforderungen packen würde und ich mir keine Gedanken darüber machen sollte. Aber das war nicht nur der Grund meiner Zweifel. Ich wollte doch studieren und Lehrerin werden! Spätestens hier war mir klar, dass dieser Wunsch für immer nur ein Traum bleiben würde.

Da saß ich nun zwischen all den Jugendlichen, die sich den Beruf tatsächlich freiwillig ausgesucht hatten, und war frustriert. Kurze Zeit später ging es dann los. Ich stieg in den Zug nach Magdeburg und mit mir reisten noch andere Jugendliche, die das gleiche Internat besuchten. Sie waren gut gelaunt und freuten sich darüber endlich von zu Hause weg zu kommen. Ich konnte mich nicht wirklich freuen, weil ich kein Zuhause mehr hatte und mich gerade auf den Weg in eine fremde Stadt machte. Dann kam noch der Gedanke, dass ich einen Beruf lernen musste, den ich eigentlich nicht lernen wollte. Wie sollte ich da in Stimmung kommen? Für die meisten der Jugendlichen wirkte ich sicherlich komisch. Ich habe mich an dieser feierlichen Stimmung nicht beteiligt und schaute in Gedanken versunken lieber aus dem Fenster. Ich flüchtete in Tagträume und hörte den Anderen nicht mehr zu. In meinen Gedanken stellte ich mir vor, wie es sein würde, jetzt in der erweiterten Oberschule zu sitzen, um fleißig für das Abi zu lernen. Dann stellte ich mir das Studium vor und wie es gewesen wäre, später vor der Klasse zu stehen, um den Unterrichtsstoff zu vermitteln. Nur der Schaffner, der meine Fahrkarte abstempeln wollte, hat es geschafft, mich aus meinen Gedanken zu reißen. Einige Wochen später habe ich mich mit meiner aufgezwungenen Berufswahl abgefunden und fand auch langsam Spaß an diesen Beruf. Das lag wohl daran, dass ich mich erstens auf neue Situationen gut einstellen konnte und zweitens, dass meine Klassenkameraden und die Lehrer gut drauf waren. Unter diesen Umständen fand ich immer mehr Gefallen an dem Beruf und verdrängte gedanklich meine eigentlichen Interessen und Wünsche. Ich habe 1983, ohne große Anstrengung, meine Ausbildung mit »gut« abgeschlossen und eingesehen, dass ich als Lehrerin nicht die nötige politische Einstellung besessen hätte.

Wahrscheinlich hätte ich auf meine Art versagt. Ich hätte mich sicherlich nicht mit dem politischen Unterricht, der in allen Fächern stattfand, anfreunden können. Nun konnte ich wenigstens als Staatsfeindin durchs Leben stiefeln.

Traum zerplatzte wie Seifenblase

Nach unserem Umzug in die Stadt habe ich im Verein Handball gespielt und das gar nicht Mal so schlecht. Immer wieder wurde ich für besondere Spiele eingesetzt und war sogar in der Mannschaft der Bezirksauswahl. Mein Trainer war von meinen Leistungen so überzeugt, dass er mich glatt an der Sportschule angemeldet hatte. Meine Eltern meinten, dass das sowieso nichts würde! Wieso? fragte ich mich. Der Trainer wird schon wissen, ob ich gut bin. In diesem Moment ging es aber um etwas ganz anderes. Einige Wochen später besuchte uns der Trainer und teilte schweren Herzens mit, dass ich nicht an der Sportschule aufgenommen werde. Ich schaute ihn an und fragte:»Warum denn nicht?« Meine Mutter meinte nur:»Wegen der vielen Westverwandtschaft!« Er nickte nur kurz und ging. Er hatte Tränen in den Augen. Zurück blieb ein doch gutes Handballtalent, das fortan keine Zukunft im DDR-Sport finden würde. Na toll, dachte ich mir. Hoffentlich können wir bald ausreisen, dann kann ich im Westen spielen. Die Zeit hat mich eines Besseren belehrt. Um dem Alltagstrott und den damit verbundenen Übergriffen meiner Umgebung zu entkommen, habe ich weiter Handball gespielt.

Im Verein wurden wir einmal im Monat von einem Arzt untersucht, der mir immer wieder Pillen gab und meinte, dass es Vitamintabletten seien. Nach bisherigen Erkenntnissen und Erfahrungen anderer Leistungssportler aus der DDR gehe ich heute davon aus, dass wir bereits als Kinder gedopt wurden. Leider habe ich nach so vielen Jahren keine Beweise für diese Theorie. Der Name des Arztes fällt mir auch nicht mehr ein. Ich kann mich erinnern, dass ich ein Spiel gegen die Russen mit 38 Grad Fieber absolviert habe. Es war mein bestes Spiel, denn ich habe von 21 Toren alleine 16 Tore gemacht. Das kann eigentlich doch nicht sein, weil ich sonst bei 38 Grad Fieber halb tot im Bett lag. Ich hatte so viel Kraft, dass ich einmal mit einem Wurf das ganze Tor ausgehebelt habe und das Spiel unterbrochen werden musste. Das ist doch verrückt, oder? Die Pillen zeigten Wirkung! Ansonsten habe ich bis auf wenige Zigaretten keine Erfahrung mit Drogen gemacht.

Meine Klassenkameraden haben vor der Schule Cola mit Schmerztabletten wie Faustan gemischt und getrunken. Die waren dann immer etwas schräg drauf. Viel haben die sonst nicht bewirkt. Nachdem ich nicht auf die Sportschule konnte und später meine Ausbildung in Magdeburg begann, war der Leistungssport ab da an für mich gestorben. Eine sportliche Karriere war auf Grund der Ausreise meiner Eltern eh nicht möglich. Somit ist auch dieser Traum wie eine Seifenblase zerplatzt.

4. Teil

Fluchtversuche

Die Flucht in den Glauben

Die späten 70er Jahre und der Beginn der 80er Jahre waren, politisch gesehen, sehr spannend. Immer mehr Jugendliche und junge Erwachsene haben sich gegen das Regime aufgelehnt. Einige Klassenkameraden und ich zählten dazu. Nachmittags oder abends besuchte ich fortan Gottesdienste oder Jugendtreffs der Kirche. Ich habe mich in den Glauben geflüchtet. Hier lernte ich sehr nette Leute kennen. Wir dichteten Lieder, sangen Kirchenlieder, unterhielten uns über Frieden und Freiheit. Jedes Mal zündeten wir Kerzen an, um in Gedanken bei den politisch inhaftierten Leuten zu sein. Wir durften zwar in Frieden aufwachsen, aber uns fehlte auch die Freiheit.

Die Freiheit, sich mit anderen Völkern der Erde auszutauschen. Seine Familie zu besuchen, die durch den Mauerbau getrennt wurde oder seine Meinung frei zu äußern. Es ging also nicht nur mir so, sondern vielen anderen jungen Leuten auch. Daher entschlossen wir uns, anstatt an der Jugendweihe teilzunehmen, die Taufe entgegenzunehmen. Da ich nicht sozialistisch angehaucht war, ließ ich mich taufen.

Über die Musik, den Gesprächen mit Pfarrern und Gläubigen habe ich wieder zu mir gefunden. Tag für Tag habe ich immer mehr an Gott geglaubt. Für mich war klar, dass es so ein Wesen nicht gibt, aber Glaube versetzt bekanntlich Berge! Während dieser Zeit haben einige meiner Freunde und ich einen behinderten Mann, der im Rollstuhl saß, kennengelernt. Er war damals schätzungsweise 45 Jahre alt. Er wohnte in einem Haus, das jeden Moment einzustürzen drohte. Dieses Haus stand in einer der Straßen, in denen die leichten Mädchen die Fenster mit roten Lampen schmückten. Der Mann wohnte auf Grund seiner Behinderung im Parterre. Man konnte ihm sozusagen von außen auf den Tisch schauen. Umgekehrt konnten wir sehen, wer am Haus vorbei ging.

Irgendwie tat er mir leid, so dass ich oft da war. Wir haben lange miteinander geredet. Ich hatte das Gefühl, dass ich ihm alles sagen konnte, weil er die Vertrautheit ausstrahlte, die ich bislang immer gesucht hatte. So kam es, dass ich fast jeden Tag mit ein paar Freunden bei ihm war. Wir haben über Gott und die Welt geredet. Natürlich auch über die Probleme des Alltags in unserem Land. Als ich meine Ausbildung in Magdeburg begann, habe ich ihn danach nicht mehr gesehen.

Viele Jahre später erzählte mir ein Freund, dass dieser Mann ein Spitzel von der Stasi war. Nach dieser Nachricht bin ich echt von Glauben abgefallen und widmete mich wieder anderen Dingen.

Meine Flucht aus diesem Leben

Es war ein Donnerstag und ein Herbsttag, 1980. Ich machte mich für das Training fertig und freute mich schon riesig auf das kommende Handballturnier am Wochenende. Nur noch kurz das Essen für meinen Vater vorbereiten und die Küche aufräumen und dann wollte ich los. Aber es kam anders, als ich dachte. Ich weiß heute nicht mehr, was meinen Vater so verärgert hat. Er schlug mir mit einem nassen Handtuch ins Gesicht und verbot mir das Training für diesen Tag. Am Essen kann es nicht gelegen haben, weil er nichts übriggelassen hatte. Ich schaute in den Spiegel. Meine rechte Gesichtshälfte war knallrot und angeschwollen. Tränen liefen mir über das Gesicht. Ich schnappte mir meine Tasche und habe trotz des Verbots die Wohnung verlassen. Mit meinem Klappfahrrad fuhr ich ziellos umher. So konnte ich nicht zum Training fahren. Die Mädchen hätten mich gefragt, was los sei und ich hätte wieder lügen müssen, um mich selbst zu schützen. Also fuhr ich immer weiter ziellos herum und dachte über mein nutzloses Leben nach.

Keine schulische oder berufliche, geschweige denn sportliche Perspektive, Ausreisewillige Eltern und die Stasi, die mich zum Staatsfeind Nummer eins machte. Die Chance, in diesem Leben glücklich zu werden, war für mich so ziemlich gering. Daher hatte ich einen Entschluss gefasst. Mein Leben war eh keinen Pfennig wert, also kann ich es auch beenden. Mich würde sowieso keiner vermissen. Entschlossen fuhr ich mit dem Fahrrad zur Brücke, die einen Stadtteil vom anderen trennte. Hier fuhren ständig Züge. Ich dachte, es wäre recht einfach, mit einem Sprung aus dem Leben zu gehen und deshalb habe ich mein Fahrrad ganz langsam ans Brückengeländer gestellt. Wenn man unglücklich ist, sieht man gar nichts mehr, was um einen herum passiert. Die Welt versinkt in Bedeutungslosigkeit. Nach einer Weile verschwanden ringsum die Straßengeräusche. Erst recht ganz banale Dinge, wie eine Ampel, die von Rot auf Grün sprang, spielende Kinder oder die Fahrgeräusche der stinkenden Trabbis. Und so kletterte eine klapperdürre, todtraurige Gestalt unter Tränen über das Geländer. Ich spürte plötzlich so ein Gefühl der Leere, so dass mir zeitweise die Bodenhaftung verloren ging. Zwischen diesem riesigen Universum und mir war nichts mehr, außer meinem zurückgelassenen Klappfahrrad, das unverschlossen am Geländer stand. Das machte die Situation auch nicht besser. Ich stand allein auf dieser Brücke. Meine Haare wehten mir ins Gesicht. Ich umklammerte das Brückengeländer, als könnte das jeden Moment davonfliegen. »Hilfe!«, flüsterte ich leise vor mich hin und taumelte ein wenig Hin und Her. Die Tränen liefen weiter über meine Wangen. Ich nahm langsam Abschied von meinem kläglichen Dasein auf dieser ungerechten und brutalen Welt. Bis dato hatte mich keiner entdeckt und endlich kam der erhoffte Zug. »Wurde auch Zeit«, brummelte ich. Doch der Zug fuhr recht langsam und hielt sogar an, was mich sehr irritierte. Es war einer von den Güterzügen, die normalerweise hier an dieser Stelle durchrauschten, sonst würde diese Aktion auch keinen Sinn machen. Vor einen stehenden Zug wollte ich mich auch nicht werfen! Ich ahnte nicht, dass der Lokführer mich entdeckt hatte. Er stieg aus seinem Fahrerhäuschen und kletterte den Hang hoch. Ich blieb wie erstarrt stehen und hörte, wie der Lokführer mir zurief: »Alles in Ordnung?« Endlich begriff ich, dass er mich gesehen hatte. Bestimmt ahnte er, was ich plante und hielt mich für eine Selbstmörderin, die ich ohne Zweifel ja auch war. Wenn sich jemand lange auf einer Brücke rumtreibt, dann kann man sicher sein, dass derjenige kurz davor ist, eine Dummheit zu begehen. Bevor ich ihm antwortete oder er mich hätte greifen können, schnappte ich mein Fahrrad und fuhr heulend und schreiend davon. Ich war wütend, tobte wie eine wild gewordene Kinderhorde. Die Leute, die mir entgegenkamen, schauten, als hätten sie gerade ein Gespenst gesehen. In dem Moment wurde mir klar, dass meine Eltern in einem Punkt Recht hatten. Tatsächlich bin ich zu dämlich, einen Wassereimer umzukippen, nicht einmal das bekomme ich hin! Und so versank ich mal wieder in Gedanken oder besser noch in Selbstmitleid. Was mache ich jetzt bloß? habe ich mich gefragt. Nach zehn Minuten Irrfahrt blieb ich stehen und mir fiel in dem Augenblick nur einer ein! Mein Freund Clemens, den ich in der Kirche kennengelernt habe. Sein Vater war Polizist und seine Mutter brachte mir das Flötespielen bei. Was sie beruflich tat, weiß ich nicht mehr. Ich schilderte ihnen meine Situation und durfte vorerst bleiben. Die Mutter meines Freundes hatte sich dazu entschlossen, am nächsten Tag mit mir zur Jugendfürsorge* zu gehen. Es kam aber alles ganz anders.

*Die Jugendfürsorge ... war ein staatlich gelenktes Amt, das ähnlich wie das heutige Jugendamt arbeitete. Die Jugendfürsorge war nicht nur auf die Vernachlässigung von Kindern ausgerichtet, sondern auch auf die Eltern, die gegen sozialistische Erziehungsnormen verstießen. Bei Republikflucht wurden Kinder in staatlichen Heimen untergebracht oder sogar zwangsadoptiert. Auch die Unterbringung straffälliger Jugendlicher in den berüchtigten Jugendwerkhöfen lief über die Jugendfürsorge.

Ich befand mich im Tiefschlaf, als es an der Haustür klingelte. Das Klingeln hat mich aus meinen Träumen gerissen und ich hörte Stimmen. Ein Blick zur Uhr verriet mir, dass es mitten in der Nacht war. Die Uhr zeigte 02.35 Uhr. Plötzlich hörte ich die Stimme meiner Mutter. Nach einer kurzen Pause kam die Mutter meines Freundes ins Zimmer.
»Du musst leider aufstehen, bitte zieh deine Sachen an«, sagte sie mir. »Warum das denn?«, fragte ich völlig übermüdet. »Du musst mit deiner Mutter mitgehen, sonst bekommt mein Mann mit seiner Dienststelle Ärger.«
In dem Moment habe ich nicht verstanden, warum. Später wurde es mir klar. Wir waren Staatsfeinde, denen gewährt man als Linientreuer keine Zuflucht! Er hätte sich somit auf sehr dünnem Eis bewegt. Soweit habe ich damals natürlich nicht gedacht und zog enttäuscht mit meiner Mutter los. Sie war zu Fuß gekommen und es waren etwa fünf Kilometer Fußmarsch bis nach Hause. Auf dem Rückweg erzählte sie mir, dass mein Vater mich überall gesucht hatte und sie mich bei der Polizei als vermisst meldeten.

Ich denke, das war das schlechte Gewissen, was ihn plagte. Aber es war gut zu wissen, dass wenigstens eine Reaktion kam. Er hat schätzungsweise eine Woche nicht mit mir geredet. Ich habe es bis heute überlebt.

Mein Bruder wollte auch flüchten

Es war ein Dienstag im Jahr 1978 um 06.30 Uhr, als meine Mutter aufgelöst zu uns ins Zimmer kam und sagte:»Irgendwas stimmt mit Michael nicht, er liegt wie tot im Bett.« Ich bin aufgesprungen und sofort ins Zimmer gelaufen. Tatsächlich! Er lag, so bleich wie sein Bettlaken, regungslos im Bett. Sofort bin ich zu den Nachbarn unter uns gehastet und klingelte Sturm. Die hatten zum Glück ein Telefon. Die ältere Dame rief sofort den Notarzt. Die Minuten vergingen wie Stunden. Ich rannte hilflos hin und her. Meine Mutter war fix und fertig. Sie heulte die ganze Zeit. Als dann endlich der Notarztwagen vorfuhr und mein Bruder abtransportiert wurde, machte ich mich auf den Weg zur Schule. An diesem Tag konnte ich mich überhaupt nicht konzentrieren und heulte still vor mich hin. Alle fragten:»Was hast du, was ist los?« In diesem Moment musste ich noch mehr heulen und meine Tempotaschentücher aus dem Westen waren bereits nach wenigen Minuten aufgebraucht. Ich wusste nicht, was mit meinem Bruder los war, keiner hat mich informiert. Es war einer von den vielen schlimmen Tagen meines Lebens. Nach der letzten Stunde bin ich sofort nach Hause gerannt. Ich hoffte inständig, dass nichts Schlimmes mit meinem Bruder war, schließlich hatte er einen Herzfehler. Ich stürzte in die Wohnung. Im Wohnzimmer saß der Rest meiner Familie. Meine Mutter sah fürchterlich verheult aus.
»Was ist los? Was ist jetzt mit Michael?«, fragte ich.
Sie meinte nur ganz verärgert:»Der wollte sich das Leben nehmen.« Das musste ich auch erst einmal verkraften und setzte mich zu ihnen auf die Couch. Es war neben seinem Bett eine Schachtel mit Schlaftabletten gefunden worden, die er abends nach und nach zu sich genommen haben musste. Es blieb lange die Frage offen, warum er sich das Leben nehmen wollte.
Hauptgrund seines Fluchtversuches waren die Demütigungen in der Schule, die er nicht länger ertragen konnte, wie ich später er-

fuhr. Mein Bruder war genau wie ich, auch ein sehr guter Schüler bis zum Ausreiseantrag unserer Eltern. Danach haben sich die Noten teilweise von Zwei auf Vier verschlechtert. Die Arbeiten wurden ungerecht benotet, so dass er am Ende kein gutes Zeugnis bekam. Darüber war er nicht hinweggekommen.

5. Teil

Die Hunde haben uns verfolgt

Die Hunde standen vor der Tür

Zum 13. Geburtstag, es war ein herrlicher Sommertag 1977, ging ich mit meinen Geschwistern ins Freibad. Natürlich musste ich wie immer pünktlich zu Hause sein. Irgendwie haben wir es nicht geschafft. Mein Vater hat mich daher mit einem ungewöhnlichen Geburtstagsgeschenk begrüßt. So etwas habe ich vorher noch nie zum Geburtstag bekommen. Eine schöne brennende rote Wange. Na toll, dachte ich da nur und verkroch mich in mein Zimmer, so weit, wie das möglich war. Es war ein Durchgangszimmer.

Die Wohnung befand sich im vierten Stock, natürlich ohne Fahrstuhl, aber dafür bereits mit Gästeklo und Badezimmer ausgestattet. Für DDR-Verhältnisse schon recht nobel, aber trotzdem kein Vergleich zum Haus. Die Küche war winzig und meine Eltern bekamen das Zimmer mit Balkon. Das Wohnzimmer befand sich auf der Seite zur Straße, die stark von quietschenden Straßenbahnen und lauten LKW's befahren war. Bis ich mich an diese Lautstärke gewöhnt hatte, vergingen Wochen. Natürlich kamen auch Autos, insbesondere Trabbis (zu Ostdeutsch »Presspappe«) vorbei. Fuhr ein grüner Trabbi entlang, war es Brauch, dass man seinen Begleiter oder die Person, die gerade in der Nähe war, gekniffen hat.

Nur langsam verstand ich die Pläne meiner Eltern. Sie sprachen ständig vom Umzug und dass wir bald bei der Oma Anna wohnen. »Wie, schon wieder umziehen? Der vorläufige Aufenthalt bereits abgelaufen?«, ging es mir durch den Kopf. Irgendwie konnte ich nicht folgen. Auf der Landkarte hat mir meine Mutter dann gezeigt, dass sie in ein kleines Städtchen in Baden-Württemberg ziehen wollen. Ich freute mich, weil ich meine Oma und den Opa wieder sehen könnte. Außerdem meine ganzen Onkel, Tanten, Cousinen und Cousins. Sie hat mir erklärt, dass sie nicht wisse, wie lange es bis zum Umzug noch dauert. Mir war klar, dass das nichts Gutes heißen kann. Also muss ich wohl noch in dieser blöden grauen Stadt ausharren, dachte ich mir. Meine Eltern hatten ein Jahr zuvor einen Ausreiseantrag gestellt, denn sie wollten die DDR für immer verlassen. Sie schrieben Briefe an einen Anwalt Namens Vogel. Ich habe das alles nicht begriffen und lebte unbeschwert in den Tag. Bis zu dem Tag, an dem zwei in Lederjacken gekleidete Männer mit ihren komischen Hüten auf der anderen Straßenseite standen. Immer wieder blickten sie zum Fenster hoch. Ich rief meine Mutter, um ihr die Typen zu zeigen. Blitzartig sind die Männer auseinander gegangen und verzogen sich, als sie uns entdeckten. Meine Mutter meinte nur:»Das waren die Hunde von der Stasi.«

Ich fragte:»Was ist denn die Stasi?«

»Na, die Staatssicherheit!«, sagte meine Mutter ganz mürrisch.

»Warum stehen die da?«, fragte ich sie.

»Weil wir doch in den Westen wollen und einen Ausreiseantrag gestellt haben«, antwortete meine Mutter. Seitdem habe ich das Haus nur noch mit prüfenden Blicken verlassen, denn ich wollte nicht von den Hunden der Stasi verfolgt werden.

Die Hunde schnüffelten auch nachts

Ich hatte mal wieder Handballtraining und bin frühzeitig ziemlich kaputt ins Bett gegangen, weil ich am nächsten Tag ausgeruht zur Schule gehen wollte. Meine Schwester kam etwas später ins Zimmer, aber ich hatte sie nicht bemerkt und so träumte ich von einem besseren Leben. Plötzlich, mitten in der Nacht, hörte ich ein Geräusch, das mich aus meinem Tiefschlaf riss. Verärgert schaute ich mich im Zimmer um, wer wohl so einen Krach veranstaltet. Dabei entdeckte ich eine fremde Person. Sie war recht groß und schlank. Das Licht, das durch die dünnen Vorhänge unseres Fensters schien, hat diese Gestalt als Eindringling enttarnt. Erschrocken und voller Angst habe ich beinahe geschrien.»Mein Gott ein Fremder ist in unserem Zimmer!« Ich hielt mich aber zurück und versteckte mich sofort unter meiner Decke. Meine Schwester sammelte Büchsen aus dem Westen. Heute nennt man diese Büchsen auch Dosen. Besonders beliebt waren die von Coca-Cola. Diese standen auf einem Regal über unserem Sofa. Der Eindringling muss die wertvolle Sammlung beim Herumschnüffeln wohl berührt haben, denn einige der Dosen lagen unten auf dem Boden. Sie glänzten im Licht und eine kullerte direkt vor mein Bett. Aha, das war also das Geräusch, von dem ich wach geworden war. Ich hatte schreckliche Angst, als der

Fremde sich über mein Bett beugte, um zu kontrollieren, ob ich noch schlief. Er wollte wohl sichergehen, dass er in Ruhe weiter schnüffeln könne. Obwohl ich mir die Decke über den Kopf zog, hörte ich seinen Atem. Dabei stellte ich mir vor, wie er ein Messer in der Hand hält und mich umbringen will. In diesem Moment hielt ich den Atem an und betete zu Gott, dass er mich verschont. Der liebe Gott hat mich erhört. Der Typ ging zum Bett meiner Schwester. Da sich meine Schwester aber auch nicht bewegte, schlich sich der Mann anschließend aus unserem Zimmer. Ich war mir sicher, dass der Eindringling einer der Hunde war, die uns bereits verfolgt hatten. Nach gefühlten fünf Minuten habe ich meine Schwester leise gerufen. Sie war auch wach und hat sich wie ich schlafend gestellt. »Wer war das?«, fragte sie und stand auf, um zu sehen, ob der Fremde weg war. Ich sagte: »Vielleicht einer von den Hunden«, und bin vor lauter Angst im Bett geblieben. Gott sei Dank war der Typ nicht mehr in der Wohnung. Die Haustür stand aber offen und meine Schwester schaute noch nach meinen Brüdern. Beide waren im Bett und schliefen ruhig. Sie hatten von all dem nichts mitbekommen. Nachdem wir den ersten Schock verkraftet hatten, sind wir ins Schlafzimmer unserer Eltern geschlichen. Auch sie schnarchten seelenruhig vor sich hin, bis wir sie schließlich weckten. »Da war gerade einer in unserem Zimmer«, sagte meine Schwester. »Quatsch, das habt ihr nur geträumt, legt euch wieder hin!«, meinte meine Mutter und mein Vater beschwerte sich über die nächtliche Störung. Ich habe die Welt nicht mehr verstanden und legte mich schlafen, zumindest habe ich es versucht. Aber es ging nicht mehr, weil ich Angst hatte, dass der Hund wieder kommt. Am nächsten Morgen haben wir unserer Mutter das Erlebte aus der Nacht erneut erzählt. Aber wieder hat sie uns nicht geglaubt, weil auch nichts gefehlt hat. »Ein Einbrecher hätte doch was gestohlen!« so die Reaktion meiner Mutter. Damals ist keiner von meiner Familie auf den Gedanken gekommen, dass dieser Mann einer der Hunde war. Ich war mir aber ziemlich sicher. Erst viel später kam der Verdacht bei meinen Eltern auf, dass der Fremde in unserem Zimmer von der Stasi gewesen sein könnte. Er hat vielleicht Wanzen (Geräte zum Abhören) im Zimmer installiert, da die Hunde später sehr gut unseren Tagesablauf und andere Aktionen meiner Familie kannten.

Ein aufregender Kinobesuch

Es war ein kalter, verregneter Herbsttag, als mein Bruder Michael mit ein paar Mädels ins Kino wollte.

»Wollt ihr wirklich ins Kino?«, fragte meine Mutter und meinte, dass man an solchen Tagen keine Hunde vor die Tür schickt. »Egal«, rief ihr mein Bruder zu, der sich bereits seinen Parka überzog. Dieser Parka hatte etwas ganz Besonderes. An beiden Armen, knapp unter der Schulter, war die schwarz-rot-goldene Flagge aufgenäht. Natürlich die ohne Hammer, Sichel und Ährenkranz! Mein Bruder war auf die Jacke mit diesem kleinen Stück Stoff heiß. Er freute sich, als er das Paket von Oma Anna aufmachen durfte und sein sehnlichster Wunsch erfüllt wurde. Ich freute mich mit ihm, weil er ganz toll mit dieser Jacke aussah. Er hatte blonde Haare und die olivgrüne Farbe der Jacke stand ihm wirklich gut.

»Die Weiber werden auf mich stehen«, flüsterte er mir zu. »Ja«, sagte ich zu ihm und war stolz einen so hübschen Bruder zu haben.

»Tschüss«, sagte er und ging. Er und die Mädels fuhren mit der Straßenbahn zum Kino.

Es war bereits dunkel, als mein Bruder ganz aufgeregt nach Hause kam. Mit den Worten: »Die Hunde haben mich mitgenommen«, begrüßte er mich im Flur.

»Welche Hunde meinst du denn?«, fragte ich ihn.

»Zwei Typen von der Stasi sind mir entgegengekommen, die haben genau gewusst, wann ich an der Haltestelle aussteige. Wenige Meter danach haben die mich angesprochen und mitgenommen«, meinte er. »Wie einen Schwerverbrecher haben die mich behandelt und mich gefragt, warum ich die Jacke trage.« »Was hast du geantwortet?«, fragte meine Mutter, die zu unserem Gespräch dazu kam.

»Weil mir kalt ist«, was sonst?

Diese Antwort machte Sinn, weil es draußen kalt und nass war. Aber irgendwie sind die Hunde wohl ganz wütend geworden und verlangten von meinem Bruder, dass er die Jacke auszieht.

»Warum sollte ich das tun?«, fragte er.

»Weil Sie eine Jacke mit unerlaubten Emblemen tragen«, antwortete einer der beiden. »Wo steht das geschrieben, dass es nicht erlaubt ist, eine Jacke mit einer ausländischen Flagge zu tragen?«, fragte mein Bruder.

Sie hatten keine Antwort darauf. Dann holte der eine Hund sein Messer aus der Tasche und meinte zu meinem Bruder, dass er jetzt die Wahl hat. »Entweder du schneidest dir die Flaggen selber raus oder ich übernehme das. Dann kannst du aber sicher sein, dass ich ein viel größeres Loch hinterlassen werde.« Michael nahm das Messer und entfernte die Flaggen lieber selbst, so hielt sich der Schaden wenigstens noch in Grenzen. Mein Bruder war so wütend auf die Hunde, dass er sich mit den Worten »Ihr Schweine« verabschiedete und schnell nach Hause rannte. Meine Oma Anna war so gut und hat ihm gleich mehrere dieser Flaggen zugeschickt. So konnte erstens die Jacke wieder geflickt werden und zweitens, für den Fall der Fälle, wäre immer ein Ersatz im Haus.

Zwei dumme Hunde

Ich war gerade 14 Jahre alt, als ich mich der Jugendmusikgruppe unserer evangelischen Kirche anschloss. Mit meiner Klampfe zog ich los, um in der Kirche Lieder von Freiheit und Frieden zu singen. Die meisten Leute aus dieser Gruppe waren älter als ich, aber das störte mich nicht weiter. Bei Kerzenschein saßen wir in einer Runde im Schneidersitz auf den Boden des Raumes und erzählten uns Geschichten aus unserem trostlosen Alltag. Wir zündeten die Kerzen an und gedachten der Toten an der Grenze oder der politisch Inhaftierten. Manchmal kamen auch die beiden Pfarrer hinzu, die ich sehr gerne mochte. Einer hatte bereits graue Haare und der andere war klein, trug eine Brille und hatte sieben Kinder. Den habe ich echt bewundert, weil mir drei Geschwister schon reichten. Kaum auszudenken, wie das in unserer Familie mit noch mehr Kindern gelaufen wäre. Aber Pfarrer sind schon von Natur aus kinderlieb und einfühlsam, daher fühlte ich mich in seiner Nähe auch sehr wohl. Manchmal saß ich so in der Runde und habe überlegt, ob vielleicht auch einer der Pfarrer oder von den anderen Leuten für die Stasi arbeitet. Aber schnell habe ich den Gedanken wieder zerschlagen, weil man sonst nirgends mehr hätte hingehen können.
Es war ein Montagabend, als ich mich wieder auf den Weg machte, um mich mit den Anderen in der Kirche zu treffen. Ich ließ die Montagsmaler und alternativ dazu den schwarzen Kanal ausfallen.

Bereits auf dem Hinweg wurde ich von zwei Hunden verfolgt, die immer einen sicheren Abstand zu mir hielten. Für wie bekloppt halten die mich denn? habe ich mich gefragt und lief grinsend weiter. Als ich mein Tempo erhöhte, liefen die auch schneller. Als ich langsam lief, wurden die auch langsamer. Naja, richtig intelligent waren die beiden nun wirklich nicht. In der Kirche angekommen, habe ich den anderen Leuten von den Hunden erzählt. Man war sich einig, dass die garantiert nach unserem Treffen immer noch auf mich warten würden und ich mich in Acht nehmen sollte.

»Ach, die tun mir nichts, weil ich viel zu jung bin. Die wollen nur meine Akte mit meinen Aktivitäten füllen und beobachten, ob ich linientreu bin oder schon so werde wie meine Eltern.«

Jeder wusste über meine Situation Bescheid und fast alle meinten, dass ich vorsichtig sein müsste. Natürlich habe ich die Ratschläge angenommen. Gegen 20.30 Uhr schlich ich mich aus der Kirche. Es war Spätherbst und bereits dunkel, als ich mich auf den Weg nach Hause machte. Es war eine mondlose Nacht. Ich erinnere mich daran, dass ich zuerst an der beleuchteten Straße nach Hause lief, weil ich nicht durch den dunklen Park gehen wollte. Schließlich hatte ich schon die gruseligsten Geschichten gehört und wollte heile zu Hause ankommen. Kaum bin ich 5 Minuten gelaufen, bemerkte ich die beiden Hunde wieder hinter mir. Ich überlegte kurz, wie ich die Blödmänner loswerden könnte. Ich blieb stehen, drehte mich um und ging ein Stück auf die Männer zu.

Die blieben tatsächlich stehen und einer steckte dem anderen eine Zigarette an. Solche Szenen hatte ich schon in dem Krimi gesehen, der jeden Sonntagabend im Fernsehen lief. Ohne groß nachzudenken, habe ich: »Hey, wo wollt ihr denn noch hin?«, über die Straße gerufen, obwohl dort niemand war. Die beiden Idioten schauten auf die andere Straßenseite.

Jetzt sah ich meine Chance, im Dunkeln zu verschwinden und lief so schnell ich konnte in den Park. Den Weg kannte ich ja von tagsüber, aber nun war der Park dunkel. Seine Bäume und Sträucher waren deutlich beeindruckender. Der Wind ließ das Laub bereits fallen. Es raschelte unter meinen Füßen, und in dem ganzen Park war keine Menschenseele. Bis nach Hause wäre es ein Riesenumweg gewesen, mindestens ein Kilometer, aber laufen konnte ich wie eine Weltmeisterin. Und plötzlich gefiel mir das ganz gut, wie ich da durch diese dunkle, menschenleere Nacht lief. Ich wusste nur nicht, ob ich Angst hatte oder nicht. Mein Ablenkungsmanöver funktionierte zunächst, aber die beiden hatten einige Sekunden später den Braten gerochen und kamen hinterher. Ich versteckte mich hinter einen Baum, presste meine Klampfe fest an mich, hielt die Luft an und schloss die Augen. Irgendwie bekam ich jetzt doch Angst. Ich war froh, als die dummen Hunde an mir vorbei noch tiefer in den Park liefen. Die Männer drehten sich nach rechts und nach links, zuckten mit den Schultern und schüttelten den Kopf. Das sollte so viel heißen:»Wir wissen nicht, wo die Flüchtige sich gerade aufhält.« Anschließend liefen sie weiter in den Park hinein, bis ich sie nicht mehr sehen konnte. Ich rannte so schnell wie der Wind in Richtung Straße, die beleuchtet war. Nun ging ich seelenruhig nach Hause, nicht ohne mich mehrmals zu vergewissern, ob die Blödmänner mich nicht doch verfolgten. Dadurch kam ich zu spät nach Hause und musste meinen Eltern erst einmal klar machen, wo ich abgeblieben war. Aber ich war froh, dass ich den Hunden entwischt war und die umsonst auf mich gewartet hatten. Meine Stasiakte konnten die dummen Hunde an diesen Abend jedenfalls nicht mehr weiter füllen. Was wollten die auch schreiben? »Junge Staatsfeindin und Aufmüpfige ist uns entwischt.« Wohl kaum!

Die Hunde haben uns getrennt

Im Frühjahr 1981, ich besuchte die zehnte Klasse, sollte sich mein Leben erneut ändern. Zu diesem Zeitpunkt wusste ich nicht, was mit mir los war. Ständig war ich in der Schule weggetreten und nicht mehr ansprechbar. Immer wenn ich wach wurde, lag ich entweder mit dem Kopf auf der Schulbank oder ich lag auf der Sanitäter-Trage. Während meiner Abschlussfahrt hatte ich diese Zustände auch. Vorausgegangen waren immer Kopfschmerzen und Schwindelgefühle, die ich bemerkt habe. Ich konnte diese aber meinem Wegtreten nicht zuordnen. Viele Jahre später kam heraus, dass ich an einer seltenen Immunerkrankung leide, die mit solchen Symptomen einhergeht.

Nachdem ich wieder in der Schule im Land der Träume lag und man mich nicht wach bekam, wurde der Notarzt gerufen. Der konnte aber keine organische Störung feststellen und überwies mich deshalb in die Nervenklinik. Hier wurde ich erst einmal mit Tabletten vollgestopft, obwohl ich eigentlich gesund war. Vielleicht sollten die Tabletten mich beruhigen, was nach meiner Meinung aber nicht notwendig war. Nach einem dreistündigen Test beim Psychologen konnte diesbezüglich keine Einschränkung festgestellt werden. Man, war ich froh, dass ich keinen Dachschaden hatte. Trotzdem ließ man mich nicht nach Hause. Am Nachmittag bekam ich Besuch von meiner Mutter, die sich verständlicherweise Sorgen machte. Vollgepumpt mit diesen Tabletten habe ich sie nur wenig wahrgenommen. Irgendwie wollte ich nur noch ins Bett und schlafen.

Es vergingen die Tage und ich war immer noch in dieser Klinik zusammen mit kranken Kindern und Jugendlichen in meinem Alter. Ich kam mit Magersüchtigen, verhaltensauffälligen und traumatisierten Kindern in Kontakt und habe mich gewundert, warum man mich dabehält.

Es vergingen die Wochen und alle bekamen Besuch, nur ich nicht! Irgendwie kam mir das alles komisch vor, zumal ich weiterhin diese Tabletten bekam, obwohl ich doch gesund war. Da mir keiner die benötigte Kleidung brachte, wurde seitens der Klinik die Jugendfürsorge eingeschaltet. Einige Wochen später hat mir eine Frau Dr. S. in einem Vieraugengespräch mitgeteilt, dass ich »familiengelöst« sei.

»Was heißt das?«, fragte ich sie.

»Deine Eltern wollen ohne dich in den Westen und haben dieses Formular unterschrieben.« Sie reichte mir einen Zettel rüber. Ich schaute mir dieses Schriftstück genau an. Darauf stand: »Beide Eltern haben sich durch eine Entscheidungsfrage von Cornelia gelöst.«

Tatsächlich! Nun verstand ich gar nichts mehr. Nach Wochen Funkstille mit den Eltern und mit der Schule wollte ich meinen Abschluss nicht gefährden und drängte die Psychologen, mich zu entlassen. Aber das taten die nicht! Ich stand kurz vor den Prüfungen und musste den Stoff irgendwie aufarbeiten. Dabei fühlte ich mich machtlos und hatte Angst vor der Zukunft. Nachts habe ich kein Auge zugetan und grübelte, wie ich die dazu bringen könne, mich zur Schule zu lassen. Ich suchte das Gespräch mit Frau Dr. S., die mich scheinbar mochte. Stundenlang habe ich sie angefleht mich aus der Klinik zu lassen, das aber wollte sie nicht. »Warum denn nicht, ich bin doch gesund?! Lassen sie mich doch wenigstens zur

Schule gehen, Bitte!«, habe ich sie angefleht. Nach Wochen verzweifelten Flehens habe ich ihr Herz doch noch erweichen können. Sie ließ mich in die Schule gehen. Nach der Schule ging ich mit einem Klassenkameraden mit, um den Stoff nachzuholen, den ich durch den wochenlangen Aufenthalt in der Klinik versäumt hatte. »Das tut gut, endlich etwas Abstand von den Krankengeschichten«, habe ich meinem Klassenkameraden zugeflüstert. Damit ich einen klaren Gedanken fassen und mich ordentlich auf die Prüfung vorbereiten konnte, habe ich zwischenzeitlich meine Tabletten auf dem Klo entsorgt. Mir ging es danach deutlich besser. Ich hatte den Eindruck, dass ich jetzt wieder mehr am Leben teilnehmen konnte. Genau zwei Lehrer hatte ich, die sich Sorgen um meinen Abschluss machten. Es durfte nur keiner wissen. Ein Lehrer, ich befand mich gerade in meinem Zimmer in der Klinik, klopfte ans Fenster. Ich fragte ihn: »Wieso kommen Sie nicht rein?« »Es darf keiner wissen, dass ich hier bin, sonst bekomme ich Ärger«, meinte er zu mir. Warum, habe ich erst viel später begriffen. Es vergingen weitere Monate. Ich hatte plötzlich keine Familie mehr. Meinen Abschluss habe ich irgendwie, aber nicht mit dem erhofften Durchschnitt geschafft, als es hieß, dass ich entlassen werden kann. Aber auf Grund dessen, dass ich vor dem DDR-Recht als »familiengelöst« galt, musste ich in ein Heim und die Pflegschaft übernahm die Jugendhilfe. Ganz ehrlich, ich war nicht böse über diese Entscheidung, da ich eh von Geburt an zu Hause nicht erwünscht war. Aber so krass hatte ich mir das auch nicht vorgestellt. Ich war innerlich sehr zerrissen, wusste nicht genau was ich denken soll und manchmal fühlte ich mich sehr allein, so ohne Eltern und Geschwister.

Von den Hunden abgeholt

Meine Eltern wollten Anfang 1984 die ständige Vertretung der Bundesrepublik Deutschland in Berlin besuchen und machten sich auf den Weg, ohne jemanden zu informieren. Zu dieser Zeit konnte man niemanden trauen, selbst den jahrzehntelang befreundeten Familien nicht. Sie fuhren mit dem Zug nach Ost-Berlin. Dort angekommen waren sie sich sehr sicher, dass ihnen niemand gefolgt sei. Sie waren in Sichtweite der ständigen Vertretung der Bundesrepublik Deutschland und beschlossen, auch in dieses Gebäude zu gehen. In dem Moment, als meine Eltern das Gebäude betreten wollten, kamen zwei der Hunde und haben versucht, ihnen den Zutritt zu verwehren. Obwohl meine Mutter von einem der Hunde noch am Arm festgehalten wurde, hat sie es geschafft, sich loszureißen und in die ständige Vertretung zu gelangen. Mein Vater hingegen wurde vor der Tür aufgehalten. Er hatte keine Chance. Beide waren irritiert und hätten nie damit gerechnet, dass die Stasi sie bis dahin verfolgt. Meine Mutter verließ die ständige Vertretung wieder, weil sie alleine nicht in den Westen gehen wollte. Da keiner der Hunde Aufsehen erregen wollte, ließen sie meine Eltern gehen. Beide fuhren verzweifelt nach Hause. Noch auf der Rückfahrt überlegten sie, wie sie es schaffen könnten, unerkannt in die ständige Vertretung der Bundesrepublik Deutschland zu kommen. Aber soweit sollte es nicht mehr kommen.

Am nächsten Tag gingen meine Eltern normal wie immer zur Arbeit. Hier wartete schon die Stasi und nahm beide getrennt voneinander mit. Sie wurden in die Kreisstadt in die U-Haft gefahren. Am späten Nachmittag besuchten zwei der Hunde meinen Bruder Michael auf der Arbeit. Mein Bruder machte gerade Pause, als sein Schichtleiter zu ihm kam und meinte:»Du, da draußen sind zwei Männer, die dich sprechen wollen.«

Michael sagte nur:» Das können nur die von der Stasi sein!« Er musste seine Pause wegen dieser Kerle unterbrechen. Wie vermutet waren die Männer von der Stasi und mein Bruder musste sich umziehen. Der eine von denen hatte Michael sogar beim Duschen beobachtet und dann standen sie noch so lange am Umkleideschrank, bis er fertig war. Dann nahmen sie ihn mit!»Los, steigen Sie ein!«, sagte der eine und mein Bruder setzte sich in den Trabbi, der vor dem Fabriktor stand.

»Seit wann fahren die mit dem Trabbi rum?«, fragte sich Michael. In dem Moment hatte er keine Erklärung dafür. Gemeinsam fuhren sie in die Stasizentrale, die sich ganz in der Nähe unserer Schule befand. Er wurde zu den Plänen meiner Eltern befragt. Da er nichts wusste, konnte er natürlich auch nichts sagen. Sie ließen ihn wieder gehen. Meine Eltern allerdings saßen einige Wochen in U-Haft. Sie wurden andauernd von den Stasileuten befragt. Immer wieder haben die Hunde behauptet, dass der Partner den Antrag zurückgenommen hat. Meiner Mutter wurde gesagt:»Ihr Mann hat den Ausreiseantrag zurückgezogen«, worauf meine Mutter antwortete: »Das glaube ich Ihnen nicht!« Umgekehrt haben die das Gleiche mit meinem Vater versucht. Aber beide hatten sich vorher abgesprochen und wussten, dass man versuchen würde, sie gegeneinander auszuspielen. Immer wieder wurden meine Eltern verhört und von den Hunden gedemütigt und beleidigt. Man hat ihnen nahegelegt, den Antrag zurückzuziehen und keinen neuen Ausreiseantrag mehr zu stellen. Meine Eltern haben lange Widerstand geleistet, aber die Qualen machten meiner Mutter zu schaffen. Sie wurde krank. Schließlich haben sich meine Eltern auf den Deal eingelassen und beide zogen den Antrag zurück. Einige Wochen später hatte die Stasi beide frei gelassen.

Als es meiner Mutter besser ging, schmiedeten sie einen neuen Plan. Sie stellten einige Zeit später den nächsten Ausreiseantrag, obwohl ihnen klar war, dass sie wieder eingesperrt werden. Es dauerte nicht lange und sie wurden erneut abgeholt.

Mein Vater kam diesmal ins Gefängnis meines Geburtsortes und meine Mutter nach Stolberg im Harz. Hier befand sich das größte Frauengefängnis der Staatssicherheit. So wie ich von meiner Mutter fast 20 Jahre später erfahren habe, war dieses Gefängnis quasi überfüllt von Ausreisewilligen Frauen und Müttern. Zwischenzeitlich haben die Hunde die ganze Wohnung auf den Kopf gestellt. Sie haben alle Westprodukte wie den Jacobs Kaffee, den Pudding von Dr. Oetker oder den Kakao von Nesquik aufgeschnitten und in der Küche verteilt. Es war nichts mehr von den schönen Sachen zu gebrauchen. Weil wir so viele Westsachen hatten, bekam meine Mutter von der Stasi den Namen »Hamster«. Ganz ehrlich, der Name passte 100 Prozent zu meiner Mutter. Wie mein Vater hieß, weiß ich nicht mehr.

Es vergingen Monate, bis beide wieder aus der Haft entlassen wurden. Bis dahin mussten sie sich stundenlangen Verhören unterziehen und weitere Demütigungen sowie Folter ertragen. Die Hunde machten während der Nachtruhe ständig das Licht an und aus oder ließen es die Nacht über an. Das ging die ganze Zeit der Inhaftierung so. Sie schrien rum oder schlugen mit ihren Stöcken an den Türen, um den Gefangenen den Schlaf zu rauben. Manchmal wurden sie auch in der Nacht zum Verhör gerufen. Die Hunde wollten die Menschen mürbe machen, damit die den Antrag auf Ausreise wieder zurückziehen. Manche haben die Folter nicht ertragen, wurden schwach und haben sich dem Staat gebeugt oder sind vielleicht sogar gestorben. Da sich beide dem mächtigen Staat nicht beugten und bei ihrem Ausreiseantrag blieben, durften sie nach Chemnitz in die Sammelstelle für Ausreisewillige. Hier vergingen weitere Wochen, bis sie 1986 von der Bundesrepublik freigekauft wurden und in den Westen durften. Sie wurden direkt aus der Sammelstelle in den Zug gesetzt, der gen Westen fuhr. Jeder hatte eine Tasche mit Klamotten dabei, mehr nicht.

Obwohl mein kleiner Bruder Andre keinen Ausreiseantrag stellte, musste er mit in den Westen. Er war zwar schon volljährig, aber auf Grund seiner Behinderung dem Sozialstaat wohl eine Last. Meine älteren Geschwister und ich blieben allein in der DDR zurück.

Es gab auch nette Hunde

Wir schrieben das Jahr 1983, als ich mit der Ausbildung fertig war und meine erste Wohnung bezog. Ich war gerade 19 Jahre alt geworden und schon stolze Besitzerin eigener zwei Zimmer mit Bad, Küche und Ofenheizung. Für damalige Verhältnisse recht ungewöhnlich. Während der Ausbildung und auch noch später war ich im Heim untergebracht, das außerhalb der Stadt lag. Damit ich am frühen Morgen oder am späten Abend den Dienst antreten konnte, musste eine Lösung her. Zu meinen Arbeitszeiten fuhren keine Busse und ein Auto war undenkbar! Einer machte den Vorschlag, ich könnte ja mit dem Fahrrad fahren. Aber das hatte ich erstens nicht mehr und zweitens waren über zehn Kilometer bei Wind und Wetter unzumutbar. Meinetwegen wollten die auch nicht den Busfahrplan ändern. Also setzten sich die hohen Bonzen an einen Tisch und diskutierten lautstark, wie ich wohl zur Arbeit komme, um meinen Dienst um 03.15 Uhr anzutreten. Mein damaliger Heimleiter, den ich sehr mochte, hat die so lange verbal bearbeitet, bis für mich eine Wohnung ausgehandelt wurde. Er hat mir die Wohnung quasi zum Geburtstag geschenkt. Ich war nach langer Zeit wieder glücklich! Als ich dann endlich mein neues Zuhause betrat, fand ich mein Heim auf den ersten Blick schön. Bei genauerer Betrachtung machten sich aber die ersten Zweifel breit. Ich habe natürlich zugesagt, wusste nur noch nicht, wo ich die Tapeten, Putzmittel und Möbel herbekomme. Diese Probleme haben sich im Laufe der Zeit aber von allein gelöst.

Zum Einzug war es üblich, dass man eine rote Fahne von der Wohngemeinschaft geschenkt bekam. Diese sollte man an den Feiertagen am Fenster anbringen, zumindest in diesem Haus. Leute, die ihre Fahne zum Beispiel am 1. Mai, dem Tag der Arbeit nicht aus dem Fenster hängten, mussten mit schiefen Blicken rechnen. Und so kam es, dass eine Nachbarin im Rentenalter an meiner Tür klingelte. Ich staunte nicht schlecht, denn die Klingel funktionierte. Na, dann kann nichts mehr schief gehen, dachte ich so. Die Frau übergab mir die Fahne. Ich war nun überzeugt, dass ich mich in dieser Wohnung bestimmt gut einleben würde. Eines Abends, es war 17.55 Uhr, klingelte es an meiner Tür. Es war Wahltag und ich hätte an diesem Tag bis 18.00 Uhr zur Wahlurne schreiten müssen. Wen sollte ich wählen von den greisen abgewrackten Politikern, fragte ich mich und blieb deshalb zu Hause. In der DDR gab es keine freien Wahlen, im Gegensatz zu heute. Die Jugendlichen wurden damals zu freien deutschen Sozialisten erzogen, das bedeutete aber nicht, dass sie auch frei in ihren Entscheidungen waren. Zurück zur Klingel, die da läutete. Ich habe die Tür nach einem prüfenden Blick durch den Spion geöffnet. Es standen zwei Männer vor der Tür. Sie sahen wie die beiden dummen Hunde aus, die mich damals verfolgt haben. Langsam machte ich die Tür auf und lugte durch den Türspalt. »Was gibt es denn?«, fragte ich die beiden. Einer davon meinte vorwurfsvoll: »Sie waren noch nicht wählen!«

»Das ist wirklich nett von Ihnen, dass sie mich erinnern. Ich habe aber noch fünf Minuten Zeit, bis die Wahllokale schließen«, sagte ich und machte die Tür schnell wieder zu. Es gab Hunde, die wenn man nicht aufpasste, einen Fuß zwischen die Tür hielten, um ein Mitkommen zu erzwingen. Da ich aber durch meinen Handballsport eine gute Reaktion hatte und ich die Tricks der Hunde schon kannte, war ich schneller als die beiden. Den einen habe ich beim Schließen der Tür noch am Fuß erwischt. Versuchte der doch tatsächlich das Bein noch zwischen die Tür zu halten, obwohl ich im Begriff war, diese zu schließen. Pech gehabt! dachte ich nur und widmete mich wieder der Renovierung und der Reinigung meiner Wohnung. Leider hatte ich vergessen, Putzmittel zu kaufen und sonntags waren die Geschäfte zu. Mir fehlten Putzlappen, um die Farbe oder den Kleister zu entfernen. Daher habe ich kurzerhand die rote Fahne, die die alte Dame mir schenkte, zerrissen. Der Stoff hatte für einen großen und mehrere kleine Putzlappen gereicht. Den großen Stofffetzen konnte ich zudem noch recht gut für das Reinigen der Treppe gebrauchen, da am Wochenende das Haus immer sauber sein musste.

Gott war ich froh, dass mir dazu noch eine Lösung eingefallen ist. Denn schmutzige Hausflure gehörten zur Höchststrafe! Die Fahnenstange am Fenster hingegen blieb für immer schmucklos.

Zwei Hunde besuchten mich auf der Arbeit

Anfang 1985, ich war 21 Jahre alt und hatte meine Ausbildung lange abgeschlossen, war der Winter mal wieder richtig kalt. Ich reparierte die alten Straßenbahnen, im Volksmund Klapperkisten, und fuhr sie auch. Wir mussten uns sehr warm anziehen, weil die Fahrerkabinen der Fahrzeuge mit weniger gut funktionierenden Heizungen ausgestattet waren. Ganz zu schweigen von den Hallen, in denen die Straßenbahnen repariert wurden. Ich zog mir also eine lange Unterhose, eine Trainingshose, zwei Paar Socken und eine Hose an. Ein langes Unterhemd, zwei Pullover, eine Jacke und eine Winterjacke schützen meinen Oberkörper vor der Kälte. Instinktiv habe ich die Zwiebelmethode angewandt, um nicht zu erfrieren. Während ich die Leute transportierte, musste ich Handschuhe anziehen, um die 8-10 Stunden durchzuhalten, ohne am Lenkrad anzufrieren.

Aus Spaß habe ich mir das Thermometer aus meinem Kühlschrank mitgenommen, um die Temperatur in der Fahrerkabine zu ermitteln. Minus zwei Grad zeigte meine Messung. Andere Kollegen taten das auch und kaum ein Wagen hatte die null Grad Grenze erreicht. Wir haben uns am Anfang der Schicht einen Schneemann gebaut und in die Fahrerkabine gestellt. Der ist bis zum Feierabend nicht geschmolzen. Da kam richtige Weihnachtsstimmung auf. Wenn wir das Fahrzeug abgestellt hatten, mussten wir ins Fahrzeugbuch schreiben, was an der Kiste nicht in Ordnung war. Es war so ziemlich nichts in Ordnung und ich habe später die Mängel im Fahrzeugbuch notiert. Leider war die Mühe umsonst, denn die Fahrzeuge wurden nicht repariert. Ich vermute mal, weil kein Material da war. Und so kam es, dass die Kollegen sich geweigert haben, mit den Fahrzeugen überhaupt loszufahren oder die anderen Kollegen abzulösen. Wir schrieben die Mängel alle auf und sammelten Unterschriften, damit mal was passiert und die Verantwortlichen handeln. Schließlich hatten wir eine Menge Verantwortung zu tragen und fuhren Menschen zur Arbeit. Einige Wochen später hatte unsere Unterschriftenaktion Erfolg! Eines Tages musste ich nämlich ins Büro des Kaderleiters (heute Personalleiter). Da saßen gleich fünf Männer. Etwas verschüchtert betrat ich den Raum. Einer davon fragte mich, warum ich mich an dieser Unterschriftenaktion beteiligt habe. Ich habe denen die katastrophalen Zustände erläutert und mich nicht davon stören lassen, dass einer der Herren Notizen machte. Er sah wie ein typischer Stasimitarbeiter aus, der mit seinen Kollegen etwas abseits gesessen hat. Der eine von den beiden war schmal und schaute mich streng an und der dickere Hund notierte mit einem Kugelschreiber meine Ausführungen. Daraufhin habe ich etwas eingeschüchtert auch von den katastrophalen hygienischen Zuständen erzählt und dass die Versorgung der Fahrer schlecht war.

»In nur fünf Minuten müssen wir unser Essen rein schlingen, um den Fahrplan nicht durcheinanderzubringen. Es gibt nicht an allen Endstellen Toiletten, so dass wir oft in den Wald müssen, natürlich bei jedem Wetter! In der Stadt bieten sich hier auch nicht so viele Möglichkeiten, ein Waldstück zu nutzen. Dann ist es schnell mal eine Verkehrsinsel, die meist von den männlichen Kollegen aufgesucht wurde, um den natürlichen Dünger los zu werden!«, beschwerte ich mich. »Wie ein Hund, und damit meine ich den richtigen Hund, stelle ich mich nicht an den Straßenrand, um mein Geschäft zu machen. Die Fahrtenbücher wurden ordentlich geführt und die Mängel eingetragen, trotzdem wurden die Fahrzeuge nicht in Ordnung gebracht. Ich bin für hunderte von Menschen verantwortlich und kann diesen Zustand nicht mehr dulden!«, setzte ich nach. Dann wurde ich richtig mutig und habe noch einen draufgesetzt und sagte, mich in Richtung Hunde drehend: »So habe ich mir den Sozialismus nicht vorgestellt. Ich kann verstehen, dass viele Leute unseren Staat verlassen haben oder noch wollen!«
Mein Teamleiter, ein schmächtiger kleiner Mann, schüttelte den Kopf, dass so viel heißen sollte, rede jetzt nicht weiter! »Ist doch

nicht schlimm, dass ich das sage, oder?«, fragte ich die Hunde. »Wir leben doch in einer Demokratie oder nicht? Da kann doch jeder seine Meinung äußern!«

Sie schauten mich zwar komisch an, aber ließen mich später gehen. Im Übrigen, ich war die Einzige, die von den Hunden ins Verhör genommen wurde.

Draußen warteten schon gespannt meine Kollegen, die sich an der Unterschriftenaktion beteiligt haben. »Und was wollten die jetzt von dir?«, fragte einer.

»Naja, ich habe alle Missstände aufgezählt und mich mutig über den tollen Sozialismus beschwert.« Weiterhin meinte ich, dass auch die Hunde von der Stasi zugegen waren und meine Kommentare notierten. Die Kollegen freuten sich und klopften mir auf die Schulter. Einer meinte aber, dass die Hunde für solche Aussagen schon Leute mitgenommen hätten. In dem Moment wurde mir erst klar, dass ich mich um Kopf und Kragen geredet hatte. Egal! dachte ich, Hauptsache es hat mal einer die Zustände beschrieben. Einige Zeit später, wir konnten es nicht so recht glauben, wurden die Fahrer zu festen Zeiten abgelöst. So konnte das Frühstück und Mittagessen in Ruhe eingenommen werden. Weiterhin entstand ein neuer Betriebsbahnhof mit einem Aufenthaltsraum und kleiner Kantine! Mein Einsatz, trotz Gefahr eingesperrt zu werden, hatte sich für mich und meine Kollegen gelohnt. Das machte Mut und Hoffnung auf Veränderungen.

Ein Hund schlich sich in mein Leben

Ich war sehr jung, 21 Jahre, als ich zu einer Veranstaltung in unsere Kreisstadt abgeordnet wurde. Hier trafen sich junge Menschen, die über besonders hervorragende Leistungen ihrer Betriebe sprachen. Warum ich da jetzt hin musste, habe ich lange nicht gewusst. Ich war damals weder politisch engagiert noch habe ich über besondere Leistungen unseres Betriebes berichten können. Also mache ich mir ein paar nette Tage mit hoffentlich netten Leuten, dachte ich so. Während ich mich auf einen der hinteren Stühle in diesem riesengroßen Saal setzte, ging es vorne schon los! Auf der Bühne stand ein Rednerpult und im Hintergrund hingen rote Tücher, die von der Decke bis zum Boden reichten. In Gedanken versunken malte ich mir aus, wie viele Putzlappen ich wohl aus diesen Tüchern rausbekommen würde. Gerade in dem Moment gab das Mikrofon einen fürchterlichen Laut von sich. Piiii...p krächste das Mikro und es dauerte eine Weile, bis die Tontechniker die wahrscheinlich russische Technik in den Griff bekamen. Dann ging es los! Ein älterer Parteigenosse hielt seine Ansprache und andere folgten. Es war sehr langweilig und ich schlief beinahe ein. Während eine Dame von der HO (Handelsorganisation) und dessen Erfolgen sprach, habe ich in Gedanken versunken von den Westprodukten geträumt. Ab und zu hatte ich sie mir zu dieser Zeit aus dem Intershop geholt. Sie redete und redete und ich versank immer mehr in Gedanken. Dann stellte ich mir vor, was ich da vorne zum Besten geben würde und fing an zu kichern. Einige der Abgeordneten drehten sich um. Ich versteckte mein Gesicht hinter meinen Händen. Oh, wie peinlich! Aber noch peinlicher waren die anderen Redner, die mit ihren eintönigen Ansprachen mein Wochenende kaputtmachten. Als dieser Samstag zu Ende ging, gab es abends noch eine Party, bevor es am Sonntagmorgen weitergehen sollte. Eigentlich hatte ich genug von den Leuten und deren langweiligem Geschwätz, aber wie es halt in der Gruppe ist, wurde ich zu dieser Party mitgeschleift. Noch heute denke ich daran, wie ein Teil meines Lebens wohl verlaufen wäre, wenn ich mich nicht dazu gesellt hätte. Der Tanzabend fand in einer mittelgroßen Bar des Hotels statt, in dem wir alle untergebracht waren. Natürlich gab es reichlich zu trinken. Ich hielt mich an einer Flasche Wasser fest, denn schließlich wollte ich am kommenden Tag fit in die nächste Runde der verschönernden Reden gehen. Rechts und links neben mir saßen zwei Mädels, die ich vorher nie gesehen hatte. Sie hatten bereits zu diesem frühen Zeitpunkt einige Gläser Alkohol intus. Wir haben uns über die männlichen Kreaturen des Abends lustig gemacht und kicherten wie alberne Gänse herum. Eine nach der anderen wurde zum Tanzen aufgefordert. Nur ich saß blöd am Tisch und spielte mit der weißen Tischdecke rum, bis die Mädels zurückkamen.

Uns gegenüber saßen drei Männer, die mir etwas älter erschienen. Einer davon stand plötzlich auf und schaute zu uns rüber. Ich dachte mir, der sieht so ganz gut aus, aber der fordert bestimmt meine Tischnachbarin auf. Sie fiel am meisten auf und wurde ständig zum Tanzen abgeholt. Ich drehte mich weg und hatte nur gespürt, dass

er an unseren Tisch kam. Plötzlich hauchte er mir fragend ins Ohr:
»Möchtest du mit mir tanzen?«
Ich war irritiert, weil ich damit überhaupt nicht gerechnet habe.
Wie in Trance stand ich auf und ging mit auf die Tanzfläche.
Bis dato hatte ich noch nie in meinem Leben mit einem Mann ge-
tanzt. Er bemerkte meine Unsicherheit und sagte, dass wir das schon
schaffen. Ich weiß nicht mehr, wie oft ich ihm auf die Schuhspitzen
getreten habe, aber es reichte aus, um die Tanzorgie schnell abzubrechen. Er schmunzelte mich an und lud mich zu einem Drink an
die Theke ein. Der Abend war schon recht fortgeschritten, als wir
uns zu den anderen Leuten gesellten. Irgendwie kam eine der Damen auf die Idee, den Abend auf unseren Zimmern ausklingen zu
lassen. So gingen wir mit den Männern auf das Zimmer eines dieser
angetrunkenen Mädels. Wir redeten über Gott und die Welt und
wie unsinnig diese Veranstaltungen sind.
Mein Tanzpartner schlug mir vor, mit ihm allein spazieren zu gehen. Klar, dachte ich so. Bei Minusgraden und Schneetreiben gehe
ich bestimmt nicht spazieren! Da ich dem Duft dieses Mannes aber
nicht widerstehen konnte, sah ich mich im positiven Sinne gezwungen mitzugehen. Ich war neugierig, was wohl passieren würde.
Will er mich kontrollieren oder will er mich entführen oder ist das
in Zivil die Polizei? In diesem Moment fiel mir der herrliche Titel
von Henry Valentino & Uschi ein. Bereits 1977 hatten sie in der Hit-
parade ihren Erfolg mit diesem Song. Ich dachte mir nichts Böses.
Wir liefen durch das Neubauviertel, in dem das Hotel stand. Die
Plattenbauten waren nicht gerade das Ambiente einer beginnenden
Liebesgeschichte, sagte mir mein Gefühl. Plötzlich holte der gutaussehende Mann einen Schlüssel aus seiner Manteltasche und meinte:
»Hier wohne ich zusammen mit meinem Sohn.«
Toll! Ein alleinerziehender Mann. Es war eine gemütliche Wohnung in einem Plattenbau direkt am Waldrand. Ein Blick vom Balkon versetzte mich in eine Märchenstimmung. Die Äste der Bäume
hingen herunter, weil sich der frisch gefallene Schnee sanft daraut-
legte. Es kam, wie es kommen musste, der erste Kuss folgte und
wir gingen ins Bett. Natürlich jeder in sein Eigenes! Es war schon
spät. Besser gesagt recht früh und wir hatten wenig Zeit uns für den
folgenden Tag auszuruhen, also ging ich schnell zurück ins Hotel.
Natürlich hat mich dieser Mann begleitet. Am nächsten Tag war

ich hundemüde und hatte Probleme, meine Augen offen zu halten. Der gutaussehende Mann namens Alfius saß auf der linken Seite wenige Reihen vor mir. Mehrmals drehte er sich zu mir um. Er lächelte mich an, gequält lächelte ich zurück. Ich sehnte das Ende dieser Veranstaltung herbei, weil ich wieder nach Hause wollte. Einige Stunden später war es dann so weit. Freundlich habe ich mich von den Mädels und von Alfius verabschiedet. Anschließend fuhr ich mit der Bahn nach Hause. Wenige Tage später. Ich hatte Dienst und fuhr mit meinem Lehrling die Linie 1, die zum Bahnhof führte. Plötzlich stieg Alfius ein und lächelte mich dabei an. Er fragte mich, wann ich Dienstschluss hätte und ob wir nach meinem Dienst gemeinsam etwas unternehmen wollten. Ich überlegte, ob er jetzt extra angereist sei, um mich zu sehen. Aber woher wusste er, mit welcher Linie ich unterwegs war und überhaupt, woher wusste er, wo ich arbeite? In meinem jugendlichen Leichtsinn bildete ich mir damals ein, dass er ein ernsthaftes Interesse an meiner Person hatte. Ich beantwortete seine Frage. Er holte mich ab und wir fuhren mit seinem roten Moskwitsch zu mir nach Hause. Hier habe ich einen türkischen Kaffee gemacht und ihm mein bescheidenes Reich gezeigt. Anschließend habe ich mich darauf eingelassen, mit ihm in die Kreisstadt zu fahren. Wenige Monate später bin ich bei ihm und seinen Sohn eingezogen. Weitere Monate vergingen und er hat mir einen Heiratsantrag gemacht.

Ohne lange darüber nachzudenken, habe ich den Antrag angenommen. Was sollte schon passieren? Ich war glücklich und kam mit den beiden gut zurecht. Dass er bereits geschieden war, machte mir nichts aus, schließlich war er zwölf Jahre älter als ich. Die meisten Ehen in der DDR waren Zweckgemeinschaften, daher nichts Ungewöhnliches, wenn man sich nach einer Weile wieder trennte.

Am Tag meiner Hochzeit war der Himmel so traurig, dass das Wasser nur so aus den Wolken strömte. Mit einem Schirm bewaffnet ging es dann zum Standesamt. Bei meiner Hochzeit waren ganze sechs Personen anwesend. Alfius küsste mich nur flüchtig beim Kuss aller Küsse. Im Essen einer Person wurde eine Kakerlake gefunden und es goss weiter aus allen Wolken! Na toll, genauso hatte ich mir meine Traumhochzeit nicht vorgestellt! Mir war schlecht und ich musste mich übergeben. Einige Wochen später stand fest, dass ich ein Kind von Alfius erwartete. Mit einem schlechten Gefühl bin ich nach Hause gefahren, um Alfius die Nachricht zu überbringen. Er meinte, dass er sich eine Tochter wünscht, alles andere würde er nicht akzeptieren. Alfius hat mich seitdem wie eine Staatsfeindin behandelt und meine Ehe wurde zum Drama.

Wenige Wochen später wurde ich ins Krankenhaus eingeliefert, weil ich die Aufregungen nicht verkraftet hatte. Die Ärzte kämpften um das Leben meines Kindes. Alfius hingegen wollte das Kind nicht und besuchte mich im Krankenhaus, damit ich den Ärzten sage, dass ich das Kind nicht haben möchte. »Was soll ich machen?«, fragte ich ihn. »Wenn du das Kind nicht haben möchtest, dann rede du mit den Ärzten, die gerade alles gegeben haben, um das Kind zu retten!«, schrie ich ihn an. Meine Zimmergenossinnen waren entsetzt als sie das hörten. Einige Monate später fühlte ich mich täglich schlechter. Alfius hat mich behandelt wie eine Gefangene und hat mir den Kontakt zur Außenwelt verboten. Er verhielt sich immer merkwürdiger, arbeitete von morgens bis spät in der Nacht. Er schrie seinen Sohn an und fuhr angeblich jedes Wochenende in seinen Garten. Als sein Sohn, er war damals zehn Jahre alt, mir dann beiläufig sagte, dass ich ihm leidtue und er nicht auf meine Frage »Warum?«, antwortete, machte ich mich auf der Suche nach den Gründen. Ich kam mir vor, wie eine von den Hunden, die auch schnüffelten, um das Leben der Anderen zu ergründen. Was ich dann aber herausfand und gleichzeitig vermutete, haute mich um. Ich war einem Mann ins Netz gegangen, der mit seiner Ex noch eine Tochter hatte und der sich fast jedes Wochenende mit der Frau vergnügte. Weiterhin hatte ich den Verdacht, dass er einer von den »Hunden« sei, die uns früher verfolgt hatten. Was für ein Schwein, dachte ich so und überlegte, wie ich da wegkomme, ohne großen Schaden zu nehmen. Aber wer nimmt denn eine hochschwangere Frau auf? Keiner! Also musste ich mit diesem Wissen und dem Stress mit Alfius bis zur Geburt meines Kindes fertig werden. Manchmal bekam ich Hilfe von den Nachbarn. Aber Alfius hatte so viel Einfluss, dass er sogar die Hunde auf die Nachbarn hetzte. Es gab im Osten keine Mutter-Kind-Heime oder Frauenhäuser, in denen hilfesuchende Frauen aufgenommen werden konnten.
Also musste ich vorerst in dieser Hölle bleiben.
Früher als sonst kam Alfius nach Hause und wollte mit mir reden.
»Was gibt es denn?«, fragte ich ihn.

»Ich möchte, dass du die Scheidung einreichst!«
»Warum sollte ich das tun? Wenn du dich scheiden lassen willst, dann reich du doch die Scheidung ein!«, sagte ich zu ihm. Wenige Wochen später, mein Sohn war mittlerweile ohne sichtbare Schäden geboren, lagen die Scheidungspapiere im Postkasten. Was ich darin gelesen habe, verschlug mir echt die Sprache. Angeblich habe ich Alkohol und Tabletten zu mir genommen. Er könne so mit mir nicht weiterleben. Auf diese Vorwürfe habe ich geantwortet. Einige Tage später bekam ich Besuch.
Es standen zwei nette Arbeitskolleginnen von Alfius vor der Tür und wollten mich und das neugeborene Kind besuchen. Sie brachten eine große Tüte Geschenke für mein Kind mit. Von Alfius wusste ich, dass er Ingenieurswesen studiert hatte, aber beruflich als Schreibtischtäter seinen Dienst tat. Er schrieb für irgendwelche Politiker vor Ort die Reden, was ich nicht schlimm fand. Naja, später ist man immer schlauer. Nachdem die beiden Damen mein Kind begutachteten, setzten wir uns ins Wohnzimmer. Auf Wunsch meines Noch-Ehemannes durfte ich es eigentlich zu diesem Zeitpunkt nicht mehr betreten. Ich packte die Geschenke aus und bedankte mich höflich. Dann habe ich den beiden Damen Kaffee und Kuchen serviert, den ich zufällig im Haus hatte. Plötzlich betrat Alfius, viel zu früh von der Arbeit zurück, die Wohnung. Er ging freudestrahlend auf die Damen zu und begrüßte sie und meinte, dass er gleich noch mal wegmüsse. Ich ging in die Küche, um weiteres Kaffeewasser aufzusetzen. Dabei hörte ich, wie die drei miteinander tuschelten. Danach verließ Alfius fast fluchtartig die Wohnung. Das alles fand ich sehr merkwürdig und habe die Damen direkt gefragt, was es denn so Aufregendes zu bereden gab. Keine Antwort! Ich bekam ein ungutes Gefühl. Den Kaffee und Kuchen rührte ich nicht mehr an. Wer weiß? Vielleicht haben die den vergiftet, dachte ich, als mich plötzlich eine der Frauen aus den Gedanken riss.
»Wie läuft es denn zwischen Ihnen und Alfius?«
Ich fragte sie, warum sie das wissen wollte, schließlich hatte sie das überhaupt nicht zu interessieren.
»Doch!«, antwortete sie.
»Warum?«
Was ich dann zu hören bekam, bestätigte meinen Verdacht, dass Alfius einer von den »Hunden« war!

»Wir möchten nicht, dass Sie vor Gericht schmutzige Wäsche waschen, ansonsten werden wir dafür sorgen, dass Sie bald kein Kind mehr haben!«

Ich erstarrte vor Schreck, überlegte kurz, was ich jetzt mache. Mir kam die passende Idee. Ich habe die Damen gebeten, die Wohnung sofort zu verlassen. Die Geschenke, die sie mitbrachten, habe ich ihnen mit den Worten: »Den Scheiß können Sie behalten!«, nachgeworfen. Ich habe am ganzen Körper gezittert und konnte kaum einen klaren Gedanken fassen. Kurze Zeit später habe ich meine Klamotten gepackt und meinen Jungen angezogen, um die Wohnung zu verlassen. Ich ging zu einer dieser Zimmergenossinnen aus dem Krankenhaus, die gleich um die Ecke wohnte.

»Was soll ich jetzt machen?«, fragte ich sie.

Sie bot mir an, dass ich vorerst bei ihr bleiben könne, bis sich zu Hause die Wogen geglättet hätten.

»Naja, das wird wohl nie mehr der Fall werden«, sagte ich zu ihr. Aber ich erzählte ihr nicht von meinem Verdacht, um sie nicht in Schwierigkeiten zu bringen. Einige Tage später ging ich wieder zurück in die, wahrscheinlich mit Wanzen verseuchte, Wohnung. Alfius war da und fragte mich, wo ich gewesen sei.

»Warum willst du das wissen? Wäre es denn so wichtig, um meine Stasiakte weiter zu füllen?«, fragte ich ihn.

Er schaute ganz verdutzt und fragte: »Woher weißt du?« »Das merkt doch ein Blinder mit dem Krückstock! Für wie blöd haltet ihr eigentlich euer Volk?«»Pssst!«, kam aus seinem Mund.

»Wieso sind wir verwanzt?«, fragte ich weiter. Er stand auf und verließ das Zimmer. Nun hatte ich es schwarz auf weiß! Oh Gott, was nun? Ich muss dieser Scheidung zustimmen, damit ich diese Hölle verlassen kann, dachte ich.

Wenige Wochen später hatten wir einen Schlichtungstermin vor Gericht. Auch der Richter hatte ein Einsehen. Diese Ehe war nicht mehr zu retten. Ich dachte noch immer an die Worte der beiden Damen und mir graute es vor dem richtigen Scheidungstermin.

»Ich erwarte von dir, dass du keine schmutzige Wäsche vor Gericht wäschst!«, forderte Alfius mich kurz vor dem Termin auf. Dann war es so weit. Ich hatte mir geschworen, meine schmutzige Wäsche lieber mit der Waschmaschine zu waschen. Wir saßen im Gericht und vorne saß eine Richterin mit zwei ihrer Schöffen. Sie fragte meinen Noch-Ehemann, warum er sich denn scheiden lassen wollte. In dem Moment, als er nach einer Antwort suchte, fragte die Richterin, warum er mich überhaupt geheiratet hatte. Er schaute sehr verdutzt. Scheinbar hat er mit solchen Fragen nicht gerechnet. »Meine Frau trinkt Alkohol und nimmt Tabletten!«, war seine Antwort. Ich schaute die Richterin an. Ich merkte an, dass ich eine verantwortungsvolle Mutter bin, die ihr Kind über alles liebt und so etwas nie machen würde. Weiterhin sagte ich aus, dass ich erst durch einen Zufall herausbekommen habe, dass er noch eine Tochter hat. Und dass er eine Liebesbeziehung zu seiner Exfrau hegt. Sie drehte sich in Richtung Alfius und fragte: »Stimmt das?« Er nickte.

»Frau Richterin, er hat von mir verlangt, das Kind abzutreiben. Aus welchen Gründen sollte ich also mein Kind schädigen wollen?«, fragte ich sie.

»Zu einer Ehe gehören doch Kinder«, meinte daraufhin die Richterin zu Alfius. Sie fragte ihn erneut, warum er mich eigentlich geheiratet habe. Es kam keine Antwort. Ich habe sie mir in diesem Moment auch verkniffen.

Nach einer halben Stunde verließ ich als geschiedene Frau, mit knapp 23 Jahren und nach elf Monaten Ehe, das Gericht. Als ich raus ging, lud mich Alfius tatsächlich zum Essen ein. Ich lehnte dankend ab.

»Dann steig wenigstens ins Auto, wir fahren gemeinsam nach Hause«, sagte er.

Ich zog es vor, mit der Straßenbahn zu fahren, weil ich nicht wusste, ob er mich nicht vielleicht nur ablenken sollte. Außerdem hatte ich Angst vor ihm, denn mit den Hunden war nicht zu spaßen. Schließlich musste ich mich gerade wehren und doch schmutzige Wäsche vor Gericht waschen, was ihm sichtlich unangenehm war. Wer weiß, was der mit mir vorhat, dachte ich und stieg in die Straßenbahn.

Während ich in der Bahn saß, dachte ich an mein Kind, das gerade bei einer Nachbarin war. Ich machte mir Gedanken, was es wohl später zu so einem Vater sagen wird. Dann hatte ich plötzlich Angst und musste mit den Tränen kämpfen.

Hoffentlich haben die Hunde meinen Sohn nicht abgeholt, schoss es mir durch den Kopf. Ich konnte es kaum erwarten, endlich aus der

Straßenbahn auszusteigen. Von der Haltestelle bis zur Wohnung waren es noch zehn Minuten Fußweg. Ich fing an zu rennen. Als ich nach Hause kam, hastete ich schnell die Treppen bis zum fünften Stock hoch und drückte immer wieder auf die Klingel meiner Nachbarin. Sie machte die Tür auf und meinte: »Warum klingelst du so stürmisch? Dein Kind ist gerade eingeschlafen.«

Das Klingeln hatte ihn aber nicht weiter gestört, er schlief seelenruhig weiter. Als ich ihn so schlafen sah, dachte ich an unsere gemeinsame Zukunft. Ich brach in Tränen aus. Nachdem ich mich beruhigt hatte, nahm ich ihn und ging nach unten in unsere Wohnung. Irgendwann kam Alfius nach Hause und sagte mir, dass er sich um eine Wohnung für mich und meinen Sohn kümmern würde.

»Das ist auch das Mindeste, was du in diesem Moment für uns tun kannst«, habe ich geantwortet. Da die Wohnungen auch für solche Menschen nicht gleich vom Himmel fielen, musste ich es noch einige Wochen aushalten. Diese Zeit wurde für mich und insbesondere für mein kleines Baby zur Qual. Ich habe angenommen, dass ich die Hölle zu diesem Zeitpunkt bereits gesehen hatte. Aber nein, das Leben mit Alfius war noch schlimmer als die Hölle! Je nachdem, wie man sich die so vorstellt. Also für mich war dieser Ort tief unter der Erde, umgeben von Dreck, Ratten und anderen ekligen Kreaturen. Die waren knallrot, hatten dicke Hörner auf dem Kopf, lange krumme Krallen und übergroße Zähne. Der Kopf war eckig und das Gehirn, sofern sie überhaupt eins hatten, hing an der Seite über das rechte Ohr ein Stück raus. Allein die Vorstellung brachte mich dazu, fluchtartig die Wohnung zu verlassen, wenn der Kerl wieder zugeschlagen hat. Selbst in der Nacht hatte ich keine Ruhe vor diesem Hund. Er zog mir mitten in der Nacht die Decke mit den Worten: »Das ist meine«, weg. Ein anderes Mal versuchte er, mir das Kind vom Arm zu reißen. Als ich von meinen Nachbarn eingeladen war, ein paar Sachen ihrer Kinder anzuschauen, bekam ich all den Hass dieses Hundes zu spüren. Nachdem ich mir einige brauchbare Sachen rausgesucht hatte, ging ich wieder in die Wohnung. Mein Kind schrie lautstark, obwohl es friedlich geschlafen hat und ich nur circa 30 Minuten weg war. Als ich ins Zimmer kam, waren der Fußboden, das gesamte Kinderbett und die Sachen meines Babys pitschnass. Sofort habe ich Alfius zur Rede gestellt.

»Was hast du hier gemacht?«, fragte ich ihn.

Grinsend antwortete er:»Da wird er wohl zu viel gepinkelt haben.«
Ich zog meinen Sohn vollständig aus und überprüfte die Windel
unter der Gummihose. Sie war trocken. Was für ein Mistkerl! dachte ich. Mein Sohn hat sich kaum beruhigen können, bis ich gesehen
habe, dass er an der Nase blutet. Ich habe den Hund angeschrien:
»Was hast Du hier gemacht?«
Natürlich war er sich keiner Schuld bewusst. Mir war klar, dass ich
aus dieser Wohnung muss, bevor der Hund mich und mein Kind
umbringt, oder ich ihn! Wieder konnte ich einige Tage bei einer Bekannten unterkommen. In der Zwischenzeit musste ich zum Kinderarzt. In kurzen Abständen wurden die Babys von Kinderärzten
untersucht, gewogen und geimpft. Hier fiel sofort die Verletzung
auf der Nase auf. Nachdem man mir Vorwürfe machte, schilderte
ich, wie die Verletzung entstanden war. Man hat mir geraten, den
Vater des Kindes anzuzeigen. Aus Angst, die Hunde könnten mir
mein Kind wegnehmen, habe ich keine Anzeige erstattet. Ein paar
Wochen später zog ich aus dieser Hölle aus.

Auf dem Parteitag

Es muss etwa zwei Jahre vor der Grenzöffnung gewesen sein. Ich
lebte schon einige Jahre in der berühmtesten Filmstadt des Ostens,
als ich mich als Parteilose zur Kommunalwahl stellte. Da mich der
Bereich Jugend und Sport interessiert hat, ließ ich mich für diesen
Bereich aufstellen. Damit die Bürger und Bürgerinnen die Kandi-
daten, die sie später wählen sollen, besser kennenlernen, mussten
diese sich auf dem Parteitag vorstellen. Im Vorfeld beschäftigte
ich mich mit den Fragen:»Was will ich für die Bürger erreichen?«
und »Was muss sich unbedingt ändern?« Ich war jung und hatte
eine andere Einstellung zum Staat, daher könnte ich politisch etwas bewegen.
Eines Abends saß ich am Küchentisch. Ich grübelte über der Rede,
die ich halten wollte, als mich plötzlich die Klingel meiner Haustür
aus den Gedanken riss. Es waren die Nachbarn. In unserem Haus
lebte ein junges Paar mit zwei Kindern auf engsten Raum. Ihre
Wohnung war 40 qm groß. Sie versuchten, seit der Geburt ihres
zweiten Kindes eine größere zu finden.
»Was kann ich für euch tun?«, fragte ich. Das Pärchen erzählte mir

von einem schier unglaublichen Marathon bei der Wohnungssuche und von den schnippischen Antworten der Mitarbeiterin aus der Wohnungsbaugesellschaft. Einige Monate zuvor, wurde dem jungen Paar versichert, dass sie ganz oben auf der Warteliste ständen. Beim letzten Besuch hingegen fand die Mitarbeiterin sie angeblich nicht mehr auf dieser Liste. Das Pärchen machte seinem Ärger Luft. Die Frau jedoch zeigte null Verständnis für die Situation der beiden. Die Dame war für ihr Verhalten schon allseits bekannt. Kaum jemand glaubte mehr, sich seine Wünsche und Bedürfnisse erfüllen zu können. Aus der Presse hatten die beiden erfahren, dass ich kandidiere, und hofften auf meine Unterstützung. Ich hing lange Nächte über meiner Rede und war froh, dass ich die bis zum Parteitag ausgearbeitet hatte. Es war ein kalter Tag, als ich mich aufmachte, um den Bürgern meiner Stadt meine Vorstellung von freien Wahlen und freien Gedanken zu präsentieren. Der Ort meiner geplanten Rede war eine Sporthalle, die oft für solche Veranstaltungen genutzt wurde. Als ich ankam, war diese sehr gut gefüllt. Nachdem ich meinen Platz gefunden hatte, ließ ich meine Blicke durch die Halle gleiten. Sogleich erblickte ich einige Hunde, die sich unter das Volk mischten. »War klar«, murmelte ich und ließ mich aber nicht einschüchtern. Nachdem meine Vorredner ihre sozialistischen Predigten hielten, war ich an der Reihe. Als Erstes nannte ich meinen Namen und für welchen Bereich ich kandidiere. Und ganz wichtig, dass ich parteilos bin. Nach einigen Minuten war ich in meinem Element und redete mich in Rage. Hin und wieder blickte ich auf und schaute in manch ein erstauntes Gesicht. Natürlich brachte ich die Erlebnisse des jungen Paares in meiner Rede unter. Gerade die Jugend sollte in unserer Gesellschaft ihren Platz finden. Wenn sich zwei kleine Kinder nicht richtig entfalten können, sei es schwierig, denen die sozialistischen Werte zu vermitteln. Wieder schaute ich ins Publikum und hatte das Gefühl, ich spräche vielen Menschen aus dem Herzen. Nach meiner Rede aber bekam ich nur verhaltenden Applaus und es wurde eine kleine Pause eingelegt.

Ich sortierte am Tisch meine Zettel, als plötzlich zwei Männer vor mir standen. Sie hatten die typischen Merkmale der mir bekannten Hunde. Einer von denen, ein ziemlich klein geratener Mann, sah wie ein Student aus. Ich dachte, der zitiert bestimmt jeden Moment Karl Marx, aber es kam anders. Er fragte mich mit hasserfüllten Blicken: »Was haben Sie sich dabei gedacht?«»Wobei?«, fragte ich. »Wir werten Ihre Rede als staatsfeindliche Hetze gegen den Sozialismus«, meinte der andere zu mir, der mit seinen Backen und Bäckchen aussah wie ein Walross. »Warum? Weil ich gegen Ungerechtigkeit bin und ehrlich meine Meinung äußere? Ihr könnt mir keine Angst mehr einjagen, ihr nicht«, habe ich geantwortet. Anschließend meinte der Studentenverschnitt: »Wir werden Sie in die Knie zwingen und dafür sorgen, dass Sie nicht zur Wahl antreten. Sie haben in dem Bereich nichts zu suchen, nur das, das für Sie klar ist!«, zischte er. Das Walross fügte noch hinzu: »Denken Sie dabei immer an Ihr Kind«.

In diesem Moment wusste ich, dass die Hunde es ernst meinten. Mit einem kurzen »Tschüss« habe ich das Gespräch beendet und bin schnell nach Hause gelaufen, um zu sehen, ob mein Sohn noch da ist. Ich hatte fürchterliche Angst um ihn. Nachdem ich die Tür leise aufgeschlossen habe, schlich ich mich in die Wohnung, um meinen Sohn nicht zu wecken. »Alles in Ordnung«, kam mir mein Nachbar entgegen, der auf meinen Sohn aufpasste. Man, habe ich mich erschrocken! An den habe ich überhaupt nicht mehr gedacht. Mir fiel ein Stein vom Herzen. Da ich den Hunden mittlerweile alles zutraute, habe ich zum Schutz meines Kindes die Kandidatur niedergelegt. Somit endete auch meine politische Karriere im Osten. Aber eins habe ich trotzdem erreicht. Das junge Paar hat wenige Wochen nach diesem Parteitag eine größere Wohnung bekommen. Sie waren glücklich und ich habe mich für sie gefreut.

6. Teil

Episoden aus meinem Berufsleben Teil I

Eine Schraube zu viel

Während meiner technischen Ausbildung Anfang der 80er Jahre habe ich in der Berufsfachschule die Mechanik und den Stromverlauf von Schienenfahrzeugen, speziell der Straßenbahn, gelernt. Im Betrieb musste ich das theoretische Wissen dann umsetzen und die kaputten Straßenbahnen reparieren. Ich war gerade im zweiten Lehrjahr. Ich stand mit dem Helm auf dem Kopf in einer der Gruben, um die Bahn auch von unten zu betrachten. Vorher zog ich mir den Blaumann an und steckte meine langen Haare unter den Helm. Als ich die Bahn inspizierte, schrieb ich mir die Nummer des Wagens auf. Was an der Bahn zu bemängeln war stand im Reparaturbuch. Die Schäden waren schwerer als ich annahm und nicht so schnell zu beheben. Daher habe ich mich vorerst den einfachen Reparaturen gewidmet. Ich fing mit der ausgehebelten Tür an, als mich zwei der Gesellen baten, ihnen bei der Einstellung der Bremsen zu helfen. Sie werkelten in der Grube nebenan und waren ca. drei Jahre älter als ich. Ich habe mich gewundert, warum die meine Hilfe brauchten, da man das zu zweit eigentlich recht gut bewältigen konnte. Daher nahm ich an, dass die mich nur vorführen wollten, weil die meisten Männer meinen, Frauen wären technische Nieten. Aus diesem Grund habe ich meinem Gehirn signalisiert, dass ich Hilfe brauche. Alle meine Synapsen haben den Kontakt zu meinen Nervenzellen hergestellt und wie durch ein Wunder konnte ich den Jungs zeigen, wie man eine Bremse einstellt.

»So Jungs, ich bin fertig und das nächste Mal, werdet ihr mir zeigen, was ihr in den letzten Jahren gelernt habt.« Sie staunten nicht schlecht und waren überrascht.

Aber sie waren ehrlich und meinten, dass sie so eine Reparatur noch nicht durchgeführt hatten. Daher habe ich den Jungs eine halbe Stunde Nachhilfeunterricht gegeben, schließlich waren die mit der Ausbildung längst fertig und trugen große Verantwortung. Wenn die Bremsen nicht richtig eingestellt sind, ist das im Straßenverkehr sehr gefährlich, da mehrere Tonnen von hinten schieben

und der Bremsweg entsprechend lang ist. Anschließend musste ich mich meiner Arbeit widmen, denn die Bahn sollte am nächsten Tag fertig sein, um die Leute zu transportieren. Als ich die ausgehebelte Tür wieder funktionstüchtig gemacht hatte, ging ich in die Grube, um mir den Motor anzuschauen. Laut Reparaturbuch lief er nicht einwandfrei rund. Ich begann, alle Schrauben zu lösen und mich Stück für Stück durchzuarbeiten. Nachdem ich die Fehler gefunden und repariert hatte, konnte ich die gelösten Schrauben nach und nach wieder anbringen. Am Ende war, zu meinem Erstaunen, eine Schraube übrig. Was ist denn jetzt los? Wo kommt die blöde Schraube her? fragte ich mich. Mir stand der Schweiß auf der Stirn und ich ging noch einmal alles genau durch. »Scheiße, wohin gehört denn diese Schraube?«, sagte ich laut. Ich rätselte und kratzte mich am Kopf, wusste aber tatsächlich nicht, wohin diese blöde Schraube gehörte. Das ist mir noch nie passiert, dass ich eine Schraube zu viel hatte, eher war es genau umgekehrt. Was mache ich bloß? fragte ich mich. Zuerst steckte ich mir die Schraube in den Blaumann und arbeitete weiter. Warum sollte ich mir auch Gedanken machen? Der Motor war fest an der richtigen Position und er lief wieder rund! Später holte ich die Schraube wieder raus und grübelte. Was machst du jetzt mit diesem nutzlosen Ding? Ich habe kurz überlegt, ob ich die Schraube behalte. Nee, was soll ich mit der anfangen? dachte ich so und habe sie kurzerhand in den Müll geworfen. Eigentlich konnte ich mich darüber freuen, dass ich sparsam das wenige Material eingesetzt habe, trotzdem hatte ich ein schlechtes Gewissen. Schließlich habe ich sozialistisches Eigentum entsorgt. Am nächsten Tag ging ich wie immer mit ausreichender Motivation zur Arbeit. Die Halle war kalt und ich musste mich anstrengen, um nicht festzufrieren. Arbeit war genug da. Ich widmete mich diesen alten technischen Wracks, als plötzlich einer von den beiden Gesellen kam. Er sagte, dass eine Bahn auf der Strecke liegen geblieben ist. Ich meinte nur: »Das ist doch nichts Ungewöhnliches, oder?« Er schaute mich komisch an und ich hatte den Eindruck, dass er ein schlechtes Gewissen hatte.
Ich fragte ihn: »Was ist los, was gibt es denn für ein Problem?«
»Die Bahn soll den Motor verloren haben!«
»Ja wirklich?«
Im selben Moment schoss mir diese Schraube durch den Kopf, die

ich am Ende meiner Arbeit noch übrig hatte.»Ja wirklich!«
Nun wurde mir plötzlich heiß und ich spürte die Hitze, die langsam
von unten bis oben in meinen Kopf drang und ihn zum Glühen
brachte. Dabei fühlte ich mich wie eine Glühlampe und hoffte, dass
dieses Gefühl schnell verschwindet, um nicht aufzufliegen. Ich war
mir sicher, dass ich diesen Mist verbockt hatte.»Welche Nummer
hat die Bahn?«, fragte ich so unaufgeregt wie möglich. Beim Eintreffen des Fahrzeuges wollte ich gut gewappnet sein.
»Die Nummer 324.«
»Aha!« Ich verfiel fast in Schockstarre, weil der Wagen vom Vortag
auch eine Nummer mit 32 … am Anfang hatte.
»Iss was?«, fragte mich mein Kollege.
»Nee, was soll schon sein?«
»Ach nix ich dachte nur«, meinte er und ging weg.
So, jetzt aber schnell zum Reparaturbuch und schauen, welche Bahn
ich gestern repariert habe, dachte ich. Ich war so aufgeregt, dass ich
die Seiten des Buches, so schnell wie ich konnte, umblätterte. Mein
Sinnesorgan huschte über die Einträge, dass ich kaum die Schrift
erkennen konnte. Doch dann fand ich meine Notiz und hatte plötzlich Angst genau hinzusehen! Ich kniff meine Augen etwas zu und
suchte die alles entscheidende Nummer.»326« habe ich gelesen.
Ich hörte förmlich, wie der Stein von meinem Herzen plumpste
und ich das Gefühl bekam, gleich um mehrere Kilo leichter zu sein.
Nachdem ich feststellte, dass ich dafür nicht zur Verantwortung
gezogen werden konnte, kam der Geselle und schaute auch seine
Einträge nach. Mit einem Strahlen auf dem Gesicht ging auch er
vom Reparaturbuch wieder weg. Ich nahm an, dass es ihm ähnlich erging. Nach diesem Vorfall habe ich nie wieder eine Schraube
weggeworfen!

Hoher Besuch

Eines Tages im Jahre 1983, es war ein Herbsttag und ich informierte
mich gerade in den »Heute Nachrichten«, als es an meiner Haustür klingelte. Mein Kaderleiter (Personalleiter) stand vor der Tür.
Er war Mitte 50, klein und trug immer einen Anzug. An der linken
Brusttasche des Sakkos blinkte sein Parteiabzeichen. Sein rundliches Gesicht passte zum Umfang seines Körpers. Er hatte bereits

lichtes Haar. Deswegen trug er immer einen Hut. Obwohl es üblich war, den Fernseher auszuschalten, wenn es an der Tür klingelt, habe ich mich entschieden, ihn an diesem Tag anzulassen. Ich dachte auch nicht, dass mich so spät noch jemand aus dem Betrieb besucht. Nachdem ich die Tür öffnete, bat ich ihn herein. Er schaute etwas verdutzt, als er in mein Wohnzimmer kam. Seine Blicke fielen sofort auf meinen Fernseher.

»Ich informiere mich gerade in den »Heute Nachrichten«, schließlich muss man sich auch beide Seiten ansehen, um die Politik zu verstehen«, gab ich zum Besten.

Er nickte nur. Da er mir etwas Wichtiges mitteilen wollte, habe ich das Gerät abgestellt. Nachdem er mein bescheidenes Zuhause begutachtet hatte, setzte er sich auf mein braunes Sofa. Ich bot ihm eine Tasse türkischen Kaffee an, die er dankend annahm. Da ich keine Kaffeemaschine besaß, habe ich das Kaffeepulver in eine große Tasse gegeben und heißes Wasser drauf gegossen. Nur noch kurz umrühren und fertig war das Gebräu! Er nahm die Tasse und hielt sie krampfhaft in den Händen. Der Kaffee war heiß, daher berührte er nur ganz sacht mit den Lippen die Tasse. Er zuckte zurück und meinte, dass er noch ein wenig warten müsste, bis er den Kaffee tatsächlich trinken könne. Mist! dachte ich, schließlich wollte ich in Ruhe meine Nachrichten schauen. Das hatte sich nach 10 Minuten sowieso erledigt und ich fragte ihn, warum er eigentlich da wäre. Er druckste herum und wollte nicht so recht mit der Sprache rausrücken. Dann aber fragte er mich, ob ich nicht Lust hätte zu studieren. Ich schaute ihn fragend, aber auch erstaunt an, da ich als Staatsfeind eigentlich keine Möglichkeit dazu hätte.

»Was denn?«, fragte ich ihn.

»Fahrzeugtechnik mit den Studiengängen Maschineningenieurwesen und Elektroingenieurwesen.«

»Wo müsste ich das denn studieren?« »In Dresden«.

Was? Im Tal der Ahnungslosen! »Da will ich nicht hin, die haben nicht einmal Westfernsehen, da verblöde ich ja!«, schoss es aus mir heraus.

Ich glaube, als ich das sagte, merkte er mir mein blankes Entsetzen an. Sein rundes Gesicht verfärbte sich etwas rötlich, seine Augen wurden starr und er meinte: »Da sehe ich dich aber, du bist doch jetzt völlig unterfordert.«

»Da könntest du recht haben, aber nach Dresden, nein danke!«, entgegnete ich ihm, aber er redete und redete. Ich unterbrach ihn und fragte, welche Voraussetzungen ich erfüllen müsse, weil ich einen Haken bei der ganzen Sache vermutete. Er druckste rum und antwortete nur zögerlich und leise:»Du müsstest natürlich der Partei beitreten.«

Habe ich es doch gewusst, es gibt ein Haken bei der Sache, überlegte ich nur kurz und sagte schließlich:»Nein, unter diesen Voraussetzungen möchte ich das Studium nicht beginnen.« Nach diesem Wortwechsel habe ich ihn freundlich gebeten, meine Wohnung zu verlassen.»Du, da draußen hat der Maurer ein Loch gelassen, die Tür! Nur, dass du es weißt, auf diesen Scheiß lasse ich mich nicht ein.«

»Du machst einen großen Fehler«, meinte er zu mir und verließ kopfschüttelnd meine Wohnung.

»Nein! Ich würde einen Fehler machen, in die Partei einzutreten, obwohl ich das gar nicht will. Ich mache nur Dinge, von denen ich überzeugt bin. Du brauchst dich zukünftig nicht mehr zu bemühen, meine Antwort wird immer ein Nein bleiben!«, gab ich ihn mit auf dem Weg.

Ich habe lange über das Gespräch nachgedacht. Dass die mir tatsächlich ein Studium angeboten hatten, obwohl ich zu den Staatsfeinden gehörte und meine Eltern gerade im Knast saßen, war schon erstaunlich. Vielleicht haben die gedacht, dass sie mich damit vom Sozialismus überzeugen können. Netter Versuch, aber kläglich gescheitert!

Glück im Unglück

Während meiner beruflichen Laufbahn sind mir schon viele Geschichten erzählt worden, aber am liebsten hörte ich mir die Erzählungen meiner ehemaligen Kollegen der Verkehrsbetriebe an. Sie waren spannend und mitunter auch recht amüsant. Gern hatte ich die Nachtschicht übernommen, weil wir hier ungefähr zwei Stunden bis zur nächsten Ausfahrt mit der Straßenbahn überbrücken mussten. Wenn dann alle Fahrer im Betriebshof angekommen waren, haben wir uns im Aufenthaltsraum getroffen und alle an einem Tisch gesessen. Es gab niemanden im Betrieb, den ich nicht mochte, daher habe ich mich immer zu den Arbeitskollegen gesellt und gespannt auf die Geschichten gewartet. Besonders interessant war es, wenn ältere Kollegen aus ihrem Berufsleben erzählten. Im Hintergrund hat eine Dame die Würstchen warm gemacht und uns einen Kaffee aufgebrüht. Viele von den Kollegen haben geraucht, aber es störte mich nicht, wenn der Aschenbecher drohte überzulaufen. Ich schob ihn einfach weg oder stellte ihn auf einen anderen Tisch. Eines Tages war es wieder mal so weit, ich hatte eine dieser berühmten Nachtschichten. Ich war gespannt, mit wem ich wohl am Tisch säße und welche Geschichten so erzählt würden. Als Erstes habe ich mit meinem Lehrling die Bahn auf dem Betriebshof abgestellt und die Mängel des Fahrzeuges in der Werkstatt angegeben. Anschließend sind wir nach oben in den Aufenthaltsraum gegangen. Genüsslich stieg mir ein starker Kaffeegeruch in die Nase. Das klappt ja gut, dachte ich und die Würstchen waren auch schon warm. Gespannt warteten wir auf die Kollegen, die nach und nach eintrudelten. Als wir uns ein wenig über die komischen Fahrgäste und über das Wetter ausgetauscht hatten, fing einer der Kollegen an zu erzählen. Es war schon einige Jahre her, als ihm diese Geschichte passiert war. Er fuhr mit der Linie 4 durch die Stadt in Richtung »Wald Café«, als eine große Menschentraube aus der Gaststätte mit diesem wunderschönen Namen kam. Genau davor befand sich die Haltestelle der Straßenbahn. Die meisten von ihnen waren so stark angetrunken, dass er sehr vorsichtig in die Haltestelle einfuhr, um niemanden zu verletzen. Er machte die Türen auf. Bereits nach kurzer Zeit nahm er in seiner Fahrerkabine die Alkoholfahnen wahr und machte das schmale Sichtfenster seiner kleinen Kabine auf. Er fuhr an diesem Tag eine sehr alte Bahn, wie man sie aus den 60ziger Jahren kannte, aber immerhin war sie schon mit einem Fahrersitz ausgestattet. Er schaute in den Rückspiegel, um zu sehen, ob alle Leute eingestiegen waren. Danach schloss er die Türen und überzeugte sich mit einem Blick auf die Armatur, ob auch alle Kontrolllampen leuchteten. Sie signalisierten, dass die Türen ordnungsgemäß geschlossen waren. Er fuhr los. Nach einigen Metern jedoch hörte er durch das geöffnete Fenster einen fürchterlichen Schrei. Er war sich in diesem Moment nicht sicher, ob er jemanden überfahren oder sich jemand geärgert hat, dass er die Bahn nicht mehr erreichen konnte. Weil er Angst hatte, dass ein Mensch verletzt im

Gleisbett lag, hielt er kurze Zeit später an. Er stieg aus und lief an der Bahn entlang, um nachzuschauen, denn er hörte plötzlich Hilferufe, die immer lauter wurden.

»Hilfe! Hilfe!«

Mein Kollege bekam bei diesen Worten weiche Knie und auch mir wurde ganz mulmig. Gespannt hörten wir ihm weiter zu. Manche Kollegen zündeten sich schnell noch eine Zigarette an oder zogen heftig an ihrer Kippe. Als mein Kollege am Ende des Straßenbahnzuges angekommen war, sah er einen alten gebrechlichen Mann im Gleisbett liegen. Ihm fehlte ein Bein und meinem Kollegen wurde schlecht und er rief: »Warten Sie, ich hole Hilfe.«

Er lief nach vorne in die Fahrerkabine und gab ganz aufgeregt einen Funkspruch ab, um ärztliche Hilfe anzufordern. Oh wie schrecklich, dachte ich!

»Wenn mir einmal so etwas passiert, werde ich nie wieder einen Straßenbahnzug fahren«, habe ich seine Ausführungen kommentiert. Er setzte den Hilferuf ab und lief zurück zum verletzten Mann, der immer noch hilflos im Gleisbett lag. Mein Kollege sprang zu ihm runter und versuchte ihn zu beruhigen. Er schaute sich den verletzten alten Herrn genauer an, um eventuell erste Hilfe zu leisten. Doch was er dann sah, kam ihm komisch vor. Er fand an der Unfallstelle kein Blut.

»Standest du vielleicht unter Schock?«, fragte ich ihn.

»Nein, da war kein Blut zu sehen. Und plötzlich ist der Mann auch noch aufgestanden und hat sich auf die Bordsteinkante des Gleisbettes gesetzt.«

Alle schauten ihn verwundert an und fragten ganz gespannt: »Was ist dann passiert?«

Der Alte sagte zu meinem Kollegen, dass er sein abgefahrenes Bein wieder haben möchte und zeigte auf das Bein im Gleisbett. Mein Kollege schüttelte heftig den Kopf und meinte nur, dass er auf die Rettungskräfte warten möchte, die bislang noch nicht eingetroffen waren. Da sagte der alte Mann zu ihm, dass er sich mal keine Sorgen machen und sich zu ihm setzen sollte. Er war mit den Nerven am Ende und setzte sich zu ihm. Der Verletzte holte aus seiner Jacke eine kleine Flasche Schnaps und meinte, dass er sich auf diesen Schreck erst einmal einen genehmigen wolle. Er reichte die Flasche meinem Kollegen rüber, der natürlich ablehnte.

Nach einer Weile sagte der alte Mann wieder: »Mensch Junge, hol mir mal mein Been!«, aber mein Kollege schüttelte den Kopf. In dem Moment klopfte ihm der Alte auf die Schulter und meinte: »Mach dir mal keen Kopp über det abjefahrene Been, Junge, allet wird jut!« »Wie können Sie so etwas sagen? Ihr Bein ist ab und anscheinend haben Sie kein Blut mehr«, sagte er völlig verzweifelt. Da fing der alte Mann, plötzlich an zu lachen. »Ach junger Mann, det ist doch nur meen Holzbeen, det kommt wieder in Ordnung und jetzt bring mir mal meen Been, bevor noch ne Bahn drüberfährt und Streichhölzer draus macht«.

Wir schauten uns alle an und mussten laut lachen, obwohl in diesem Moment meinem Kollegen wohl nicht zum Lachen zu Mute war. Der alte Mann aber hatte Glück im Unglück, denn sein gesundes Bein blieb verschont. Da es in der DDR genug Streichhölzer gab, holte mein Kollege das Holzbein aus dem Gleisbett. Somit hat er verhindert, dass noch mehr Streichhölzer produziert wurden.

Wer anderen eine Grube gräbt

Genau diese Erlebnisse meiner Kollegen bereicherten mein Arbeitsleben und damit ich viele dieser spannenden Geschichten hören konnte, schruppte ich viele Überstunden. Tag ein, Tag aus ohne große Pause. Monat für Monat ohne ein Wochenende für mich. So verging die Zeit und immer mehr dieser Geschichten sammelten sich an. Da war ein Kollege, der den Hänger seines Straßenbahnzuges auf der Strecke verlor, aber nichts davon bemerkte. Der Nächste schlief an der Endhaltestelle ein und brachte dadurch den ganzen Fahrplan durcheinander. Ein anderer Kollege fuhr in der Freizeit mit seinem Moped ins offene Gleisbett, weil er dachte, er säße in der Straßenbahn. Er brach sich sämtliche Knochen und fiel eine Weile aus. Ein Kollege wurde mit seiner Straßenbahn fast von einem Zug der Bahn erfasst, nur weil die Bahnbedienstete die Schranken nicht geschlossen hatte. Grund dafür war eine heiße Liebesnacht mit ihrem Freund, der sie scheinbar fest im Griff hatte. Sie war blond und kannte an diesem Abend nur zwei Fremdwörter »Manifest« und »fiktiv«. Nun, es gab auch Kollegen, die sich als Kollegenschwein entpuppten. Von so einem Kollegen erzählt diese Geschichte. Mein Fahrdienstleiter mit dem Spitznamen »Kugelblitz« hatte keine Ausbildung in diesem Beruf und musste den Schein nachholen. Er war bereits Ende 30, hatte Familie und wog geschätzte 180 Kilo. Kugelblitz hatte sich die letzten Jahre hochgearbeitet, aber nun war es an der Zeit, dass er seine Ausbildung nachholen musste, damit er eine Gehaltsstufe höher rutschte. Da er leider nur wenig Verstand besaß, sahen wir ihn bereits in der Waschstraße die Straßenbahnen und Linienbusse putzen. Eines Abends klingelte es an meiner Tür und ich wunderte mich, wer mich so spät noch besuchen wollte. Ich dachte an einen dummen Jungenstreich und war umso erstaunter als Kugelblitz plötzlich vor mir stand.

»Hallo Conny, kann ich reinkommen? Ich hätte da mal eine Frage.« Beinahe hätte ich gesagt: »Wenn du durch die Tür passt«, konnte es mir aber im letzten Moment noch verkneifen. Da ich gerade wieder eine Doppelschicht hinter mir hatte, war ich müde und wollte eigentlich bald ins Bett.

»Was gibt es denn?«, fragte ich ihn mürrisch und er meinte: »Ich benötige mal deine Hilfe«.

»Aha, was kann ich denn für dich tun?«

»Wie du weißt, mache ich gerade die Ausbildung und komme mit den Hausaufgaben nicht klar, kannst du mir da helfen?« »Aber selbstverständlich«, beantwortete ich seine Frage gelangweilt und bat ihn in mein bescheidenes Wohnzimmer. Für mich, die gerade mit der Ausbildung fertig war und anschließend noch die Prüfung als Ausbilderin abgeschlossen hatte, waren die Fragen ein Kinderspiel. Schnell erledigte ich die Aufgaben und Kugelblitz zog wieder ab.

Diesen Gefallen und den ein oder anderen mehr habe ich ihm bis zum Abschluss seiner Ausbildung gemacht. Ich übte mit ihm für die Prüfung und Kugelblitz hat es tatsächlich geschafft. Vor den anderen Kollegen rühmte er sich mit seinem Wissen und seinen guten Noten. Doch er verschwieg, dass ich die Hausaufgaben für ihn erledigte und ihn bis zur Prüfung unterstützte. Noch Wochen später wartete ich auf ein Dankeschön, aber Kugelblitz dachte gar nicht daran. Im Gegenteil!

Einige Monate später stand mein zweiwöchiger Urlaub an, den ich dringend nötig hatte. Als ich wieder in den Betrieb kam, habe ich Kugelblitz gefragt, ob es etwas Besonderes zu beachten gäbe. »Nein«, meinte Kugelblitz und ich trat meinen Dienst an. An dem

Tag fuhr ich mit meiner Bahn in Richtung Knast und konnte die Sträflinge beim Bauen der Bonzenbungalows beobachten. Es war gruselig, weil die meisten von denen Schwerverbrecher waren. Mit ihren Sträflingsanzügen fielen sie selbst im dichtesten Geäst auf. Keine Chance zur Flucht, dachte ich mir. Dabei lud ich die Fahrgäste ein und fuhr wieder zurück in Richtung Bahnhof. Der Fahrplan war knapp, also musste ich mich beeilen und wollte unbedingt noch über die Bahnschienen bevor die Schranken mir den Weg versperren. Ich wunderte mich zwar, dass so wenige Leute unterwegs waren, fuhr aber aus der Haltestelle los, in der Jahre zuvor der alte Mann sein Holzbeen verlor. Wenige hundert Meter weiter kam mir Kugelblitz mit einer anderen Bahn entgegen und fuchtelte mit den Händen herum. »Ist der nicht ganz bei Sinnen oder will der mir was sagen?« Ich konnte seine Gesten nicht deuten und fuhr weiter. Als ich dann an der Endstelle meinen Wagen überprüfte, kam Kugelblitz rein. »In meiner Funktion als Fahrdienstleiter muss ich dir leider einen Mängelzettel geben, weil du den Ersatzverkehr nicht eingehalten hast«, meinte Kugelblitz zu mir.

»Was ein Mängelzettel? Nur weil ich einmal nicht auf den Bus gewartet habe? Außerdem hast du es versäumt, mich heute Morgen darüber zu informieren, dass Schienenersatzverkehr ist. Es kam doch keiner zu Schaden! Kannst du nicht mal ein Auge zudrücken?«, fragte ich ihn.

Er tat es nicht und ich bekam bis zum Monatsende pro geleistete Stunde 20 Pfennig Abzug vom Gehalt. Gott sei Dank waren bereits mehr als 20 Tage in diesem Monat um. Ich war echt wütend auf ihn, aber auch froh, dass mir das nicht am Anfang des Monats passiert ist. Das schreit nach Rache! dachte ich mir und bald darauf hatte ich tatsächlich die Gelegenheit dazu. Ich hatte Nachtschicht und fuhr einen neuen Tatra Zug, der eine technische Macke hatte. Wenn ich an einer bestimmten Weiche ankam, musste ich mit etwas mehr Schwung über diese Weiche fahren und kurz davor aber den Strombügel von der Oberleitung wegnehmen. Hatte ich das nicht gemacht, ging der Wagen einfach aus. Natürlich wusste ich, woran das liegt und was ich tun muss, wenn ich nicht daran gedacht hatte, den Strombügel runter zu ziehen. Der Wagen musste ausgeschaltet werden. Komplett alle Lampen, der Motor, das gesamte Stromnetz! Einfach alles! Da der erste Teil meiner Nachtschicht sehr kurz war, freute ich mich bereits auf die Geschichten der Kollegen und auf ein warmes Getränk. Doch plötzlich bekam ich einen Funkspruch: »Sie müssen an der Haltestelle XY mit dem Kollegen »Kugelblitz« die Wagen tauschen.« Begründung? Fehlanzeige! Ich habe es fast geahnt, weil Kugelblitz einen alten Wagen unter seinem fetten Allerwertesten hatte, der Dienst länger ging und er auf die neuen Wagen absolut abfuhr. Zunächst regte ich mich fürchterlich auf, aber dann fiel mir die Macke des Zuges ein und ich freute mich auf den Wechsel. Mit den Worten: »Alles in Ordnung«, übergab ich Kugelblitz den Wagen. Ich machte meine Armbanduhr ab und legte sie auf die Armaturen der alten Klapperkiste, die ich von Kugelblitz übernommen habe.

Schließlich wollte ich auf keinen Fall den Zeitpunkt des Schauspiels verpassen. 20 Minuten Fahrzeit plus fünf Minuten ausprobieren, warum der Wagen nicht läuft und dann höre ich aller Wahrscheinlichkeit den Dispatcher.*

* Ein Dispatcher hatte die Aufgabe, den planmäßigen Betriebsablauf unter der Verwendung der Nachrichten- und Verkehrstechnik zu sichern. Im Rahmen seiner Verantwortung erteilte er erforderliche Anweisungen und löste bei Störungen Sofortmaßnahmen zur Gewährleistung oder Wiederherstellung des geplanten Ablaufes aus.

So kam es ca. 25 Minuten später auch. Leider hörte man bei diesem System nur den Dispatcher und nicht den Fahrer, aber ich konnte mir denken, was Kugelblitz von sich gab. »Haben Sie alles kontrolliert?«, fragte der Dispatcher. Nach einer Minute wieder »Ja, dann müsste das doch funktionieren«, sagte er etwas genervt.

Es vergingen weitere fünf Minuten und wieder hörte ich den Dispatcher. »Dann sagen Sie den Fahrgästen Bescheid, damit sie aussteigen können und nicht länger warten müssen.« Oje, dachte ich und funkte den Dispatcher an, weil die armen Fahrgäste nicht unter meinem Rachefeldzug leiden sollten. »Ich höre, der Kollege hat Probleme? Er soll alles ausmachen, auch die Außenbeleuchtung, dann müsste das Fahrzeug wieder angehen«, gab ich durch. »Alles klar, das gebe ich an den Kollegen weiter«, grinste hörbar der Dispatcher ins Funkgerät. Als er dann fast höhnisch den Funkspruch mit meinen Angaben an den Kollegen wieder gab, habe ich mich echt gekrümmt vor Lachen. Ich musste mich anstrengen, den Freudenjubel unter Kontrolle zu halten, damit die Fahrgäste mich nicht für verrückt erklärten. Im nächsten Moment fiel mir aber ein, dass ich in zwei Runden an der Endstelle am Bahnhof auf den Idioten treffen würde. Mist!

Da stand er, als ich mit meinem Straßenbahnzug an der Endstelle ankam. Seine Körpersprache ließ mich schon vermuten, dass er nicht so gut auf mich zu sprechen war. Er plusterte sich vor mir auf und ich hatte das Gefühl, dass er in den letzten Stunden auf 240 Kilo angewachsen war.

»Was war los?«, überspielte ich meine Befürchtung gleich als Sumo Ringerin unter seinen Fettmassen zu ersticken. »Das hättest du mir sagen müssen«, schrie er mich an. »Hör mal, du hast doch gerade die Ausbildung ohne Hilfe erfolgreich abgeschlossen, da muss man doch so etwas wissen«, entgegnete ich ihm.

»Ja aber«, hörte ich ihn noch sagen, bevor meine Blase überzulaufen drohte und ich mich auf das dreckige Bahnhofsklo begab. Als ich später in die Kantine kam, wurde ich von den anderen Kollegen gefeiert. Die haben das Drama mit Kugelblitz und der Außenbeleuchtung über Funk mitgehört. Sie alle wussten, dass ich Kugelblitz geholfen hatte und er mir trotzdem einen Mängelzettel gegeben hatte. Den bekannten Spruch: »Wer anderen eine Grube gräbt, fällt selbst hinein«, konnte sich Kugelblitz von diesem Tage an auf die rote Fahne schreiben.

7. Teil

Ungewöhnliche Kriminalfälle Teil 1

Der Tote in der Kneipe

Wie so oft hat mein Vater am Zahltag den Umsatz in einer Kneipe gesteigert. Aber anders als sonst fand er kaum nach Hause und seinen Zustand würde ich als volltrunken und kaum noch bei Sinnen beschreiben. Zwei Schritte vorwärts, ein Schritt rückwärts und zwei Schritte nach rechts und links, so kam er torkelnd nach Hause. Bereits aus dem Fenster konnte man beobachten, dass es ihm schwerfiel, nach Hause zu finden. Mir war dieser Auftritt sehr peinlich, da einige Nachbarn aus dem Fenster schauten. Mein Vater hatte echt Probleme nach Hause zu finden. Es dauerte gefühlte Stunden, bis er endlich die Haustür aufgeschlossen hatte. Nun musste er nur noch das richtige Stockwerk erreichen, was in seinem Zustand sehr schwierig war. Daher ist ihm meine Mutter entgegen gegangen, damit er nicht noch die falsche Wohnungstür versuchte aufzuschließen. Es war noch nicht spät und alle im Haus haben diese Show wahrscheinlich mitbekommen. Mensch, war mir das peinlich. Aber es kam noch besser oder sollte ich sagen schlimmer?

Mein Vater stand in der Wohnungstür und meinte plötzlich: »Ick globe, ick hab een umjebracht.« Meine Mutter schloss schnell die Tür hinter sich und meinte darauf: »Quatsch, du bist besoffen und redest Unsinn!«

»Nee! Das stimmt! Der lag tot auf dem Fußboden. Wir haben uns geprügelt, weil der Typ beim Kartenspiel geschummelt hat«, wimmerte mein Vater wie ein Hund und wir Kinder haben uns amüsiert. Ich dachte noch, solange wir keine Prügel bekommen, ist mir alles egal. Aber mein Vater wich nicht von seiner Geschichte ab und erzählte sie immer wieder. Er klang wirklich verzweifelt. Meine Mutter glaubte ihn aber nicht und schimpfte mit ihm, wie mit einem kleinen Kind. Als ich mich an den Spruch: »Betrunkene und kleine Kinder sagen die Wahrheit«, erinnert habe, versuchte ich meiner Mutter klar zu machen, dass die Geschichte doch stimmen könnte. Mein Vater wiederholte sich immer wieder und heulte wie ein Schlosshund. An diesem Sommerabend habe ich das zweite

Mal meinen Vater heulen sehen. Spätestens da war meiner Mutter klar, dass mein Vater wirklich jemanden umgebracht haben könnte. Sie fragte immer wieder nach, in welcher Kneipe er war und wen er erschlagen hat. Er war sichtlich verwirrt und konnte sich nicht mehr erinnern, wo er den Mord verübt hatte. Meine Mutter bekam fürchterliche Angst und meinte, wir sollten alle Kneipen in der Stadt aufsuchen, um zu sehen, ob wirklich was passiert war. Meine Schwester, mein großer Bruder und ich liefen los und gingen erst an seiner Lieblingskneipe vorbei. Wir schauten durch das Fenster, aber hier war alles ruhig. Ein paar Kerle tranken Bier und spielten Karten. Wir waren uns sicher, dass hier nichts passiert sein konnte. Ich bekam es mit der Angst zu tun.

Einen Vater als Mörder wollte ich nun doch nicht. Wenn es einer der Hunde gewesen wäre, hätte ich mich vielleicht damit anfreunden können. Aber einen Unschuldigen umzubringen ist eine Straftat und wäre für mich das Schlimmste aller Verbrechen gewesen, die mein Vater bislang verübt hatte. Ich bekam noch mehr Angst! Anschließend liefen wir durch die ganze Stadt und suchten alle Kneipen auf, die wir kannten, aber in keiner dieser Trinkhallen war irgendetwas Aufregendes zu beobachten. Kein Krankenwagen, keine Polizei! Wir liefen zurück nach Hause und haben unserer Mutter die Neuigkeiten des angeblichen Tatortes überbracht und dass es in der ganzen Stadt ruhig sei. Sie hat erleichtert aufgeatmet. Am nächsten Tag konnte sich mein Vater an den Mord nicht mehr erinnern. Wir sind noch einmal mit dem Schrecken davongekommen und um eine heitere Geschichte reicher geworden.

Die Wasserleiche

Wer glaubt, dass es in der DDR keinen Mord und Totschlag gab, der täuscht sich hier gewaltig. Eines Tages, ich muss dreizehn Jahre alt gewesen sein, stand ich mit einer Freundin auf unserem Balkon im vierten Stock. Wir haben direkt auf den angrenzenden Fluss geschaut. Dieser Fluss war nicht besonders gut zum Baden geeignet, daher wunderten wir uns, dass da irgendetwas im Wasser schwimmt.

»Was mag das sein?«, fragte mich meine Freundin.

»Weiß ich nicht, von hier oben sieht es aus, wie eine Puppe, die im

Wasser treibt, lass uns nachsehen«, forderte ich sie auf. Wir haben uns entschlossen, den Fall genauer unter die Lupe zu nehmen und rannten, so schnell wir konnten, die Treppe runter. Ich war so aufgeregt, dass mein Puls deutlich zu spüren war. Wir mussten nur noch über die Brücke laufen. Je näher wir dem Ufer kamen, wurde diese geglaubte Puppe immer größer und menschlicher. Wir begriffen langsam, dass das was wir da im Wasser sahen, eine junge blonde Frau war, die nackt direkt ans Ufer trieb. In diesem Moment war uns klar, dass sie nicht mehr lebt und als Wasserleiche in die Geschichte eingehen würde. Wenige Minuten später kam bereits die Polizei und scheuchte uns vom Tatort weg. Sie haben den Ort schnell und unauffällig abgeschirmt. Sie zogen hastig rote Bänder und stellten sich vor das Band, so dass niemand ans Ufer gelangte, um die nackte Frau zu sehen. Anders als heute, wurde weder ein Wort in den Abendnachrichten erwähnt noch ein Wort in der Zeitung darübergeschrieben. Ich hätte schon gerne gewusst, wer da gestorben ist und wie alt die Frau war. Die Bilder bin ich bis heute nicht losgeworden, obwohl mir das Opfer völlig fremd war.

Auf der Suche nach der Wahrheit

Nichts Böses ahnend machte ich mich wie immer auf den Weg zur Schule. Der Tag begann mit einem positiven Gefühl, vielleicht auch deswegen, weil die Sonne schien. Mehr aber noch, weil ich die Glückshormone über das gewonnene Handballspiel spürte. Am Wochenende hatten wir endlich die Russen besiegt. Obwohl ich all meinen Frust am Gegner ausgelassen hatte, war es ein fairer Kampf. Immer noch völlig überwältigt von diesem Sieg ging ich zur Schule, gern sogar. Die Einzigen, die mich zu dieser Zeit einfach nervten, waren unsere Jungs in der Klasse, die sich häufig wie kleine Kinder benahmen. Sie führten sich wie wild gewordene Affen auf, obwohl sie bereits 15 Jahre alt waren, so wie ich. Die Pubertät eben, kann man nix machen. In der Klasse saß ich in der vorletzten Reihe. Ich war zwar groß und hatte dadurch einen guten Überblick über das Geschehen. Meine Größe nutzten die Jungs in der letzten Reihe jedoch manchmal aus, um unentdeckt zu bleiben, wenn sie sich mal wieder flegelhaft benahmen. Auf Grund meiner sportlichen Figur und meiner langen Haare stand der ein oder andere auf mich, glaubte ich zumindest.

In diesem Alter bildet man sich schnell etwas ein, aber was dann folgen sollte, hat mir echt die Sprache verschlagen.

»Hey Conny!«, kam es aus der letzten Reihe hinter mir. Ich schaute mich um und fragte:»Was ist denn? Nerv mich jetzt nicht!« Schließlich hatten wir gerade Staatsbürgerkunde, da musste ich besonders gut aufpassen und wollte mich nicht von einem pubertären Jungen ablenken lassen.

»Wusstest du schon, dass dein Opi einen berühmten Cousin hat?«, fragte mich der Junge. Er hieß Lutz, war sehr groß und hatte dunkle Haare. Mit seinen rehbraunen Augen schaute er verträumt aus, aber in diesem Fall machte mich sein Blick neugierig.

»Was? Wen denn?«, fragte ich ihn.

»Na mit E., dem Bonzen«, sagte er.

Nun, da ja alle wussten, dass ich auf die ostdeutschen Greise in der Politik, auf die roten Socken und auf die Jugendbetreuer nicht so gut zu sprechen war, winkte ich ab.»Lass mich doch mit diesem Quatsch in Ruhe.«

So einer mit mir verwandt? Nie und nimmer!

»Hey Conny!«, kam es nach einer Weile wieder von hinten. Diesmal zupfte Lutz an meinem langen Haar.

»Lass mich mit diesem Blödsinn in Ruhe, du spinnst ja«, entgegnete ich ihm sofort.»Nee, das ist die Wahrheit«, sagte Lutz.»Wer erzählt dir solche Geschichten?«, fragte ich schon fast verstört.

»Meine Oma hat mir das am Wochenende erzählt«, grinste mich Lutz an.

»Woher will die das denn wissen?«

»Sie wohnt im gleichen Ort wie dein Opi und die weiß das ganz genau!«

»So ein Nonsens!«, entgegnete ich ihm schon sehr verärgert. Weil wir jedoch bereits die Aufmerksamkeit der anderen Schüler und des Lehrers bekamen, flüsterte er mir nur noch ganz leise zu:»Doch es stimmt, kannste mir glauben!«

Diese neusten Informationen hatten mir keine Ruhe gelassen, denn ich wollte auf keinen Fall mit dem Bonzen verwandt sein, auf keinen Fall! Nach einer Weile kam mir schon der Gedanke, dass an dieser Behauptung etwas dran sein könnte, denn mein Opi war eine sogenannte rote Socke. So nannte man die Abzeichenträger, die in der Partei waren und das öffentlich gezeigt haben. Also setzte ich mich aufs Fahrrad und fuhr in den Ort, in dem ich noch einige Jahre zuvor gelebt habe. Mein Opi war überrascht, freute sich aber über meinen Besuch. Meine Omi war erst vor kurzem gestorben und meine Stieftante war in das Haus gezogen. Die obere Etage wurde gerade für meinen Opi ausgebaut und war zur Hälfte noch eine Baustelle. Ich mochte ihn nicht, ließ es mir aber nicht anmerken. Kurz nach dem Tod meiner Omi hatte er sich gleich an die Frauen rangemacht. Sollte das mit E. tatsächlich wahr sein, dann hat der gänzlich bei mir verloren, habe ich mir gedacht. Er riss mich kurz aus meinen Gedanken und lud mich zum Kaffee ein. Da saß er nun, der Feind! Auf dem Küchentisch standen Kaffee und Kuchen und er machte es sich bequem. Ich genoss zunächst einmal meinen Kuchen und überlegte, wie ich das Gespräch auf diesen Bonzen und Jugendbetreuer bringe würde. Irgendwie habe ich es geschafft und erzählte ihm, dass ein Junge aus meiner Klasse behauptete, dass E., der Bonze sein Cousin sei.

»Sag mir bitte, dass das nicht stimmt!«, und betete zu Gott, dass E. nicht mit mir verwandt sei.

Nach einem kurzen Moment hat er geantwortet. »Ja, das stimmt!« Ich glaubte nicht, was ich da hörte und mir wurde schlecht.

»Oh nein! Wie kommt das denn?«, wollte ich wissen.

»Es ist eben so! Aber ich habe bislang nur wenig Kontakt mit ihm gehabt«, antwortete er. Nee, allein der Name! Mir passte das ganz und gar nicht! Zum Beweis holte er einen Brief aus seinem Wohnzimmer, den der Bonze an ihn schrieb, wohl der einzige Brief in seinem Leben. Noch immer ganz verschreckt und ungläubig, obwohl ich den Beweis eigenhändig gesehen hatte, saß ich da. Selbst der Kuchen wollte nicht mehr richtig runterrutschen. Ich entschloss mich, wieder nach Hause zu radeln.

In dem Moment, als ich gehen wollte, hielt mich mein Opi fest. Ich habe nicht gleich begriffen, was er von mir wollte, aber es war nichts Anständiges, wie es sich für einen älteren Herrn gehört. Auf Grund meiner Kraft konnte ich mich aber losreißen, bevor Schlimmeres passierte. Ich schupste ihn von mir weg und er fiel kurz vor der Treppe auf den Boden. Mich ekelt es immer noch, wenn ich daran denke. Am nächsten Tag ging ich mit einem richtig schlechten Gefühl in die Schule. Es war schrecklich, denn ein Junge wusste von meinem Elend mit dem Bonzen. Lutz schaute mich fragend an und wollte von mir die Bestätigung. »Lass mich in Ruhe! Ich muss mit diesem Schock erst einmal fertig werden.« Später habe ich ihm gesagt, dass meine Recherchen ergeben hatten, dass E. nicht mit mir verwandt sei, da mein Opi nicht mein richtiger Opi war. Im Übrigen ist er ein paar Jahre später gestorben und somit war die Sache mit dem Bonzen vom Tisch!

Meine Kreativität rettete mir das Leben

Mit siebzehn habe ich meine Ausbildung begonnen und lebte im Internat. Das Gefühl in der Hölle angekommen zu sein, wurde vom Anblick dieses Internats übertroffen. Das Leben im Internat war echt hart und die Ausbildung war nicht einfach, zumal es eine technische Ausbildung war. Von einer Lehrerin zum Technikfreak, das kann doch nicht funktionieren?! Ich war wenig motiviert. Mein einziger Trost war die Hoffnung, auf vernünftige und gutaussehende Jungs in der Berufsfachschule zu treffen. Ich mache es kurz, die Hoffnung wurde zerstört. Es war kaum zu glauben, was ich da sah. Es saßen überwiegend Mädels in der Klasse und nur vier Jungs. Lieber Gott, warum tust du mir so etwas an? fragte ich mich. Ich hoffte dann auf coole und gutaussehende Lehrer. Obwohl nicht alle gutaussehend waren, was man so als Siebzehnjährige erwartet, kam der eine oder andere Lehrer doch ganz cool rüber. Es wurde eine sehr schöne Zeit. Als ich achtzehn Jahre alt wurde, war ich gezwungen meinen Wecker auf zwei Uhr nachts zu stellen, da ich morgens um 3.30 Uhr im Betrieb sein musste. Toll! Genau das hatte ich gewollt! Da weder Busse noch Straßenbahnen so früh unterwegs waren, musste ich über eine Stunde zum Betrieb laufen. Diesen Zustand machte ich bereits etwa vier Monate mit und ich kannte auch schon den einen oder anderen Kollegen oder Kollegin. Alle waren sehr nett und waren bestrebt, mir alles beizubringen. Daher freute ich mich auch auf meinen Dienst, den ich wieder so früh antreten durfte. Um zwei Uhr leise aufstehen, um die anderen beiden Mädels nicht zu wecken, dann kurz frisch machen, anziehen und los. Ich schlich mit meinen müden Knochen durch die Straßen, die nicht sonderlich beleuchtet waren, entweder, weil die Straßenleuchten keine Lampen hatten, oder weil es keine Straßenleuchten gab. Es war Herbst und die bunten Blätter fielen mir hin und wieder vor die Füße. Ich träumte vor mich hin und schwelgte mal wieder in Erinnerungen an mein Dorf, und wie viele Blätter da wohl schon liegen würden. Bestimmt mehr als in der Stadt. Die Luft war feucht und neblig. Ich stellte mir in Gedanken vor, wie ich mich in der Waschküche unseres damaligen Hauses zum brodelnden Wäschetrog vortastete, als ich bemerkte, dass ein Auto auf der anderen Straßenseite sich meinem Tempo anpasste. Mir wurde mulmig. Was mache ich jetzt nur? Wo sollte ich hin? Keiner würde mich hören? Der Mann kurbelte das Fenster seines roten Lada runter und rief mir zu:»Na, willst du auch zur Arbeit?«

Ich schaute rüber und meinte:»Ja warum?«

»Ich könnte dich doch mitnehmen!«

Wieder schaute ich zum Auto und stellte fest, den kennst du doch! Super dachte ich und rief ihm zu:»Ja, dann komme ich mit!« Ich war der vollen Überzeugung, dass dieser Mann, ca. Mitte 40, ein Kollege von mir war, und stieg ein. Wer treibt sich sonst so früh auf den Straßen rum? Dieses Auto war das Erste, das mir an diesem Morgen begegnete. Gut, ich gebe zu, es fuhren in der DDR ja auch nicht so viele herum und genau deshalb habe ich gedacht, dass es ein Kollege von mir sein musste. Als sich der Lada einige Sekunden später in Bewegung setzte, fragte mich der Mann, in welchen Betrieb ich denn muss?

»Ich muss zu den Verkehrsbetrieben.« Hää… Wieso fragt der überhaupt? Das müsste er doch wissen, wenn er mein Kollege wäre.

In diesem Moment schossen mir die wildesten Gedanken durch den Kopf und ich überlegte, wie ich aus dieser Nummer wieder rauskomme, ohne hysterisch zu werden.

»Wo muss ich denn jetzt lang fahren und wann musst du da sein?«, fragte er mich. Ich erklärte ihm den Weg und sagte, dass ich um 03.30 Uhr da sein muss, als er plötzlich seinen Arm um meine Schultern legt.

»Na dann haben wir beide ja noch etwas Zeit.«

Ich fragte ihn, warum er das jetzt tut und warum er mein Vertrauen ausnutzen will?

Keine Antwort! Dann habe ich ihn gefragt, ob er verheiratet sei.

»Nein, geschieden!«, antwortete er mürrisch.

»Das tut mir leid, so gut, wie sie aussehen. Sie haben es doch nicht nötig, sich ein Mädchen von der Straße zu nehmen. Außerdem bin ich minderjährig, da bekommen Sie richtig Ärger und das möchte ich nicht. Bitte fahren Sie mich wie versprochen zum Betrieb«, bat ich ihn und hoffte, dass er es auch tun würde. Noch zwei Straßen, dann habe ich es geschafft. Das Schild und der Betriebshof waren von Weitem schon zu sehen.

»Da, wo das Licht brennt, können Sie anhalten«, sagte ich. Plötzlich drückte er aufs Gaspedal und fuhr mit gefühltem Tempo 100 am Betrieb vorbei. Ich wurde durch das Anziehen des Tempos in die Rückenlehne meines Sitzes gedrückt. Scheiße dachte ich und wurde nervös, was ich mir aber nicht anmerken ließ. Durch den Druck wurde mein Blut bis ins Gehirn geschossen, sodass mir die richtige Idee kam. »Na so was, jetzt sind Sie doch glatt dran vorbeigefahren«, sagte ich zu ihm. Ich versuchte, weiterhin ruhig zu wirken. Er schaute mich an, bremste, zögerte kurz und legte, ohne ein Wort zu verlieren, den Rückwärtsgang ein und fuhr mich bis vor den Betrieb. Schnell machte ich die Autotür auf und setzte ein Bein auf die Straße. »Vielen Dank, dass Sie mich doch noch abgesetzt haben.« Er hielt mich am Arm fest und fragte, ob er mich denn auch wieder abholen könnte. »Nein, ich werde bereits abgeholt«, meinte ich kurz zu ihm. Das stimmte natürlich nicht! »Dann vielleicht morgen ja?«, fragte er weiter. »Ich weiß es nicht, muss ich mir überlegen«, habe ich geantwortet und stieg ganz schnell aus. Nun stand ich da und habe versucht, mit meinen weichen Knien in den Betrieb zu gelangen. Der rote Lada fuhr weg. Ich war traumatisiert und konnte keinen klaren Gedanken fassen. In dem Moment, als mir bewusst wurde was mir hätte passieren können, fing ich an zu heulen und rannte so schnell ich konnte in die Umkleide. Als ich zur Ausbilderin kam, muss ich übel ausgesehen haben, denn sie hat gleich gemerkt, dass mit mir was nicht stimmt, und fragte mich: »Was ist los?« »Mir geht es gar nicht gut. Ich habe eine große Dummheit gemacht.«

»Was hast du denn gemacht?«, fragte sie fast hysterisch. Als ich ihr die Geschichte erzählt hatte, musste sie sich erst einmal hinsetzen. Natürlich hat sie mir eine Moralpredigt gehalten, aber das war auch verdient. Wie eine Mutter meinte sie zu mir, dass ich das ja nicht noch mal machen sollte. Ich versprach es ihr hoch und heilig. Zum Schluss sagte sie aber, dass ich gut reagiert hätte und meine Kreativität mir vielleicht das Leben gerettet hat. »Davon bin ich überzeugt«, meinte ich nur. Den roten Lada habe ich Gott sei Dank nie wieder gesehen. Diese Geschichte lag mir lange in den Knochen und ich habe mir eine Strategie einfallen lassen, unbeschadet morgens in den Betrieb zu kommen.

Sie sollte mir das zweite Mal das Leben retten. Wenige Wochen waren nach meinem ersten Erlebnis vergangen. Wieder musste ich nachts zum Dienst. Ich zog mir meine Jacke an, band mir meine langen Haare nach hinten und schob die Kapuze über meinen Kopf. Es war bereits sehr kalt und ich war wieder um 02.30 Uhr auf der Straße unterwegs. Ich hatte Angst und schaute mich mehrmals um. Breitbeinig wie ein Kerl lief ich weiter und schwenkte meine Arme entsprechend dem Geh Tempo mit. In der rechten Hand hielt ich einen Stoffbeutel mit meiner Tagesverpflegung. Los geht's!

Nach einer Weile, in derselben Straße wie zuvor, fuhr diesmal ein weißes Auto langsam auf der anderen Straßenseite, die Marke weiß ich nicht mehr. Es saß ein jüngerer Mann darin. Ich dachte, nein, nicht schon wieder! Nach einer Weile, ich denke, er war sich über mein Geschlecht nicht im Klaren, kurbelte er das Fenster runter und fragte mich, ob er mich mitnehmen soll. Ich dachte noch, wirke ich immer noch, wie eine Frau, obwohl ich wie ein Kerl laufe? Das gibt es doch nicht! Ich räusperte mich. Mit tiefer Stimme, so tief, wie ich konnte, fragte ich: »Bist du schwul, oder was?« Er schaute ganz verdutzt, kurbelte das Fenster wieder hoch und verschwand. Gott sei Dank, dachte ich und lief weiter. Als ich später mit einigen Kollegen am Frühstückstisch saß, erzählte meine Ausbilderin, was ihr an diesem Morgen passiert war. Sie fuhr mit dem Fahrrad los und ein Mann hatte versucht, sie vom Fahrrad zu ziehen. Sie rief nach ihrem Sohn, der am Fenster so lange gewartet hat, bis sie an der beleuchteten Hauptstraße angekommen war. Das war ihr Glück! Der Mann verschwand. Dann habe ich meine Story erzählt und alle haben mich erstaunt angeschaut.

»Auf so eine Idee bin ich noch gar nicht gekommen, mich als Mann zu verkleiden, so zu laufen und dann noch so zu reden«, meinte eine der Kolleginnen. Sie waren stolz auf mich, dass ich in meinem Alter schon so kreativ durchs Leben ging. Ich hatte in dem Moment überlegt, ob ich denen meine Erfahrungen mit den Hunden von der Stasi erzählen sollte. Aber ich ließ es lieber. Eine der Frauen meinte nur, dass mir die Idee wahrscheinlich das Leben gerettet hat. »Mag sein«, antwortete ich nur.

Bombenalarm in der Nachtschicht

Wir schrieben das Jahr 1984. Mittlerweile hatte ich die Prüfung abgelegt, um Jugendliche oder auch Erwachsene auszubilden oder in den Beruf einzuweisen.

Eines Tages war ich mit meinem Lehrling in der Nachtschicht unterwegs. An diesem Abend fuhren wir mit der Straßenbahn die Leute vom Stahlwerk bis zum Bahnhof, als wir plötzlich einen Funkspruch wahrgenommen haben. Der Dispatcher gab an alle Fahrer bekannt, dass die Brücke in der Einkaufsstraße gesperrt sei, und dass alle Linien, die durch die Einkaufsstraße fuhren, umgeleitet werden müssten. Na toll!, dachte ich. Weil ich mich schon innerlich auf meine Pausenzeit gefreut habe, fand ich diese Nachricht weniger aufregend. Da Umleitungen immer Verspätungen mit sich brachten, bangte ich um meine wohlverdiente Pause. Wir befürchteten, die Brücke wäre zusammengebrochen, so marode, wie sie aussah. Die Polizei, Feuerwehr, Armee und die Stasi fuhren in Richtung Brücke. Was für ein Aufgebot, dachte ich mir, als ich die vielen Fahrzeuge sah. Trotz Umleitung gingen wir pünktlich in die Nachtpause und gesellten uns neugierig zu den anderen Kollegen, die sich im Aufenthaltsraum trafen. Die Brückensperrung war hier Thema Nummer 1! Alle haben sich die wildesten Geschichten ausgedacht, warum wohl die Brücke gesperrt wurde. Aber an das, was folgen sollte, hätte keiner in seinen kühnsten Träumen gedacht. Jeder, der den Raum betrat, wurde ausgehorcht. »Was ist passiert, hast du was gehört oder gesehen?«

»Nee nix«, so die Antwort der Kollegen.

Als wir gegen fünf Uhr morgens abgelöst wurden, bin ich erst einmal in die Dispatcherzentrale gegangen. Ich wollte wissen, was los war.

»Sag mal, warum war denn die Brücke gesperrt?«, fragte ich den Dispatcher.

»Darf ich dir nicht sagen.«

»Ach, komm, du weißt doch, dass ich verschwiegen bin!« »Naja«, fing er an und kratzte sich dabei am Kopf.

»Nun mach es nicht so spannend«, meinte ich zu ihm. »Das glaubt mir kein Mensch«, sagte er und fing plötzlich schallend an zu lachen. »Das macht mich echt fertig, jetzt sag doch endlich, was los war!« Als er sich beruhigte, begann er zu erzählen. Bei der Polizei ging ein Anruf ein. Ein Mann, mittleren Alters meldete sich. »Heute wird die Brücke noch gesprengt«, hat er den Polizisten am anderen Ende der Telefonleitung begrüßt. »Ach, warum denn?«, fragte ich ungeduldig.

»Warte ab!«

Also, der Polizist hat diesen Anruf natürlich ernst genommen und hat gefragt, ob das eine genehmigte Sprengung wäre, die da erfolgen sollte. Scheinbar etwas irritiert hat der Mann geantwortet: »Nein! Ich werde die Brücke sprengen, dafür brauche ich doch keine Genehmigung.« Der Polizist hat den Anruf so ernst genommen, dass er den Vorgesetzten der Volkspolizeikreisämter informierte. Der wiederum informierte die anderen Organe. Alle Kräfte riegelten das Gebiet um die Brücke großräumig ab und legten sich dann anschließend auf die Lauer, um den Mann rechtzeitig zu überwältigen. Dann kam er wie aus dem Nichts etwas schwankend auf die Brücke zu. Alle waren in Alarmbereitschaft, als er plötzlich grölte: »Ich werde jetzt die Brücke sprengen, alle in Deckung!« Dann plötzlich hielt er zur Verwunderung aller eine Gießkanne hoch und grölte weiter: »Alle in Deckung und Wasser marsch!«

»Nee, du willst mich jetzt doch veräppeln?«, fragte ich ihn. »Nein! Das ist mein voller Ernst, so hat sich die Geschichte zugetragen.« Oje, was der Alkohol so alles anrichten kann. Meine Güte, der Arme wird heute noch die Kosten abbezahlen oder sich aus Frust schon totgesoffen haben.

Meine Freundin war verschwunden

Ich übte circa zwei Monate meinen erlernten Beruf aus, als eine junge Frau in unserem Betrieb anfing. Sie war 19 Jahre jung, genau wie ich. Mit ihrem Lachen fiel sie auf und wir hatten immer unseren Spaß. Wir beide freundeten uns an. Es war Mitte der 80ziger Jahre, als sie plötzlich am Gehaltstag nachmittags nicht zum Dienst kam. Am Vormittag habe ich sie das letzte Mal gesehen, weil sie sich ihr Gehalt noch abgeholt hatte. Danach war sie verschwunden. Wir waren gut befreundet, so dass ich mir schon Gedanken machte. Als sie aber ein paar Tage später immer noch verschwunden war und einige meiner Kollegen von der Kripo befragt wurden, habe ich mir ernsthaft Sorgen gemacht. Es verging ein Tag nach dem anderen, aber sie tauchte nicht wieder auf. Einige Kollegen waren sich sicher, dass sie bereits auf dem Ku'damm in Berlin sitzen und Kaffee trinken würde.

»Wie soll das denn funktionieren, wenn sie keinen Ausreiseantrag gestellt hat?«, fragte ich die Blödmänner.

»Sie schreibt uns bestimmt bald eine Karte aus dem Westen«, waren sich die Kollegen sicher.

Eine Flucht habe ich ihr nun nicht zugetraut. Also waren diese Äußerungen Quatsch! Ich habe schon lange nicht mehr daran geglaubt, sondern war der Überzeugung, dass sie einem Verbrechen zum Opfer gefallen war.

»Ich sage euch, sie wurde umgebracht!«

Als ich gezielt diesen Verdacht gegenüber meinen Kollegen geäußert habe, fiel mir einer auf, der sich komisch verhielt. Er rutschte nervös auf seinem Stuhl hin und her und hatte Schweißperlen auf der Stirn. Er sah mich mit einem Blick an, den nur Verbrecher draufhaben. Fies und gemein sah er aus. Mit dem stimmt doch etwas nicht, dachte ich mir und mir gingen die Blicke nicht mehr aus dem Kopf. Seitdem habe ich gegrübelt, ob er eventuell mit dem Verschwinden zu tun haben könnte. Aber er wurde von der Polizei nicht verhört, sondern nur ihr Verlobter. Der kam für mich überhaupt nicht in Frage. Oft stand er vor meiner Tür und fragte mich: »Conny, weißt du wirklich nicht, wo meine Freundin ist?« Er war verzweifelt und hat oft dabei geweint. Ich konnte ihm leider nicht helfen, weil ich nichts, aber auch gar nichts wusste. Der Arme tat mir in diesen Momenten furchtbar leid.

Einige Zeit später bin ich umgezogen, habe geheiratet, war hochschwanger und immer noch bei den Verkehrsbetrieben beschäftigt. Seit einigen Monaten hatte ich aber in der Verwaltung gearbeitet. Eines Tages, ich saß mit einigen Kollegen in der Kantine, fragte mich eine Frau, woher ich denn komme. Ich habe ihre Frage beantwortet. »Ach, dann weißt du ja sicherlich, dass man die verschwundene junge Kollegin tot aufgefunden hat«, meinte sie. In dem Moment schoss mir meine Freundin durch den Kopf. Selbst mein Kind im Bauch hat sich bei dieser Nachricht plötzlich bewegt. Ich habe genauer nachgefragt. Tatsächlich! Es war meine Freundin, die sie meinte. Ihr Mann, von Beruf Kriminalhauptkommissar, hatte den Fall noch ungelöst auf dem Tisch zu liegen. Man hat meine Freundin auf der Müllhalde gefunden. Anhand der Zähne konnte man sie identifizieren. Es war schrecklich, weil ich immer noch gehofft habe, dass sie vielleicht doch in den Westen abgehauen sei. Sie erzählte mir, dass man den Verlobten im Visier hat und er bereits mehrmals vernommen wurde.

»Aber nein, der war das nicht!«, sagte ich. Sie schaute mich verdutzt an und fragte, warum ich mir da so sicher sei? Ich gab ihr einige entscheidende Hinweise. Sie hatte ein Verhältnis mit dem Kollegen, der mich so komisch ansah, nachdem ich damals meinen Verdacht laut äußerte. Ich habe die beiden des Öfteren gesehen, aber habe sie nie darauf angesprochen. Er wesentlich älter, verheiratet und sie 19 Jahre alt. Sie hätte seine Tochter sein können. Zu allem Unglück war seine Frau auch bei uns beschäftigt und beide lebten damals in unserer direkten Nachbarschaft, genau gegenüber. Sie hatten zusammen vier Kinder, die ich aus der Schule kannte. Er war zur Tatzeit wegen Körperverletzung vorbestraft, wie ich zwischenzeitlich erfahren hatte. Zudem hätte er sich von seiner Frau nie getrennt. »Wenn das kein Motiv ist!«, sagte ich ihr. Leider hat mich damals keiner angehört, obwohl jeder wusste, dass wir befreundet waren. Erschwerend kam hinzu, dass Aktenzeichen XY ja nur im Westfernsehen lief.

Einige Wochen später, mein Kind war gerade geboren, habe ich diese Kollegin wieder getroffen. Sie hatte ihrem Mann meine Vermutungen erzählt. Der hat den Typen vorgeladen und ihn so lange vernommen, bis er letztendlich gestanden hat. In solchen Dingen waren unsere Organe sehr gut geschult. Ich wusste es, hat mich mein Gefühl doch nicht getäuscht. Gott, ich habe einem Mörder in die Augen geschaut und zu allem Übel habe ich noch meinen Verdacht geäußert. Mir wurde schlecht! Ich stellte mir nur eine Frage. Was wäre gewesen, wenn der mich auch aufgelauert hätte? In dem Moment schwirrten mir viele Fragen durch den Kopf, aber sie blieben bis heute unbeantwortet.

Mit der Amnestie Anfang der 90ziger wurde er wieder entlassen. Das hat mich fürchterlich geärgert, zumal er nur wenige Jahre eingesessen hat. Ich denke noch sehr oft an meine Freundin und habe bis zum Schluss gehofft, dass ich ihr Lachen noch einmal hören könnte. Die Hoffnung wurde nicht erfüllt, aber sie bleibt für immer in meinem Herzen.

Das Attentat auf Erich Honecker

Wenn wir Freunde unter uns waren, haben wir in unserem jugendlichen Leichtsinn oft Witze über unseren Staatsmann Erich Honecker gemacht. Ihm fiel es schwer, beispielsweise das Wort »sozialistisch« auszusprechen. Allein darüber haben wir uns fast totgelacht. Mit krächzender und lallender Stimme sagte er »Sozialistische Einheitspartei Deutschlands». Ich konnte mir die gequälten Reden nicht anhören und schaltete die Sendungen für gewöhnlich ab oder um. Wir haben uns immer mehr Witze einfallen lassen. In großer oder kleiner Runde, beim gemütlichen Zusammensitzen erzählten wir uns die Witze und haben so sehr gelacht, dass uns das Zwerchfell weh tat. Ja, wir Teenies hatten auch unseren Spaß im Osten.

Hier einige Kostproben:

Die Stasi verhört einen Kirchengänger:
»Gibst du zu, dass du gerade in der Kirche warst?«
»Ja.«
»Gibst du auch zu, dass du die Füße von Jesus am Kreuz geküsst hast?«
»Ja.«
»Würdest du auch die Füße unseres Genossen Honecker küssen?«
»Sicher, wenn er dort hängen würde …«

Honecker steht nackt vorm Spiegel und schaut an sich runter und meint:»Na wenigstens noch eener, der an mir hängt!«

Honeckers Schutzengel bittet im Himmel um Urlaub, er sei total erschöpft.»Wieso, du hast nur einen Menschen zu schützen, so wie jeder andere Schutzengel auch«, sagt Petrus.
»Gewiss« röchelt der Engel,»aber nicht vor 17 Millionen Menschen!«

Breschnew und Honecker gehen gemeinsam zur Jagd. An einem Hügel trennen sich ihre Wege und in zwei Stunden wollen sie sich auf dem Hügel treffen. Breschnew ist oben angekommen und wartete auf seinen Parteifreund Honecker, der aber nicht kommt. Es vergehen Stunden …

Breschnew macht sich voller Sorge auf den Rückweg und begegnet einem Jäger.

Breschnew fragt den Jäger: »Hast du Honecker, den Staatsmann der DDR, getroffen?«

»Na klar! Gleich beim ersten Schuss.«

Zu DDR-Zeiten waren alle politischen Witze 3/8-Witze! Drei Jahre für den, der die Witze erzählt hat, acht Monate für jeden, der gelacht hat.

Eines Tages, ich befand mich am Rastplatz unseres Dorfes, als plötzlich eine schwarze Limousine hielt und Honecker ausstieg. Ich dachte, ich sehe nicht richtig! Der lallende Staatschef stellt sich zum Pinkeln an den Waldrand. Als ich gerade zu ihm hinwollte, um ihm höchstpersönlich die Hand zu schütteln, fuhr plötzlich mit hohem Tempo ein anderes Fahrzeug auf den Rastplatz. In diesem Moment hielt ich mich zurück und wartete ab, was jetzt wohl passieren würde.

Ein Mann stieg aus seinem Auto und freute sich, dass er Erich gesehen hat.

Er rief: » Herr Honecker, ich bin ein großer Fan von Ihnen, darf ich ein Autogramm haben?«, und ging auf ihn zu. Für das Autogramm griff er in seine Jackentasche, um seinen Kugelschreiber raus zu holen. Honeckers Bodyguards eröffneten sofort das Feuer. Der Mann fiel blutüberströmt, mit dem Kugelschreiber in der Hand, tot auf den Boden. Oh Gott! Wenn die mich jetzt entdecken, werde ich auch abgeknallt, schoss es mir durch den Kopf. Ich rannte, so schnell ich konnte von diesem Rastplatz weg, aber einer der Bodyguards hatte mich bemerkt. Er lief mir hinterher und drückte mehrmals auf den Auslöser seiner Knarre. Die Kugeln schossen an meinem Kopf vorbei und landeten in einem der vielen Bäume. Ich rannte in Panik immer schneller, Angstschweiß stieg auf, ich wurde nervös und fiel auf den feuchten Moosboden im Wald. Mein Bein hing in einer

Fuchsfalle fest und war verletzt, so dass ich nicht weiterkonnte. Alle Versuche mich zu befreien scheiterten. Jetzt stand der Typ genau über mir. Ein muskelbepackter Mann, ziemlich pausbäckig, mit einem Grübchen im Kinn. Er hielt seine Knarre auf meinen Körper. Ich schloss meine Augen und dachte an meine Familie. Wenn ich schon sterbe, dann will ich so einem Hund nicht in die Augen schauen müssen. Er drückte ab! In diesem Moment klingelte mein Wecker. Ich wachte schweißgebadet aus diesem blöden Traum auf. Mir war klar, dass ich sofort mit dem Witze erzählen aufhören musste, sonst hätte ich jede Nacht Alpträume. Wenige Tage später, es war der erste Tag im neuen Jahr 1983, machte ich den Fernseher an und schaute wie immer die »Heute« Nachrichten. Nebenbei schrieb ich gerade einen Brief an eine Freundin, als ich plötzlich von einem Attentat im Fernseher hörte. Es ging um einen Mann, der Honecker angeblich angegriffen haben soll. Ich schmiss den Kugelschreiber weg, machte den Fernseher lauter und hörte ganz gespannt zu. Irgendwie wurde mir komisch, da ich wenige Tage zuvor, von einem ähnlichen Fall geträumt hatte. Es hieß, dass Honeckers Autokolonne angegriffen wurde und der Mann sich anschließend selbst getötet haben soll. Warum sollte der denn so etwas machen? fragte ich mich. In den West-Medien wurde spekuliert und Anfang der 90ziger Jahre wurde der Fall erneut aufgerollt. Der Mann soll betrunken gewesen sein und rammte das Auto von Honecker. Dabei wurde aber niemand verletzt. Die Hunde fuhren ihm nach und brachten den Wagen des Mannes zum Stehen. Anschließend soll er auf die Hunde geschossen und sich dann die Knarre selbst an die Schläfe gehalten und abgedrückt haben. Jeder hat was anderes berichtet. Ich aber war der Überzeugung, dass es sich ähnlich wie in meinem Traum zugetragen haben muss.

8. Teil

Was die Ost-Mark für Wunder verbringen konnte und wie die West-Mark Einfluss auf uns nahm!

Die Ostmark, die im Westen landete

Nur dunkel kann ich mich an das Alublech erinnern und an das Papiergeld, das ich zu DDR-Zeiten benutzte, um die Dinge des täglichen Lebens damit zu bezahlen. Zumindest die Dinge, die man im gewöhnlichen Laden zu kaufen bekam. Ich wurde sieben oder acht Jahre alt, als ich meine Geburtstagsgeschenke von meiner Oma aus dem Westen auspackte. Um glücklich zu sein, reichten mir ein paar getragene Klamotten meiner Cousinen aus den Anfängen der 70er Jahre. Dazu noch ein neu gekauftes Geschenk, was ich mir zuvor gewünscht hatte. Wie es sich gehörte, habe ich meiner Oma einen Brief geschrieben, um mich für die Geschenke zu bedanken und zu berichten, dass die Sachen auch passten. Zuvor habe ich ein Gespräch zwischen meiner Mutter und meiner Oma, als diese zu Besuch aus dem Westen bei uns war, belauscht. In dem Gespräch beklagte sich meine Oma über die hohen Ausgaben für uns vier Kinder. Zu dieser Zeit kannte ich das Verhältnis Ost- und Westmark noch nicht. Mir war es auch gleich, weil ich mich über alles gefreut habe, was mir zugesteckt wurde. Solche Sachen habe ich nie in den Schaufenstern der Läden entdeckt. Daher war die Freude groß, als die Pakete aus dem Westen unseren Fußboden in der Wohnstube schmückten. Wir haben eine regelrechte Zeremonie veranstaltet, um die Pakete zu öffnen und die tollen Sachen zu sortieren. Kaum war die Paketschnur ab, rissen wir das Paketpapier ohne Rücksicht auf Verluste ab und das Paket auf. Besonders zur Weihnachtszeit, als viele Weihnachtsmänner im roten oder lila Papier in Reihe und Glied aufgestellt wurden, war die Vorfreude auf das Weihnachtsfest und die Geschenke groß. Die in Weihnachtspapier eingepackten Päckchen im Paket durften nicht aufgemacht werden, weil diese unter den Tannenbaum ihren Platz finden sollten. Noch bis Weihnachten warten? Die Spannung stieg in das Unermessliche! Nun aber zurück zu meinen Geburtstagsgeschenken. Es kam der Tag, in einem Brief »Danke« zu sagen, als mir plötzlich einfiel, dass meine Oma für die schönen Sachen viel Geld ausgegeben haben muss. Als großes Dankeschön habe ich ihr eine Ost-Mark in den Brief gelegt, natürlich nichts ahnend, welche Folgen das haben könnte. Eines Tages kam ein Brief von meiner Oma bei uns an. Neugierig wie wir waren haben wir Kinder alle um den Tatort »Westbrief« gesessen und gespannt zugehört, als ihn unsere Mutter vorlas. An einer Stelle im Brief stockte meine Mutter plötzlich ihren Redefluss und las Folgendes vor: »Vielen Dank für die Ostmark, aber leider kann ich hier im Westen nichts damit anfangen. Aber als Andenken werde ich das Alublech behalten.« Meine Mutter schmunzelte und fragte mich, was ich mir dabei gedacht habe? »Ich weiß nicht«, antwortete ich, weil ich nicht wusste, ob sie vielleicht sauer wird, wenn ich die Wahrheit sage.

Wenige Monate nach dem drauffolgenden Weihnachtsfest, es war Frühling, hatten wir wieder Besuch aus dem Westen. Wie bereits zuvor war der Mercedes voll mit schönen Sachen, Süßigkeiten und Spielzeug. Nach dem Abendbrot lauschten wir Kinder gespannt den Erzählungen unserer Verwandtschaft. Aber ein Thema war besonders interessant. Wie ist die Ost-Mark unbemerkt in den Westen gelangt? Die Briefe wurden doch alle durchleuchtet oder nicht? »Schon«, meinte meine Mutter, die es ja wissen musste, schließlich arbeitete sie zu diesem Zeitpunkt bei der Post. Aber warum hat dann niemand das Alublech entdeckt? Es begann ein großes Rätselraten! Irgendjemand aus dieser Runde kam dann plötzlich auf eine Idee, die uns zukünftig den Einkauf von Westprodukten in der DDR ermöglichen sollte. Ich hatte plötzlich das Gefühl, dass ich etwas ganz Großes getan haben musste. Es hörte sich alles so positiv an und das Ostgeld bekam plötzlich einen hohen Stellenwert. Später wusste ich auch warum. Einige Wochen, nachdem der Besuch abgereist war, bekamen wir wieder einen Brief von meiner Oma. Ich erkannte die Post aus dem anderen Deutschland sofort an der schönen bunten Briefmarke. Meine Mutter öffnete das Briefkuvert, diesmal aber recht vorsichtig. Dann zog sie den Brief langsam heraus. Eingeschlagen in Blaupapier lag etwas, was ich vorher nie gesehen hatte. Es war ein Fünf-D-Mark-Schein!

Meine Mutter schrie plötzlich: »Juhu«, und rief meinen Vater, der sich gerade draußen befand, ins Haus. Als er ins Zimmer kam, rief

sie ganz aufgeregt: »Schau mal, was hier angekommen ist!« Ein gro-
ßes breites Grinsen zierte sein rundliches Gesicht. Ich habe mich
mit meinen Eltern gefreut, wusste aber nicht so recht warum. Meine
Mutter stürzte sich sofort an den Küchentisch und schrieb einen
Brief zurück. Ein X zierte die Stelle, in der es heißen sollte, das Geld
(X) ist angekommen. So richtig habe ich die Aufregung um diesen
Schein noch nicht verstanden. Als aber immer mehr dieser Scheine
ankamen, wurde mir erklärt, dass man mit diesem Geld in dem
Laden, der Intershop hieß, die schönen Sachen aus dem Westen
einkaufen konnte. Somit wurde die Ost-Mark als Schmuggelhilfe
in unserer Familie gekrönt. Der Ideenreichtum der Ostdeutschen
wurde mit einer neuen Idee bereichert. Wer damals noch der Meinung war, dass die Ost-Mark keinen Wert hatte und auch keine
Wunder vollbringen konnte, hatte die D-Mark echt nicht verdient!

Im Intershop

Meine Schwester und ich sahen uns im Kindesalter ziemlich ähnlich. Zumindest noch als Sieben- und Achtjährige. Deshalb wurden
wir wie Zwillinge gekleidet und die Leute dachten, wir wären auch
zwei Menschen gleicher Art. Ich fand das doof, weil ich nicht so
sein wollte wie meine Schwester. Jedenfalls fanden uns die Leute
immer süß und konnten gar nicht so recht glauben, dass wir keine
Zwillinge wären. Als das mit den Briefen funktionierte und immer
mehr Scheine ankamen und die Westverwandtschaft auch Westgeld bei ihren Besuchen dagelassen hatte, konnten wir endlich im
Osten Westprodukte kaufen. Die Verkaufspreise für die Waren im
Intershop lagen deutlich unter dem Preisniveau der Bundesrepublik Deutschland oder Westberlin. Während die Intershop-Preise
für die Waren, die vor allem von DDR-Bürgern nachgefragt wurden, relativ hoch waren, konnten die Westdeutschen im Intershop
wesentlich günstiger einkaufen. Am Bahnhof unserer Stadt gab es
auch so einen Intershop. Hier gab es fast alles. Kaffee, Schokolade, Kleidung, Waschpulver, Spielzeug, Alkohol, Kakao und vieles
mehr. Damit die Angestellten erkennen konnten, woher die Kunden kamen, musste jeder Käufer einen Ausweis vorlegen, so auch
in unserem Intershop.
Eines Tages zog uns unsere Mutter wieder die gleichen Kleider an.

Sie kamen mit einem der vielen Pakete aus dem Westen und waren neu. Es waren hellblaue Kleider mit gelben Blümchen, die wir später zur Hochzeit unserer Tante anziehen sollten. Meine Mutter schrieb einen Zettel und meinte, dass wir in die Stadt fahren, um im Intershop einzukaufen. Ich freute mich schon auf die Schokolade im lila Papier. Bevor wir aber losfuhren, mussten wir erst einen Text einüben. »Wir kommen aus Westberlin und sollen für unsere kranke Mama einkaufen. Hier ist der Zettel.« Diese Worte habe ich mir immer wieder in Gedanken vorgesagt und war mir sicher, dass ich den Text auswendig sagen konnte. Trotzdem betrat ich mit einem komischen Gefühl eine Stunde später gemeinsam mit meiner Schwester diesen Laden. Meine Schwester ging voran, ich hinterher. Wie das roch? Herrlich! Am liebsten wäre ich nicht mehr aus diesem Laden raus gegangen! Ich schaute mich um und fühlte mich wie im Schlaraffenland. Für kurze Zeit glaubte ich an ein Wunder. Die zwei Verkäuferinnen haben uns gleich gemustert und skeptisch angeschaut, als wir allein ohne Eltern den Laden betraten. Meine Schwester legte den Zettel auf den Tresen und ich sagte den eingeübten Satz. Die Verkäuferin, die uns bediente, schaute komisch und ging zu der anderen. Beide kamen sie zurück und ich bekam ein mulmiges Gefühl. Sie glaubten uns nicht und schauten uns noch skeptischer an als zuvor. Gott sei Dank konnten sie uns aber nur bis zum Bauch mustern, weil die Ladentheke zwischen uns war. Daher haben die beiden nicht gesehen, dass ich meine Beine bereits über Kreuz hatte, weil ich mir vor lauter Angst beinahe in die Hose machte.

»Wo kommt ihr her?«, fragte die eine Verkäuferin. Einstimmig sagten wir: »Na aus Westberlin.« So, wie die uns dann angeguckt haben, glaubten die uns nicht. Das hat mich in diesem Moment sehr verärgert, schließlich habe ich eine Stunde den Text geübt. Der Laden war recht gut besucht und eine ältere Frau, dem Style und den Klamotten nach zu urteilen aus dem Westen, sagte plötzlich: »Nun packen Sie die Sachen schon ein. Die beiden saßen mit mir im Zug, die kommen aus West-Berlin und sind gerade mit mir hier ausgestiegen. Die Mutter ist tatsächlich krank und der Vater bringt sie gerade zum Arzt.« Hä?, dachte ich, was erzählt die denn da? Ich schaute die Dame fragend an, sie lächelte und zwinkerte mit einem Auge, was so viel heißen sollte, mach dir keine Sorgen, es

wird schon alles gut gehen. Die Verkäuferinnen sind darauf reingefallen und haben unsere Sachen eingepackt. Wir haben zwei große
Tüten aus dem Intershop geschleppt und brachten sie unseren Eltern, die unweit vom Bahnhof auf uns gewartet haben. Vom Kaffee
über Waschmittel und Strumpfhosen für meine Mutter, bis hin zu
Süßigkeiten für uns Kinder und eine Sportzeitschrift für meinen Vater, dies alles hat die Plastiktüten mit Westdeutschen Werbeslogans
gefüllt. Ich konnte meine Nase nicht mehr aus der Tüte nehmen, so
war ich von den Gerüchen verzaubert.
Ein Glücksgefühl! Der Tag war gerettet!
»Was wird das jetzt?«, fragte ich mich, als ich bemerkte, dass die ältere Dame aus dem Intershop hinter uns herlief. Es durchfuhr mich
wie ein Blitz und ich bekam einen Schreck, weil ich nicht wusste,
ob die Frau es wirklich gut mit uns meinte. Ich hatte Angst, dass sie
uns verfolgt, um die wahren Verbrecher zu ermitteln. Doch als sie
meine Eltern ansprach, merkte ich, dass ich dieser Frau Unrecht getan habe. Sie war tatsächlich aus dem Westen und hat sehr wohl gemerkt, dass wir nie und nimmer Kinder aus Westberlin waren. Die
Schuhe passten nicht zu den Kleidern, sie haben uns verraten! Aber
die Dame war sehr nett und hat uns nicht verraten. Im Gegenteil!
Die Verkäuferinnen haben die Schuhe Gott sei Dank nicht gesehen,
das hätte sicherlich Ärger gegeben. Was hatten wir für ein Glück,
das die Theke den Blick auf die Schuhe versperrte und die Frau
aus dem Westen das Theaterstück mitgespielt hat. Ich möchte nicht
wissen, was hätte passieren können, wenn wir aufgeflogen wären?
Wir hätten wohl mindestens ein Hausverbot bekommen.

Einmal winken für 20 Ost-Mark

1978, Honecker begrüßte unseren Weltraumhelden der DDR, Sig-
mund Jähn, am Flughafen Schönefeld. Viele Menschen, die so genannten Zwangsjubler, hatten sich auf dem Flughafen versammelt
um den Nationalhelden, den ersten deutschen Kosmonauten, zu
begrüßen. Natürlich waren wir stolz auf den Mann, der freiwillig in
den Himmel flog. Aber den Aufwand zu betreiben bis nach Berlin
zu fahren, um den Helden zu begrüßen, hätte wohl kaum einer gemacht. Wenn da die 20 Mark nicht gewesen wären. Bis heute rätsele
ich, wer mir diese Geschichte erzählt hat. Ich weiß es nicht mehr

und daher bin ich mir auch nicht sicher, ob sich diese Geschichte so zugetragen hat. Aber ich wollte sie auch nicht auslassen, weil ich dem DDR-Regime alles zugetraut habe, auch so etwas! Damit unser Held nicht so traurig ist, wenn nur wenige Menschen ihn begrüßen, sollen einige dieser Zwangsjubler fürs Winken bezahlt worden sein. Warum eigentlich nicht? Zumindest ist kaum einer freiwillig zu solchen Empfängen gefahren. Ganze Schulklassen, als Klassenausflug getarnt, haben auf dem Flughafen oder den Berliner Alleen diesen Herrschaften zu gewunken. Viele der Kinder und Jugendlichen wussten eigentlich nicht warum. Ich gehörte auf jeden Fall dazu! Hauptsache, wir hatten an diesen Tagen keinen Unterricht und konnten uns die Zeit mit Spaß vertreiben. Einen anderen Zweck erfüllten diese Veranstaltungen eh nicht. Mich hat es schon gewundert, dass so viele Menschen diesen Wink- Aktionen beigewohnt haben. Da liegt die Vermutung nahe, dass ein großer Teil damit sein Geld verdiente. Da sich unters Volk auch immer Stasimitarbeiter gemischt haben, wurden die auf jeden Fall dafür bezahlt.

Die schicke, alte Dame

Die Mauer ist längst gefallen und es gab die D-Mark. Um mit den anderen Leuten mithalten zu können, viele fuhren schon ein West Auto oder hatten Farbfernseher, ging ich nebenher für 10,- DM die Stunde putzen. Ich stand in Westberlin an der Bushaltestelle als mich eine alte Dame, die sich sehr gepflegt und für ihr Alter sehr chic angezogen hat, ansprach.
»Na, junge Frau, Sie kommen wohl von drüben?«
Ich fragte mich auf der Fahrt nach Hause, woher die das erkannt hatte. »Ja«, meinte ich.
»Wollen Sie sich ein paar Mark verdienen und bei mir putzen?«
»Ja, warum nicht?«
Sie gab mir ihre Adresse und wir machten den nächsten Samstag als Termin aus. Ich stellte mir eine reiche Frau vor, die in einer schicken Villa wohnt.
Hier wird sich das Putzen bestimmt einfach gestalten. Ich malte mir aus, wie ich mit dem Vorwerk-Staubsauger durch die Wohnung sause, mit Meister Proper den Fußboden wische und mit Sidolin – streifenfrei die Fenster wieder zum Strahlen bringe. Wenn ich mir

den Luxus schon nicht leisten konnte, dann wollte ich wenigstens die Dinge mal anwenden und ausprobieren. Schließlich wollte ich testen, ob die Mittel tatsächlich so toll seien, wie die Werbung es versprach. Ich freute mich auf den kommenden Putztag bei der alten Dame. Innerlich rieb ich mir bereits die Hände, denn das Putzen wird sich sicherlich für mich lohnen, so dachte ich!

Als ich den Samstag drauf endlich nach einer halbstündigen Busfahrt und weiteren zehn Minuten Fußweg angekommen bin, stand ich vor einem Haus, das ein villaähnliches Flair hatte, aber leider mit zehn Mietparteien. Ich weiß nicht warum, aber in diesem Moment schwante mir Böses und ich sollte Recht behalten. Als ich das Klingelschild mit dem richtigen Namen gefunden hatte und vorsichtig die Klingel bediente, surrte es nach einer Zeit. Ich war gerade im Begriff, zu gehen. Ich drehte mich schnell um und drückte noch ganz hastig die Tür auf, damit ich die alte Dame nicht noch einmal bemühen musste. Mit diesen technischen Fortschritten kannte ich mich schließlich nicht aus und es wäre mir peinlich gewesen. Vielleicht sah ich wie eine Ostdeutsche aus, aber innerlich war ich seit Jahren dem Westen näher als vermutet. Trotzdem konnte ich eben noch nicht alles wissen. Weil mein gutes Gefühl mich immer mehr verließ, schlich ich die Treppe hoch. Aus der Tür lugte die alte Dame und rief:»Herein junge Frau!« Nur das gestaltete sich nicht so einfach, da ich die Tür zur Wohnung nicht annähernd so weit aufbekam, um meinen Körper locker durchzuschieben. Ich hatte zwar durch die vielen leckeren Sachen, die der Westen so bot, etwas zugenommen, aber durch eine normale Tür kam ich trotzdem. Ich musste mich mit Geduld winden und drehen, bis ich dann inmitten von Müllbergen stand. So wie man es heute aus einigen Sendungen im Fernsehen kennt, standen blaue Tüten soweit das Auge reichte. Schmutzige Wäsche stapelte sich in den Ecken. Ein beißender Geruch nahm mir den Atem und ich musste mich fast übergeben, als mir die Frau, etwas zu Essen anbot. Sie hatte sich gerade Mittag gekocht.

»Möchten Sie auch einen Happen essen?«, fragte sie mich.

Da sich das schmutzige Geschirr in der Küche stapelte, Töpfe wieder zum Leben erweckt wurden, weil sich die Maden darin tummelten, und es wirklich gestunken hat, habe ich die Frage verneint. Jeder normale Mensch hätte die Wohnung schreiend verlassen, aber mir tat die Frau leid. Es muss einen Grund gegeben haben, warum sie so menschenunwürdig lebte. Hier habe ich zum ersten Mal meine soziale Ader entdeckt und fragte ganz sacht nach, ob sie Familie hat. »Einen Sohn«, antwortete sie lächelnd und meinte im nächsten Satz ganz traurig, dass dieser aber in Australien lebe und sie ihn schon lange nicht mehr gesehen habe. Ich lenkte sie ab, indem ich fragte: »Wo soll ich denn mit dem Putzen anfangen?«

»Im Wohnzimmer, es wäre schön, wenn Sie die Fenster putzen würden«, antwortete sie.

Es waren großflächige Fenster, aus denen man nur noch fantasievoll die Umrisse von Gegenständen oder anderen Häusern erahnen konnte. Die Mission »Fester putzen« gestaltete sich sehr schwierig, da ich an die Fenster nicht herankam. Berge von Müll stapelten sich davor. Was mache ich bloß? fragte ich mich in diesem Moment. Was nützt mir Sidolin – streifenfrei, wenn ich nicht an die Fenster komme? Weit und breit nur Müllberge! Da wäre selbst ein Vorwerk-Staubsauger gescheitert. Was soll es! Schließlich habe ich der alten Dame zugesagt, ihre Wohnung zu putzen. Dass sie definitiv Hilfe brauchte, war nicht zu übersehen. Deshalb habe ich angefangen den Wohnzimmertisch abzuräumen, um einige der Tüten darauf zu stellen. Hier fand ich Zeitungen aus den fünfziger Jahren und war erschüttert, als ich Fotos von einem jungen Mann fand. Sie waren aufgestellt vor einem mit Blumen übersäten Sarg. Die arme Frau, dachte ich nur, das ist bestimmt ihr Sohn. Als ich am Tisch mit den Bergen von Zeitschriften und Bildern werkelte, schrie sie mich an. »Lassen Sie das! Sie sollen nur die Fenster putzen!« Ich beruhigte sie und putzte irgendwie die Fenster, nachdem ich die Müllsäcke in eine andere Ecke gestellt hatte, auch wenn es kaum möglich war. Beim Putzen habe ich gemerkt, dass hier das Sidolin nicht mehr ausreicht. Selbst der gute Duft der Zitrone im Putzmittel täuschte nicht über den üblen Geruch der Wohnung hinweg. Ich fragte daher die alte Dame nach einem Eimer mit Wasser. Sie brachte ihn und ich bemühte mich, die Fenster irgendwie sauber zu bekommen. Nur schwerlich gelang mir diese Mission, weil zudem noch die schweren Gardinen im Weg hingen. Ich mochte sie kaum bewegen, weil sich der beißende Geruch und der Staub von vielen Jahren in den Stoff eingefressen hatten. Mittlerweile juckte mein ganzer Körper und ich sehnte mich nach einer heißen Dusche.

In dem Moment fiel mir ein, dass ich keine Dusche hatte! Ich wollte nur noch schnell fertig werden und beeilte mich. Schließlich wollte ich Kröten anstatt Flöhe mit nach Hause nehmen. Als man durch die Fenster so halbwegs die andere Straßenseite erkennen konnte, verabschiedete ich mich von der alten Dame. Ich flunkerte ihr vor, dass ich nach Hause muss. Sie drückte mir ein paar 10,- DM Scheine in die Hand und schenkte mir noch eine Tüte mit Kaffee für mich und Süßigkeiten für mein Kind. Beim Verlassen der Wohnung fragte sie mich, ob ich denn wieder kommen würde. Ich habe die Frage bejaht. Aber kaum auf der ersten Stufe nach unten schwor ich mir, für kein Geld der Welt noch einmal hierhin zu kommen. Fluchtartig bin ich die Treppe heruntergerannt und auf die Straße gestürmt. Die Tüte mit den Geschenken habe ich noch unterwegs an der Bushaltestelle in den Papierkorb geschmissen, weil die Sachen seit Jahren abgelaufen waren.

Ich habe über Jahre Westfernsehen geschaut, aber das hatte ich noch nie gesehen. Ich konnte mir im Leben nicht vorstellen, dass es so etwas überhaupt gäbe. Aber ich bin geflüchtet und habe nicht den Mut gehabt, mich dieser Situation erneut zu stellen. Vielleicht lag es daran, dass ich mir was ganz anderes erhoffte. Trotzdem musste ich feststellen, dass sich der Besuch gelohnt hatte. Ich habe eine Erfahrung mehr im Leben gemacht und das kann nicht jeder von sich behaupten. »Kleider machen eben nicht Leute!«

9. Teil

Die Irrtümer unserer Versorgungslücken und andere

Wie aus zwei Kilo Bananen acht Kilo wurden

Nun es ist allgemein bekannt, dass es in der DDR zumindest in den ländlichen Gegenden weitab von der Hauptstadt keine Südfrüchte gab. Daher muss ich nicht viel Worte darum machen. Aber eine Geschichte muss ich an dieser Stelle loswerden. Ich war mit meiner Schwester und meinem großen Bruder in der Stadt unterwegs, als wir eine der berühmten langen Schlangen sahen. Sofort habe ich mich hinten an der Schlange angestellt und den beiden gesagt, dass sie schauen sollen, was es da vorne gibt. Meine Schwester kam aufgeregt zurück und meinte, Bananen! Was? Wir haben nicht lange überlegt, ich blieb stehen und meine Schwester reihte sich, ein paar Leute abwartend, wenige Meter hinter mir ein. Mein Bruder Michael lief schnell nach Hause, um Geld und den Nachweis für Kinderreiche zu holen. Denn wenn mehr als zwei Kinder in einer Familie lebten, galt man in der DDR als kinderreich. Bei Vorlage dieses Nachweises bekam die Familie zwei Kilo Bananen! Halt! Gerade beim Schreiben dieser Zeilen wird mir klar, warum ich so viele Familien mit vier, sieben, elf Kindern kannte. Jedenfalls hatten die Familien ohne Kinder oder unter drei Kindern keinen Anspruch auf zwei Kilo dieser süßen, gelben Früchte. Michael brachte noch meinen kleinen Bruder mit. Beide reihten sich am Ende der Schlange ein. Vorher übergab mein Bruder mir das Geld und diesen Nachweis, auf dem weder Daten noch Fotos vorhanden waren. Ich glaube, er war grün und hatte den Aufdruck »kinderreich«. Als ich an der Reihe war, zeigte ich kurz das Stück Papier und die Verkäuferin wog zwei Kilo Bananen ab und steckte sie in eine Papiertüte. Wie viel Geld die damals gekostet haben, weiß ich nicht mehr. Als ich fertig war, übergab ich heimlich den Nachweis an meine Schwester, die anschließend freudestrahlend den Laden verließ. Es klappte! Keiner hat gemerkt, dass wir zusammengehören. Der Nachweis konnte also weiter an meine Brüder gereicht werden und wir gingen mit acht Kilo Bananen nach Hause. So hat der Staat unbewusst die Kreativität der Kinder gefördert. Wir waren zukünftig um eine

Idee und um einige Kilos der krummen, gelben Südfrüchte reicher. Wir kamen zwar nicht ganz an den jährlichen pro Kopf Verbrauch der Bundesbürger heran, aber verzichten mussten wir auch nicht.

Tonnenweise leckere Waffeln

Als ich Schülerin der zehnten Klasse war, mussten wir drei Wochen in einem Betrieb arbeiten, um das harte Arbeitsleben im Sozialismus kennenzulernen. Da ich bereits seit meinem sechsten Lebensjahr Aschenputtel sein durfte und seit meinem 13. Lebensjahr in den Ferien gearbeitet hatte, was ich natürlich vom Gesetz her nicht durfte, war mir die Arbeit nicht fremd. Ich hatte Glück, denn durch meine Größe und meine Reife konnte ich die tollsten Jobs machen. Einmal habe ich drei Wochen im berühmtesten Café meines Wohnortes gearbeitet, ein anderes Mal fuhr ich mit zur Erdbeerernte, ohne jegliche Kontrolle der Arbeitgeber. So habe ich früh angefangen, mein eigenes Geld zu verdienen.

Ich habe mich entschlossen in einer Waffelfabrik, die unweit meines Wohnhauses stand, zu arbeiten. Früher, wenn ich an der Fabrik vorbei ging, roch es immer so lecker nach frischen Waffeln und nach Schokolade. Da in unseren Läden aber keine Waffeln aus meinem Heimatort zu finden waren, musste ich mich einfach für diesen Betrieb entscheiden, um zu erfahren, wo die hergestellten Produkte unseres produktiven Ostens blieben. Das Gebäude war ein alter grauer Kasten, wie viele Gebäude unserer Stadt. Zwei große Schornsteine ragten in den Himmel und pusteten den Qualm stoßweise aus. Ich wusste nicht, was für eine Arbeit auf mich zukam, daher rechnete ich mit dem Schlimmsten. Um sechs Uhr morgens riss mich mein Wecker aus dem Schlaf.

Ich ging schleichend ins Bad und machte mich für meinen ersten Arbeitstag frisch. Der Spiegel zeigte mir ein müdes Gesicht. Da stand ich nun und versuchte meine verschlafende Visage wieder in den Griff zu bekommen. Ich schmiss mir kaltes Wasser ins Gesicht und rieb mir die Krümel aus den Augen. Anschließend ging ich mit meiner Bürste durch die langen zerzausten Haare und zog mir die ostdeutschen Jeans als Arbeitshosen an. Um sieben Uhr war Treffpunkt am Fabriktor. Zu meinem Erstaunen standen da noch weitere Jugendliche, die den gleichen Gedanken hatten wie ich. Ein

Mann kam auf uns zu. Er sah genauso aus wie die Schornsteine der Fabrik. Lang und dünn und aus seinem Mund kam der Qualm seiner Zigarette, die er locker mit seinen Lippen festhielt. Der Mann trug, wie im Osten so üblich, einen grauen Arbeitskittel, der ihm bis zu den Knien reichte. Er nahm uns alle mit und zeigte uns die Fabrik von innen. Wir kamen in eine Halle, in der zwei sehr große ca. fünf Meter hohe Kessel gefüllt mit Schokolade standen. Ein großer Quirl, der aussah wie Flugzeugrotorblätter, drehte die Schokomasse so lange, bis sie die richtige Konsistenz besaß, um in die Waffeln gefüllt zu werden. Ich mochte Schokolade, aber es roch so extrem nach Kohl und Schweiß, dass dieser Gestank mich fast aus den Socken haute. Mir wurde schlecht. Bevor ich mich übergeben musste, verließen wir diese Halle. Er führte uns in einen großen Raum, in dem sehr viele leere Verpackungsschachteln standen. Uns wurde erklärt, dass wir für das Ausland die fertigen Waffeln in diese Kartons packen müssten. Damit wir die Waffeln nicht mit irgendwelchen Keimen verseuchten, sollten wir weiße Handschuhe tragen. Der Mann gab die Anweisung, dass wir keinesfalls kaputte Waffeln in die Schachteln legen durften. »Nur einwandfreie Waffeln gehören da rein«, so seine Worte. Es standen palettenweise Waffeln in diesem Raum, die alle ins Ausland versandt wurden. Wir wurden angewiesen, uns einen Platz zu suchen. Alle stürmten los, um sich endlich hinzusetzen. Da die Stühle aus Holz waren, hat man nicht besonders bequem gesessen. Mit meinen Augen scannte ich den Raum nach Sitzpolstern ab. Es gab keine! Ich selbst war zu dieser Zeit nicht sonderlich gut gepolstert, so dass mir nach der Schicht immer der Hintern wehtat. Ich schmunzelte vor mich hin und war mir fast sicher, dass diese Arbeit für meine anderen Körperteile nicht so anstrengend würde.

Da saßen wir nun alle in einer Reihe und sahen aus wie die Hühner auf der Stange. Ab und zu war auch ein Hahn dazwischen. Bevor ich anfing die Waffeln in die Schachtel zu legen, habe ich erst einmal die Rückseite der Verpackung gemustert. Aha, Made in Germany! »Die Ganzen in die Verpackung und die Kaputten in die Tüte vor euch!«, kam der Befehl von vorne. »Wenn ihr wollt, könnt ihr die große Tüte am Ende der Schicht für eine Mark mit nach Hause nehmen«, brummelte der Mann uns an. Da es bei uns diese leckeren Waffeln nicht zu kaufen gab, hatte ich am Ende jeder Schicht gleich zwei Tüten bis zum oberen Rand gefüllt. Irgendwie hatte ich immer Paletten mit den kaputten Waffeln ausgeladen. Welch ein Zufall! Die Arbeit war, wie ich bereits vorausgesehen hatte, relativ einfach. Noch Jahre nach meiner Tätigkeit als Waffeleinpackerin habe ich verzweifelt die Verpackungen mit den leckeren Waffeln in unseren Läden gesucht, aber leider umsonst. Ich hatte zwei Möglichkeiten, in den Genuss der Waffeln zu kommen. Entweder ich ging in den Intershop oder ich schrieb einen Brief in den Westen. Schon komisch, wenn man jahrelang in der Schule eingeimpft bekommen hat, dass der Westen schlecht ist. Umso erstaunlicher blieb es, wenn man die im sozialistischen Betrieb hergestellten Produkte aber nur dort kaufen konnte.

Wie ich Eisblumen zum Schmelzen brachte

Es war 1987, als ich freiwillig mit meinem kleinen Sohn aus der winzigen Neubauwohnung auszog. Ich fühlte mich trotz Zentralheizung in diesem Plattenbau nicht wohl. Es war hellhörig und die Nachbarn ziemlich neugierig. Also machte ich mich auf die Suche nach einer neuen, größeren Wohnung. In der Zeitung war eine Altbauwohnung inseriert, die mich von der Beschreibung her schon interessierte. Ich ging zur Telefonzelle und rief die angegebene Nummer an. Es meldete sich eine ältere Dame und wir machten einen Besichtigungstermin aus. Sie suchte eine kleinere Wohnung mit Zentralheizung und ich für uns eine größere Wohnung, egal welche Art von Heizung. Es war so üblich, dass man die Wohnungen tauschen konnte, also habe ich mich auf eine Besichtigung eingelassen. Aber ich wohne im vierten Stock, habe ich gesagt und das Haus ist ohne Fahrstuhl. Egal, meinte sie und kam mit ihrer Tochter zur Besichtigung. Die Tochter sagte fast flehend: »Mama, die Wohnung im vierten Stock kannst du nicht nehmen, du wirst doch immer älter«! »Nein, ich nehme die Wohnung, das Treppensteigen hält mich gesund«, so die alte Dame. Ich habe schon befürchtet, dass aus dem Deal nichts würde, aber die Dame hat sich zum Ärger der Tochter durchgesetzt.

Anschließend fuhr ich in die Wohnung der Frau. Die Zimmereinteilung war hervorragend und die Küche so groß wie ein richtiges Wohnzimmer. Großartig! Hier haben wir genug Platz, dachte ich.

Aber wo will die Dame mit ihren ganzen Möbeln hin? Von einer drei Zimmer Wohnung in eine eineinhalb Zimmer Wohnung mit diesen Schränken, kaum machbar. Aber sie hat sofort zugesagt und wir konnten unsere Sachen packen. Viel hatten wir nicht, daher war das mein leichtester Umzug. Es war Mai und wir hatten schönes Wetter. Schnell ein wenig frische Farbe an die Wände und Türen. Schon war es fertig, unser neues Zuhause.

Beim Auszug übergab mir die Dame ein Schriftstück mit dem Hinweis, dass sie eine Gasheizung für die Küche beantragt hatte. Da sie Rentnerin war, und als Verfolgte im 2. Weltkrieg anerkannt, hatte sie die Möglichkeit, solchen Luxus zu beantragen. »Vielleicht haben Sie ja Glück und Sie bekommen die Leitungen verlegt«, sagte sie zu mir. »Ja mal sehen«, antwortete ich.

»Die Heizung selbst müssen Sie sich aber kaufen«, meinte sie noch zu mir, bevor sie mit dem Umzugswagen wegfuhr. Ich stellte mir die Frage, wie ich das denn machen sollte. Zu dieser Zeit verdiente ich rund 650,- Ostmark und die Heizung kostete 500. Das Geld würde ich vor dem nächsten Winter nie zusammenbekommen! Meine Befürchtungen wurden wahr. Da ich im Bad und im Schlafzimmer auch keine Heizung hatte, der Keller nicht isoliert war und die Fenster aus Kriegszeiten stammten, hatte ich den kommenden Winter mit Spannung erwartet. Väterchen Frost hat uns heimgesucht und sehr schöne Blumen ans Fenster gemalt. Obwohl draußen kein Schnee lag, hatten wir von November bis Ende Februar eine idyllische, weiße Landschaft. Wir kamen besonders besinnlich durch die Weihnachtszeit. Ich hatte zwar keine Schokolade, aber tolle Eisblumen am Fenster. Na, wenigstens etwas, dachte ich. Das Leben hat mir gefallen! Besonders dann, wenn ich meinen Gasherd eingeschaltet hatte, um die Wohnung aufzuheizen und es langsam warm wurde. Das Wohnzimmer hatte einen Kachelofen, der seine Wärme durch die Ritzen wieder abgab. Ins Bad stellte ich mir eine Kerze hin, um dem Ganzen etwas Romantisches zu verleihen. Durch den Durchlauferhitzer hatte ich warmes Wasser zum Geschirr abwaschen und für die antike Badewanne reichte es auch gerade so. Was will man mehr? Ganz ehrlich, im Schlafzimmer braucht man als junger Mensch doch keine Heizung! Im nächsten Sommer drauf habe ich mir den Heizkörper leisten können. Aber ich bekam von der Wohnungsbaugesellschaft keinen Termin zum Einbau, also musste ich mir etwas einfallen lassen. Die kostenlosen Eisblumen an den Fenstern, obwohl sie ein gewisses »Etwas« hatten, wollte ich nicht mehr haben. Und nun zur Geschichte ...

Ich sprach bei der Wohnungsbaugesellschaft vor, die sich gleich zwei Ecken weiter, unweit meiner Wohnung, befand. Eine junge, aufgetakelte Frau saß am Schreibtisch und tippte auf ihrer Schreibmaschine den Bericht meines Vorbesuchers ein. »So nun zu Ihnen, was gibt es denn?«, fragte sie mich schnippisch.

»Bei mir riecht es sehr streng nach Gas, ich denke, da ist ein Rohr undicht oder so«, sagte ich zu ihr.

»Dann machen Sie den Herd nicht mehr an und den Durchlauferhitzer müssen Sie auch ausschalten«, antwortete sie.

»Ja«, meinte ich und fragte: »Wie lange denn?«

»Ich kann Ihnen nicht sagen, wann jemand vorbeikommt.«. Obwohl ich darauf hingewiesen hatte, dass ich ein kleines Kind versorgen musste, meldeten sich die Handwerker ganze drei Tage später. Das Haus hätte in die Luft gehen können, wenn meine Geschichte mit dem Gas nicht eine Lüge gewesen wäre. Während die zwei Handwerker eine Stunde lang das Leck in der Leitung suchten, fragte ich, wann ich denn endlich den Termin zum Einbau meiner Heizung bekommen würde, die ich demonstrativ in der Küche hingestellt habe.

»Keine Ahnung«, antwortete der eine von den in blau gekleideten Männern. Er musterte meine neueste Errungenschaft.

»Ich habe doch mit dem Meister gesprochen, der wollte sich höchstpersönlich um den Termin kümmern«, log ich frech. »Was? Unser Meister fährt nicht mehr zu den Kunden raus, der sitzt nur noch hinterm Schreibtisch«, meinte der eine. »Ich weiß, da habe ich ihn ja besucht und er hat mir die Zusage gegeben.«

»Ja, wenn das so ist, werde ich ihn nachher mal fragen«, antwortete er.

Plötzlich fragte einer der beiden: »Warum haben Sie keine Heizung im Bad? Das geht doch nicht!«

»Ich weiß nicht.«

»Aber hier geht doch ein Rohr lang, das kläre ich auch gleich noch mit dem Meister ab«, meinte der Handwerker.

»Wenn Sie dann schon mal hier sind, schauen Sie sich die Sache mal im Waschkeller an. Hier steht zwar meine Genex*-Waschmaschine, aber ich habe seit fast einem Jahr keinen Anschluss dafür, weil mir ein 30 Zentimeter langes Rohr fehlt«, sagte ich zu dem einen Handwerker.

* Genex (Geschenkdienst- und Kleinexporte GmbH) war auf Anordnung der DDR-Regierung ein gegründetes Unternehmen und die wichtigste Devisenquelle. Das Unternehmen vertrieb einen Katalog mit dem Titel »Geschenke in die DDR«, aus dem die Bürger der Bundesrepublik für ihre Verwandten und Bekannten Waren bestellen konnten, die dann in die DDR versandt wurden. Die Waren wurden zu ca. 90 % in der DDR hergestellt. Neben Lebensmitteln und Konsumgütern wie Möbel, Kleidung, Elektrogeräte, Kosmetik und Werkzeugen konnte man aber auch Motorräder, Autos, Campingwagen und sogar ganze Fertigteilhäuser, die so- genannten Neckermannhäuser, bestellen. Die Bürger der DDR mussten nicht lange auf die Lieferung warten. In den Vorteil von Genex kamen aber nur die Leute, die Westverwandtschaft hatten.

»Was? Und das mit einem kleinen Kind! Das geht doch nun wirklich nicht«, reagierte er bestürzt. »Obwohl mich mein Chef wahrscheinlich umbringen wird, werde ich mich darum kümmern«. Sein Kollege hingegen hat weiter nach dem Leck gesucht, aber keines gefunden. Mit den Worten: »Wir melden uns nachher noch mal«, haben sich die beiden kurze Zeit später verabschiedet. Ich fragte mich insgeheim, ob die Geschichte auch beim Meister durchkommen würde. Schließlich kannte ich ihn nicht, weil ich überhaupt nicht mit ihm über mein Heizungsproblem gesprochen hatte. Wenige Stunden später klingelte es. Tatsächlich standen die beiden Installateure vor der Tür. Zum einen brachten sie eine Heizung für mein Bad mit und zum anderen das fehlende Rohr für den Waschmaschinenanschluss. Ich habe mich riesig gefreut und lud die beiden zum Kaffee ein. »Gerne« sagten sie und präsentierten mir gleichzeitig den Termin zum Einbau meines Heizkörpers in der Küche. Das hat bei mir echte Verwunderung ausgelöst. Der Meister konnte sich zwar nicht mehr an mich erinnern, aber das war den beiden auch vorher schon klar. »Unser Chef hat ein Alkoholproblem, daher kann er sich an solche Gespräche oder gar an zeitnahe Termine kaum erinnern«, meinte der eine Handwerker.

»Oh, das tut mir aber leid. Naja, wir haben heute alles klären können«, meinte ich nur. Wenige Tage später hatte ich zwei funktionierende Gasheizungen in der Wohnung. Mit einem ungewöhnlichen Trick habe ich meine Eisblumen zum Schmelzen gebracht. »Nun kann der nächste Winter kommen«, freute ich mich.

Beinahe mit der Axt zugeschlagen

Nachdem wir den Winter mit unserer neuen Heizung genossen hatten, sollte der nächste Schreck auf uns warten. Nein, das Haus ist nicht zusammengebrochen, was vielleicht einige von Ihnen jetzt denken, es kam noch schlimmer! Eines Tages, mein Sohn und ich saßen gerade am Abendbrottisch, nichts Böses ahnend, da klingelte es an der Tür. Durch den Spion habe ich einen Mann mittleren Alters gesehen. Er starrte auf die Tür, die ich sogleich auch öffnete. »Nabend!«, grüßte der Mann eher unfreundlich. Ich erwiderte den Gruß mit einem frischen »Guten Abend junger Mann«. In seinen Händen hielt er ein Schreiben, das sehr amtlich aussah. Er fragte mich nach meinem Namen und schaute mich von oben nach unten prüfend an. »Warum wollen Sie das wissen, was gibt es denn so Wichtiges zu klären?«, fragte ich ihn. »Wir essen gerade Abendbrot und ich muss mein Kind ins Bett bringen. Ist Ihr Anliegen wichtig?« »Ich gehe mal davon aus, dass Sie noch keine Rentnerin sind«, merkte er an. »Sie heißen auch nicht Schulze?«

»Nein.«

»Dann haben Sie unberechtigterweise eine Heizung installieren lassen. Es ergeht daher folgender Beschluss. Die Heizung wird wieder ausgebaut.«

»Träume ich oder was haben Sie gerade gesagt?«

»Ja, ich muss die Heizung wieder ausbauen lassen, weil der Antrag nicht von Ihnen gestellt wurde und Sie keine Rentnerin sind«, meinte er. Als er das gesagt hat, bekam ich eine aufsteigende Wut. Wie ein Teufel, mit rotem Kopf und wachsenden Hörnern habe ich mich gefühlt, als ich ihn anschrie: »Hier baut keiner die Heizung aus! Wenn sich nur einer Ihres Gefolges in die Nähe meiner Heizung wagt, werde ich dem höchstpersönlich die Hände abhacken!«, schrie ich den Mann weiter an und schlug ihm die Tür vor der Nase zu. Das muss ihn sehr beeindruckt haben, denn bis zu meinem Auszug 1996 hat niemand mehr die Heizung ausbauen wollen.

Kaum zu glauben, was ich bei den Recherchen für dieses Buch alles erfahren habe. Diese Geschichte ist so kurios, dass ich sie auf keinen Fall auslassen möchte. Wir befinden uns im Jahr 1989, als unsere Oma Anna im August ihren 90ten Geburtstag feierte. Schade, dachte ich, dass ich nicht dabei sein konnte. Ich hatte zu dieser Zeit keinen Urlaub bekommen, daher hatte ich die Besuchserlaubnis erst im September gestellt, um in die Bundesrepublik reisen zu dürfen. Im Oktober 1989, einige Wochen nach meinem Antrag und einige Wochen vor der Maueröffnung, erhielt ich in der Kreispolizeibehörde eine Absage. War klar, dachte ich und zog enttäuscht nach Hause. Ich war immer der Meinung, dass mein Bruder Michael über Ungarn abgehauen war, aber wie sich erst vor kurzem herausstellte, war dem gar nicht so. Mein Bruder hatte bei Volljährigkeit einen Ausreiseantrag in den Westen gestellt und war somit ebenso ein verfolgter Staatsfeind, wie seine Stasiakte später bewies. Michael stellte im Juli 1989 in der Kreisbehörde ganz frech einen Antrag auf Besuchserlaubnis, um den 90ten Geburtstag mit der Oma und mit meinen Eltern gemeinsam zu feiern.

Als er aus der Nachtschicht kam, ging er anschließend zur Polizei, weil er eine Vorladung erhalten hatte. Er saß auf dem kahlen Flur und hoffte auf die Genehmigung. Wie er dort so grübelte, kam er immer mehr zur Überzeugung, dass er diese Genehmigung niemals bekommen würde. Unsere Eltern wurden schließlich einige Jahre zuvor in den Westen abgeschoben und er selbst hatte auch einen Ausreiseantrag gestellt. Er wurde ins Zimmer gerufen, Michael ging hinein und setzte sich auf den grauen Plastikstuhl vor dem Schreibtisch des Volkspolizisten. Der hatte sich hinter den Aktenbergen versteckt und pfiff ein undefinierbares Lied. Im Rücken des Volkspolizisten grinste Honecker von der Wand und Michael zeigte kaum eine Regung.

»Name?« fragte der Polizist.

»Zoels«, antwortete mein Bruder und fügte hinzu, dass er eine Vorladung bekommen hat und es sicherlich um die Besuchserlaubnis ging. Der Polizist schaute aus seinem Aktenberg hoch und richtete seinen ernsten Blick auf meinen Bruder. Er schaute recht grimmig, lächelte dann aber kurz und übergab meinem Bruder den ersehnten dunkelblauen Reisepass und belehrte ihn, dass er in sechs Tagen zurück sein müsse. Mein Bruder stutzte und dachte, er wäre bei der Sendung »Verstehen Sie Spaß« gelandet und schaute sich nach den versteckten Kameras um. Nein! dachte er, das kann doch nicht wahr sein oder träume ich? Er träumte nicht! Der Polizist wünschte ihm eine gute Reise. Michael dachte: Bevor die sich das anders überlegen, verlasse ich schnell das Kreispolizeigebäude und fahre nach Hause. Seine Frau war gerade auf dem Weg zur Arbeit und brachte das Kind vorher in die Kita, als er in der Straßenbahn saß und die beiden durch das Fenster noch einmal sah. Zu Hause angekommen packte er so schnell, wie er konnte seine Sachen zusammen. Bevor er die Wohnung verließ, schrieb er seiner Frau einen Zettel mit folgenden Worten: »In sechs Tagen bin ich zurück, Michael.« Natürlich war mit seiner Frau abgesprochen, dass er bei einer Genehmigung im Westen bliebe. Und so geschah es selbstverständlich auch. Beiden war klar, dass seine Frau mit den Hunden von der Stasi Ärger bekommen würde, wenn Michael nicht wieder zurückkäme. Daher hat er auch diese Worte auf seinem Zettel gewählt, um sie zu schützen. Aber es nutzte nicht viel. Drei oder viermal wurde sie zum Verhör abgeholt. Sie nahm immer wieder diesen Zettel mit, indem ihr Mann sich für sechs Tage verabschiedete. Keiner hätte gedacht, dass sie sich wenige Monate später in die Arme schließen könnten. Warum meine Besuchserlaubnis im September nicht ausgestellt wurde, war mir nach dieser Geschichte klar.

Ein großer Irrtum

Nachdem ich Ihnen das mit den Irrtümern der Versorgungslücken hoffentlich zweifelsfrei nahegebracht habe, möchte ich eine Geschichte erzählen, die den Irrtum ausräumen soll, dass die ehemalige DDR ein Sozialstaat war. Gerne hat die DDR-Führung nach außen den ruhmreichen Sozialismus präsentiert, in dem die Menschen genug zu essen hatten, alle Eltern ihre Kinder in einer Krippe oder in einem Kindergarten ihrer Wahl unterbringen konnten und die Bürger medizinisch auf höchstem Niveau versorgt wurden. Nicht zu vergessen, die netten Nachbarn, die einem gerne einmal unter die Arme griffen, wenn Not am Mann war. Hier die Beweise, dass sich selbst viele DDR-Bürger in ihrer Meinung zum Sozialstaat geirrt haben.

Ich lebte nach der Scheidung mit meinem Kind in einer eineinhalb Zimmer Wohnung eines Plattenbaus, die mir mein Exmann freundlicherweise durch seine Beziehung zur Politik besorgt hatte. Die Wohnung war für uns anfangs erst einmal ausreichend, ein paar Möbel hatte ich noch und den Rest habe ich mir über Bekannte gebraucht besorgt. Alles in allem eine übersichtliche Wohnung, die zwar spärlich eingerichtet, aber ordentlich war. Die gute Aussicht aus dem vierten Stock habe ich ab und an nachmittags oder in den späten Abendstunden allein genossen. Ich beobachtete die verliebten, jungen Leute oder die alten Ehepaare, die ungeniert am Fenster ihr Liebesleben in vollen Zügen genossen. Da ahnte ich noch nicht, dass ich fünf Jahre keine feste Beziehung eingehen würde.

Weit und breit kein Baum, nur Häuser, Häuser und noch mal Häuser. Eins sah genauso aus, wie das andere, so dass ich jedes Mal überlegen musste, welchen Eingang ich nehmen sollte, um in meine Wohnung zu gelangen. Ich war nach der Geburt meines Sohnes ein Jahr zu Hause und habe dann versucht, mein Kind in einer der Kinderkrippen in der Nähe unter zu bekommen. Das hat vorerst auch problemlos funktioniert. Nach einer kurzen Eingewöhnungszeit in der Krippe konnte ich meine Arbeit wieder aufnehmen und habe Vollzeit gearbeitet. Ich brachte als Erstes meinen Sohn um sechs Uhr zur Krippe, rannte durch das gesamte Plattenbaugebiet, um den Bus zur Arbeit nicht zu verpassen, der 15 Minuten nach sechs abfuhr. Um 06.30 Uhr musste ich pünktlich im Betrieb sein. Zwischenzeitlich hatte ich bei den Verkehrsbetrieben auf Grund der unmöglichen Dienstzeiten gekündigt und arbeitete als Buchhalterin in einer kleinen Firma, die Straßenleuchten herstellte. Wenn ich Glück hatte und keine der Bahnen und Busse sich verspätete oder gar ausfiel, war ich pünktlich, um meinen Sohn abends gegen 17.30 Uhr wieder abzuholen. Es tat mir in der Seele weh, mein Kind so früh dort abzugeben, umso mehr freute ich mich darauf, ihn abends wieder in die Arme zu schließen. Ich hatte eine 43-Stunden-Woche und konnte eine Teilzeitstelle auf Grund des schmalen Gehaltes nicht annehmen. Wenn mein Kind krank wurde, bekam ich als Alleinerziehende sechs Wochen bezahlt. Das hört sich viel an, aber nicht, wenn die sechs Wochen bezahlte Krankheitstage, wie in meinem Fall, im Mai bereits um waren. Auf Grund der vielen anfälligen

Kinder in der Kindereinrichtung war mein Sohn ständig krank. Ich bekam daher kein Geld mehr und mir blieben lediglich 50,- Mark Kindergeld und 125,- Mark Unterhalt vom Vater. Die Wohnung kostete warm mit Strom über 70,- Mark. Der Sprössling war in der Wachstumsphase und brauchte dringend neue Sachen, und essen mussten wir auch noch. In der DDR gab es kein Sozialamt, um Sozialleistungen wie Wohngeld oder Betreuungsgeld zu beantragen. Aber ich habe aus lauter Verzweiflung allen Mut zusammengenommen und bin zur Stadt gegangen, um wenigstens eine Einmalzahlung zu bekommen.

Da saß ich nun auf dem leeren Flur der Stadt im Bereich Jugendfürsorge und wartete über eine Stunde, um Hilfe zu bekommen. Nachdem die Damen dann mit Kaffee holen und trinken fertig waren, habe ich zaghaft an die große schwere Tür geklopft. Die Frauen haben aber nicht reagiert. Um mir endlich Gehör zu verschaffen, ging ich ohne Aufforderung einfach rein. Nachdem sie sich über ihre Wochenendpläne ausgetauscht hatten, schilderte ich ihnen meine Situation, worauf die Dunkelhaarige antwortete: »Was meinen Sie, was wir sind? Wir können Ihnen da auch nicht helfen!«

Die andere Dame zeigte auf die Tür, was so viel heißen sollte, dass ich jetzt wieder gehen darf. Na großartig, dachte ich und meinte nur: »Dann gibt es halt das erste Kind im Sozialismus, das Verhungern wird. Das wird im Westen die Schlagzeile schlechthin!« Ich schnappte mir mein Kind und verließ unter Tränen den Raum. Am Ende des langen Flurs angekommen, hörte ich wie eine der Damen mir noch hinterherrief: »Gehen Sie doch bei ihren Eltern betteln.«

»Was aber, wenn man keine hat?«, schrie ich zurück.

Ich weiß nicht, wie viel Demütigungen ich an diesem Tag noch ertragen hätte, um nicht Amok zu laufen. Daher entschloss ich mich, nach Hause zu fahren. Ich hatte nicht einmal mehr Geld für die Fahrkarten, also fuhr ich schwarz mit der Bahn. Zu Hause angekommen überlegte ich, was ich noch machen könnte. Am nächsten Tag fuhr ich zum Gericht, um mich in Sachen »Alimente« beraten zu lassen. Der Vater des Kindes verdiente auf Grund seines Nebenjobs um die 4000,- Mark. Das habe ich während des Scheidungstermins erfahren, so dass ich hier auf mehr Unterhalt hoffte. Aber man sagte mir im Gericht, dass der Höchstsatz in der DDR bei 125,- Mark lag, egal ob der Unterhaltspflichtige mehr verdiente oder nicht. Unterhalt für die Frau war nach DDR-Recht überhaupt nicht vorgesehen, so dass ich auch nichts erwarten konnte. Noch am selben Tag fuhr ich in den Betrieb und sprach mit einem Kollegen, der den Freien Deutschen Gewerkschaftsbund (FDGB) in unserem Betrieb vertrat. Die Hauptaufgaben des FDGB waren das Organisieren der Sozialversicherung, die Sicherung des FDGB-Feriendienstes durch Vermittlung von billigen Urlaubsreisen (innerhalb der DDR und des Ostblocks) sowie der Betrieb von FDGB-Ferienheimen und Fahrgastschiffen. Weiterhin vertrat er die Wahrung der Interessen der Werktätigen im Betrieb (Sozialfonds, Arbeitsschutz, Prämienausschüttungen etc.) Mein Kollege war hauptamtlicher Funktionär in der Funktion des Betriebsgewerkschaftsleiters. Die Mehrheit der Gewerkschaftsfunktionäre waren Mitglieder der SED und erfüllten treu den Klassen- und Parteiauftrag. In der heutigen Zeit heißen diese Menschen Betriebsrat. Die ich bislang kennengelernt habe, arbeiten getreu nach den Vorgaben der Geschäftsführung, daher war ich nie Mitglied einer Gewerkschaft und habe auch die Möglichkeit, dem Betriebsrat beizutreten, abgelehnt. Nur wenige setzten sich in der Vergangenheit für die Interessen der Arbeitnehmer ein, sehen ihre Mitgliedschaft im Betriebsrat eher als Schutzfunktion. Warum sollten sie sich dann noch um die Sorgen der anderen kümmern.

Nun aber zurück zu meinem Kollegen des FDGBs. Er hatte gerade Zeit, um sich meine Sorgen anzuhören. Mein Kollege zeigte sich sehr erschüttert und nachdenklich. Da ich von den Sozialfonds wusste, habe ich ihn gefragt, ob eine finanzielle Unterstützung möglich sei, da ich nichts mehr zu Essen hatte. Er verließ den Raum und bat mich zu warten. Nach einer Weile kam er wieder und fragte mich, ob ich denn schon mehr Unterhalt für das Kind verlangt hätte. Ich erzählte ihm von meinen Erfahrungen bei der Stadt und im Gericht. Er saß regungslos da und schaute mich während meiner Erzählung mitleidig an. »Ja, was können wir da denn machen? Hm«, kam es von der anderen Seite des Tisches. »Vielleicht helfen?«, fragte ich ihn.

»Ja, ich habe gerade mit dem Betriebsleiter gesprochen, der eine einmalige Summe aus dem Sozialfonds in Höhe von 80,- Mark vorgeschlagen hat.«

Weil das bereits die höchste Einmalzahlung im Jahr war, brauchte ich nicht länger auf die Tränendrüsen drücken, mehr ging eben nicht! »Naja ein Tropfen auf dem heißen Stein, aber immer noch mehr als ich erwartet habe«, meinte ich zu seinem Vorschlag.

Er bot mir aber an, mit dem Arbeitgeber meines Exmannes zu sprechen, dass ich zu seinem Schutz aber ablehnte. Da bereits meine Nachbarn mit der Stasi Ärger bekommen hatten, wollte ich nicht, dass er auch welchen bekäme. Oder aber die beiden Männer kannten sich bereits aus dem Nebenjob. Egal, ich wollte es nicht! Also nahm ich die 80 Mark entgegen und unterschrieb dafür die Quittung.

Eines Tages bekam mein Sohn einen starken Hustenanfall und röchelte stark nach Luft. Er hat sich nicht beruhigen können, lief schon blau an, so dass ich Angst bekam. Mitten in der Nacht gegen 01.30 Uhr zog ich den Jungen an und ging mit ihm runter zur Telefonzelle, um den Notarzt zu rufen. Am anderen Ende hatte ich eine Frau am Apparat, die sich meine begründeten Sorgen anhörte. Ich bekam Folgendes zu hören: »Ich kann Ihnen keinen Arzt schicken, da alle unterwegs sind, sie müssten sich schon herbemühen!«

»Was? Ich müsste jetzt laufen, weil keine Bahnen oder Busse fahren und zu ihnen sind es mindestens acht Kilometer. Wann soll ich denn da ankommen?«

»Ich kann Ihnen niemanden schicken«, hörte ich noch, bevor die Dame einfach auflegte. Großartig und Dankeschön für die herzliche Verabschiedung, dachte ich und ging verzweifelt zurück. Mein Sohn hustete immer schlimmer. Geld für ein Taxi hatte ich nicht, also blieb ich angezogen und setzte mich auf meinen Sessel, den ich vorher ans offene Fenster rückte. Auf meinem Arm hielt ich mein schwerkrankes Kind, dem die Luft immer wieder ausging. Ich dachte, die frische Luft tut ihm vielleicht gut und blieb einfach am Fenster sitzen. Tatsächlich, er beruhigte sich etwas und schließlich bin ich mit ihm auf dem Arm eingeschlafen. Zu diesem Zeitpunkt war mein Kind fast zwei Jahre alt und es war Herbst. Irgendwann schlich mir die kalte Luft in die Knochen und ich wachte auf. Mein Junge hat Gott sei Dank noch geatmet, musste aber immer wieder husten. Ich machte mich auf den Weg zum Kinderarzt, das Wartezimmer war wie immer überfüllt. Die Ärztin diagnostizierte einen Pseudokrupp, der mit starkem Husten verbunden war und natürlich gefährlich werden konnte. Instinktiv habe ich das Richtige getan und für frische Luft gesorgt. In dem sogenannten Plattenbau gab es einen alleinstehenden Nachbarn, der direkt unter mir wohnte. Er war Ende 40, geschieden und hatte eine Tochter in meinem Alter. Weil man sich des Öfteren, gewollt oder ungewollt, im Hausflur getroffen und Sorgen ausgetauscht hat, wusste er über meine Probleme Bescheid. In meinen Augen war er anfangs ein Vaterersatz und der Opa für meinen Sohn. Da ich mein Geld für die Versorgung meines Kindes brauchte, habe ich persönlich zurückgesteckt, was wahrscheinlich jede Mutter für ihr Kind machen würde. Also gab es keinen Kaffee, kein Fleisch, keine Wurst, neue Klamotten, Friseurbesuche und von Ausflügen oder mal Essen gehen rede ich erst gar nicht. Manchmal habe ich den ganzen Tag nichts gegessen. Hin und wieder hat der freundliche Nachbar morgens einen Kaffee vorbeigebracht und uns abends zum Abendbrot eingeladen. Der Tisch war reich gedeckt und ich kam mir komisch vor, aber was sollte ich machen? Ich war froh, dass ich solch einen freundlichen und hilfsbereiten Nachbarn hatte. Allerdings kam er eines Tages auf die Idee, mir Geld anzubieten. Das kam mir seltsam vor und ich lehnte ab. Einige Zeit später lud er uns wieder zum Abendbrot ein. Wir haben uns unterhalten und ich erzählte ihm die Geschichte aus der Jugendfürsorge, dem Gericht und den lächerlichen 80 Mark, mit denen ich gerade mal zwei Wochen über die Runden kam. Zu diesem Zeitpunkt zeichnete sich auch noch nicht ab, dass mein Sohn wieder gesund würde. Mein Nachbar zeigte sich verständnisvoll und bot mir tatsächlich 100 Mark an, aber nur für eine gewisse Gegenleistung.

»Wenn du mit mir schläfst, wären deine Probleme weg«, hörte ich ihn sagen. Ich dachte, dass er scherzt, und habe gelacht. Aber als er sein Angebot wiederholte und mich dabei sehr ernst ansah, habe ich ihm zu verstehen gegeben, dass ich mich nicht prostituieren muss, um mich und mein Kind zu versorgen. Schon gar nicht mit so einem alten Sack!

Fluchtartig verließ ich die Wohnung und habe diese nach dem Vorfall nicht mehr betreten. Kurze Zeit später bin ich umgezogen und habe in der neuen Umgebung keinen Kitaplatz bekommen, so dass ich noch früher mit dem Kind aufstehen musste. Bereits morgens um 5.30 Uhr habe ich mich mit meinem Sohn auf den Weg gemacht, um pünktlich um 6.30 Uhr auf der Arbeit zu sein.

Es war Juni 1990 und das historische Ereignis lag über ein halbes
Jahr zurück. Nur noch wenige Wochen und wir sollten die D-Mark
bekommen! Toll, dachte ich und konnte diesen Tag kaum noch erwarten. Ich hatte mir bereits bei Karstadt ein neues und größeres
Portemonnaie gekauft, um die größeren Scheine unter zu bekommen. Es war aus echtem Leder, damit es auch mehrere schwere
Münzen tragen konnte. Das Alublech aus dem Osten war ja so
leicht, 100 Geldstücke wären nicht spürbar gewesen. Seit der Gren-
zeröffnung war es uns Ostdeutschen möglich, nach Westberlin zu
fahren, um dort die begehrten Westprodukte einzukaufen. Aber es
dauerte nicht lange und wir bekamen sie auch in unseren Kauf-
hallen. Durch das Schaufenster habe ich gesehen, wie die bunten
Produkte in die Regale gestapelt wurden. Ich freute mich und ging
hinein, weil ich nach den gut riechenden Produkten Ausschau halten wollte. Ich glaubte nicht, was ich da sah! Was? Sind die blöde? Haben die den Verstand verloren? Die wollten tatsächlich für
Kloreiniger 8,49 Ostmark! Nee, dachte ich und ließ den Reiniger
stehen. Bisher ging es mit Essig und Backpulver, dann wird es auch
zukünftig so gehen! Für ein Markenprodukt wie »Meister Proper«
wollten die tatsächlich über zehn Ostmark. Zu dieser Zeit habe ich
gerade mal 700,- Mark verdient und das war schon viel! Die Miet-
erhöhung für meine Bruchbude von 79,- Mark auf 280,- Mark steckte mir noch in den Knochen, also musste ich irgendwie mein Geld
zusammenhalten. Wir wussten nicht, was die Zeit noch so alles mit
sich bringen würde. Mein Geburtstag rückte immer näher und die
Währungsunion auch. Um mit meinen Freunden und Nachbarn,
die noch im Osten die Stellung gehalten haben zu feiern, wollte ich
einen Grillabend veranstalten. Ganz traditionell mit Kartoffelsalat
und Würstchen. Dazu musste ich nur noch Brot, Kartoffeln und die
geplanten Würstchen für den Grill einkaufen. Ich radelte mit zwei
Stoffbeuteln bestückt zur Kaufhalle und schloss das Rad davor ab.
Was war hier denn los? Vor der Kaufhalle standen lauter Westautos
und ich wunderte mich, was die wohl in unserem Laden suchten.
Die Produkte können, die doch im Westen, viel billiger einkaufen.
Bei meinen Überlegungen habe ich aber nicht an das günstige Brot
und Gemüse aus dem Osten gedacht. Ich suchte die Regale nach

Baguette und Kartoffeln ab, aber vergebens! Alle Regale waren leer und an der einzigen geöffneten Kasse stauten sich die Menschen. Da sich die Westdeutschen mit solchen Zuständen wohl nie befassen mussten, haben die Ersten schon gemotzt, als ich durch die Gänge schlich. »Geht es bald weiter?«, rief einer von hinten. »Kann denn nicht die zweite Kasse aufgemacht werden?«, fragte ein zweiter Kunde.

»Nee, ick bin alleene hier«, antwortete die sichtlich genervte Kassiererin.

Aber anstatt mitleidiger Blicke oder mitfühlender Worte erntete die arme Frau den ganzen Frust der Kunden. Weil ich nichts gefunden habe, was ich für meine Party noch gebrauchen konnte, ging ich an der Kasse vorbei.

»Ick würde Ihnen ja helfen, aber ick habe det nich jelernt«, habe ich ihr zugeflüstert.

»Dat ist nett!« Sie grinste und meinte nur: »Die arroganten Wessis können och mal zehn Minuten stehen, damit die wissen, wie es uns hier 40 Jahre lang ergangen ist!«

Es ist gekommen, wie es kommen musste und eener der Wessis hat det jehört! Bevor ick in so een Volksuffstand jerate, verschwinde ick lieber, dachte ick mir so und verließ den Laden so schnell wie der kleene Muck, der im Schlosspark um den Teich jerannt ist.

Ich fuhr mit meinem Fahrrad in einen anderen Laden. Auch hier alle Regale leer!

Wat ist dat denn? Die Wessis kaufen unsere Läden leer! Für mich war das zwar nicht neu, dass ich mehrere Läden abklappern musste, bis ich alles für eine Party zusammenhatte, aber Kartoffeln und Brot habe ich immer bekommen! So etwas habe ich noch nie erlebt. Ich machte mir Sorgen, dass meine Party ins Wasser fällt, wenn ich keine Kartoffeln bekomme! Ich suchte eine Nachbarin auf, der ich von meinen Einkaufserlebnissen erzählte.

»Mach doch Nudelsalat!«, schlug sie mir vor.

 »Gute Idee«, meinte ich und zog gleich los, um Nudeln zu kaufen. Aber auch die günstigen Nudeln waren in den Regalen nicht aufzufinden. Aus Verzweiflung über diesen Versorgungsnotstand, trotz Mauerfall, habe ich alle Nachbarn gefragt, ob die noch Nudeln für einen Salat übrighaben. Wir haben alle zusammengelegt und es wurde ein bundgemischter Salat. Trotzdem hatte ich aber immer noch kein Brot und keine Würstchen! Ich fuhr zusätzlich alle Bäckereien und Fleischereien ab und bekam langsam, aber sicher Panik! Es war nichts zu machen, ich habe kein Brot und keine Würstchen bekommen! Kurz vor Beginn meiner Party bin ich dann mit einem Bekannten in den Westteil Berlins gefahren, um im Supermarkt einzukaufen. Kaum zu glauben, aber war! Hier bot sich ein wundersames Bild, als wir den Laden betraten. Wir waren so ziemlich die Einzigen, die sich an diesem Tag für die Produkte aus dem Westen interessierten. Bis auf ein paar andere Ostdeutsche, die vielleicht auch für eine Party einkaufen wollten. Die Verkäufer schauten uns mit blankem Entsetzen an. Was für ne verkehrte Welt! dachte ich. Ich konnte das erste Mal in meinem Leben so richtig entspannt für meine Party einkaufen. Trotzdem konnte ich mir an der Kasse aber nicht verkneifen zu sagen, dass sich der Laden bestimmt zum Wochenende hin schlagartig füllen wird, weil die Ostdeutschen dann alle kommen.»Wie kommen se denn da druff?«, fragte mich die Kassiererin.»Na, wat meinen Sie, warum ick hier bin? Da drüben gibt es fast nüscht mehr!«»Die Berliner koofen uns allet weg!«, ergänzte meine Begleitung.

»Morgen gibt es da drüben nüscht mehr und dann werden die wieder hier einkaufen müssen«, sagte ich und ergänzte meine Ausführungen:»Hoffentlich gibt es keenen Uffstand!«

»Jetzt haben wa es jeschafft, dat wir friedlich uffen nander zujeh'n und jetzt so wat?« Die Verkäuferin schaute uns an und lächelte etwas ungläubig. Vielleicht hat sie sich aber innerlich über uns lustig gemacht. Was soll's, ich war froh, dass ich für meine Party alles zusammenhatte.

»Jetzt nüscht wie nach Hause«, meinte ich zu meinem Begleiter, der mir netterweise anbot, den Grill gleich anzuschmeißen, sobald wir heile ankommen. Der Trabbi, mit dem wir unterwegs waren, keuchte nämlich sehr verdächtig. Er hat es aber geschafft. Mit den Nachbarn und ein paar Freunden habe ich dann meinen Geburtstag feiern können. Die Aufregung zuvor war schnell vergessen und es wurde wie immer eine super Party. Eine Woche später hielt ich dann das ersehnte Westgeld in den Händen.

10. Teil

So schnell können 100 Jahre vergehen!

Wer zu spät kommt, den bestraft das Leben

Ich war entsetzt, als ich am 19. Januar 1989 eine Rede von unserem Staatsmann Herrn Honecker im Fernseher miterlebte. Aus dieser Rede entstand ein Zitat, das für viel Aufregung sorgte. »Die Mauer wird in 50 und auch in 100 Jahren noch bestehen bleiben. Die Mauer wird so lange bleiben, wie die Bedingungen nicht geändert werden, die zu ihrer Errichtung geführt haben. Sie wird auch noch in 50 und auch in 100 Jahren noch bestehen bleiben, wenn die dazu vorhandene Gründe nicht beseitigt sind«, waren seine Worte.

Ich habe tatsächlich Menschen kennengelernt, die behaupteten, dass Honecker Recht gehabt hat, mit dem was er sagte und man sich das Zitat genauer anschauen sollte. Dann gab es wieder solche, die behaupteten, Honecker hätte sich geirrt. Nachdem ich sehr angeregt über dieses Zitat nachgedacht habe, bin ich zum Entschluss gekommen, dass er doch geirrt hat. Denn was Honecker tatsächlich meinte, war nach meiner Ansicht: Die Mauer wird stehen bleiben, es sei denn, der kapitalistische Klassenfeind (die imperialistische Bundesrepublik, die gleichzeitig zur Errichtung der Mauer geführt hatte) besteht nicht mehr. Nun ist es aber so, dass es die Bundesrepublik noch gibt und die Mauer aber weg ist (abgesehen von ein paar Museumsstücken). Also hat er sich folglich doch geirrt!

Honeckers Ausspruch, dass »weder Ochs noch Esel den Sozialismus in seinem Lauf aufhalten könnten«, stammt vom 14. August 1989 und fand umso mehr Beachtung, als dies der einzige öffentliche Auftritt des Schwerkranken in diesem Krisenjahr war. Er nahm Musterexemplare von 32-Bit-Mikroprozessoren aus dem VEB Kombinat Mikroelektronik »Karl Marx« in Erfurt entgegen. Zeitgleich befanden sich 200.000 DDR-Touristen in Ungarn, von denen viele nicht wieder in die DDR zurückkehren wollten.

Am 6. Oktober 1989, zum »Republikgeburtstag«, zitierte er den Slogan erneut. Da hielt er im Palast der Republik eine Rede zum 40. Jahrestag der DDR, auf die der anwesende Generalsekretär der KPdSU Michail Gorbatschow mit dem viel zitierten Ausspruch reagierte: »Wer zu spät kommt, den bestraft das Leben«. Diesen Mann fand ich sehr bemerkenswert, denn er brachte den politischen Stein ins Rollen.

Im Herbst 1988 und im Frühjahr 1989

waren Wahlen in der DDR und ich ging wie immer nicht hin. »Die Auszählung der Stimmen erfolgt im Wahllokal. Sie ist öffentlich.« So hieß es im Wahlgesetz der DDR von 1976, Paragraf 37. Kann denn etwas falsch sein, was im Gesetz ausdrücklich vermerkt ist? Nachdem das Wahlergebnis von 99 Prozent feststand, wurde dieses Ergebnis von der SED-Führung veröffentlicht. Es wurde Unmut in der Bevölkerung laut. Die Zahlen konnten beim besten Willen nicht stimmen. Daher kamen gleich mehrere Gruppen von Bürgerrechtlern in Berlin, aber auch in anderen Städten darauf, das Recht der Wahlbeobachtung wahrzunehmen. Da sich unter den Wahlbeobachtern sicherlich auch wieder diese Hunde mischten, habe ich zum Schutze meines Kindes nicht als Wahlbeobachter fungiert. In unserem Ort waren wir nur eine kleine Gruppe Oppositioneller. Von Wahllokal zu Wahllokal wurde die Möglichkeit der Beobachtung verschieden gehandhabt, das hatte zufolge, dass nicht 100-prozentig beobachtet werden konnte. Am Abend des 07. Mai 1989 trafen sich die Beobachter in der Kirche oder in anderen Einrichtungen. Es haben sich bei uns erstaunlich viele Aktivisten eingefunden und im DDR-Fernsehen verkündete Egon Krenz das Wahlergebnis. Ich dachte, ich höre nicht richtig und es hat ein Aufschrei der Wut gegeben. Ich habe mich fürchterlich aufgeregt. Das offizielle Wahlergebnis lautete 98,85 Prozent. Aber dank der Wahlbeobachter konnten die Oppositionellen dokumentieren, dass die Ergebnisse ganz anders ausgefallen waren. Nach meiner Ansicht ein fataler Fehler der DDR-Regierung, denn mir war klar, dass sich die Leute dagegen wehren würden. Wir taten das auch und fuhren nach Berlin. Hier haben wir demonstriert und unsere Plakate zeigten unseren Unmut. Schnell wurde unsere Gruppe von den Hunden zerschlagen. Im wahrsten Sinne des Wortes fielen die Kerle über uns her und ich konnte mich gerade noch so in eine S-Bahn retten. Ein Freund von mir wurde fast totgeprügelt und saß für einige Zeit im Stasiknast. Später wurde mir klar, in welche Situation ich mich wieder gebracht hatte. Wenn die mich erwischt hätten, wäre mir mein Kind sicherlich weggenommen und zwangsadoptiert worden. Nach der Wende hörte ich immer wieder solche Geschichten. Daher war ich froh, dass ich diese aufregende und spannende Zeit unbeschadet überlebt habe. Allerdings wurde ich immer mutiger, weil ich auch etwas bewegen und nicht tatenlos zusehen wollte, wie die Hunde das Volk tyrannisieren. Außerdem wollte die Staatsführung die Bevölkerung für dumm verkaufen. Wir waren aber kein dummes Volk, schließlich haben wir eine sehr gute Schule genießen dürfen. Gut, ich gebe zu, nicht alle hatten die Gedanken wie ich oder meine Freunde,»die Oppositionellen«. Trotzdem waren es genug, um auf die Straße zu gehen und zu demonstrieren. Umso erstaunter war ich, als ich hörte, dass ab September 1989 wenigstens 200.000 Menschen über Ungarn nach Österreich wollten bzw. auch waren. Bereits seit August 1989 belagerten DDR-Bürger die Prager Botschaft und warteten hier auf ihre Ausreise. Als ich das hörte, habe ich für einen kurzen Moment überlegt, ob ich nicht mein Kind schnappen und auch verschwinden sollte. Einige Tage später kamen Freunde zu mir. Wir schauten uns im Fernseher die Bilder aus der Prager Botschaft und die Videos der heimlichen Flucht über die ungarische Grenze nach Österreich an. Wir haben darüber gesprochen, ob wir uns nicht auch diesen Menschen anschließen wollten, weil keiner genau wusste, was in der DDR noch so passieren würde. Aber ich habe versucht, realistisch zu denken und meinte, dass die Mauer bald fallen würde und die Leute aus der Prager Botschaft mit Sicherheit ausreisen dürften.

»Meinst du?«, fragten mich meine Freunde ganz verunsichert. Da muss etwas passieren, sonst sind bald 500.000 Menschen weg! Es muss auch noch ein paar Oppositionelle im Land geben. Außerdem wollte ich meinem kleinen Kind diesen Stress nicht zumuten. Wir haben beschlossen zu bleiben, um einfach abzuwarten, was noch alles so passiert. An einen gewaltsamen Aufstand oder gar Krieg hat in diesem Moment keiner gedacht, weil sich mit Gorbatschow und der Grenzöffnung der Ungarn politisch einiges ändern würde, ohne jemals Blut zu vergießen. Da waren wir uns sehr sicher. Trotzdem hat man immer wieder gehört und auch erlebt, dass die Stasi friedliche Demonstrationen gewaltsam aufgelöst hat. Seit September 1989 haben wir uns immer wieder getroffen, um an solchen

Demonstrationen teilzunehmen. Mir war zwar angst und bange, weil die Stasi unberechenbar war, aber es wurden immer mehr Menschen auf der Straße, die nach der Freiheit für das Volk riefen. Es war ein unbeschreiblich tolles Gefühl und wir zogen mit unseren Plakaten an der Stasizentrale vorbei.

Ich kann mich noch an eine blonde Frau, ca. Mitte 50, erinnern, die hinter der Gardine vorlugte und ganz entsetzt auf die Demonstranten schaute. Ein Mann vor mir hat sie auch bemerkt und schrie: »Na, da staunste Alte! Wir sind jetzt das Volk und Ihr könnt uns nüscht mehr!«

»Kiek mal«, sagte er zu seinem Nachbarn und stupste ihn mit dem Ellenbogen an. »Die Olle hat sich verzogen, die bekommen jetzt richtig Schiss und deren Arsch läuft auf Grundeis. Die machen wir fertig!«

Ringsum haben sich viele Menschen so geäußert und ich hatte Angst, dass sich aus der jahrelangen zurückgehaltenen Wut eine Explosion entfacht. Ich hoffte auf die Vernunft dieser Leute. Bis zum historischen Tag blieben die Menschen aber ruhig und friedlich.

Wie ein Missverständnis die Welt veränderte

Am Abend des 09. November 1989 hält Günter Schabowski, Mitglied des Politbüros der SED in Ostberlin eine Pressekonferenz vor Journalisten aus aller Welt, die vom Fernsehen der DDR live übertragen wird. Ich habe zum ersten Mal seit langem um 19.00 Uhr die aktuelle Kamera angesehen. Diese wurde aus aktuellem Anlass vorverlegt und der Sandmann für die Kinder fiel zum ersten Mal aus.

Schabowski holte einen Zettel aus seiner Aktentasche und las stockend vor. »Privatreisen nach dem Ausland können ohne Vorliegen von Voraussetzungen wie Reiseanlässe und Verwandtschaftsverhältnisse beantragt werden. Die Genehmigungen werden kurzfristig erteilt. Die zuständigen Abteilungen Pass- und Meldewesen der Volkspolizeikreisämter in der DDR sind angewiesen, Visa zur ständigen Ausreise unverzüglich zu erteilen.« Schabowski ist sich nicht sicher, was er da eigentlich vorgelesen hat und wird schon mit einer weiteren Frage konfrontiert: »Gilt das auch für Westberlin?«

Er zuckt mit den Schultern und antwortet: »Also, doch, doch«, und las dann weiter vor:»Die ständige Ausreise kann über alle Grenz-übergangsstellen der DDR zur BRD bzw. nach Westberlin erfolgen.« Dann stellt ein italienischer Journalist die entscheidende Frage:»Wann tritt das in Kraft?«, und Schabowski antwortet:»Das tritt nach meiner Kenntnis«, ... er suchte in seinen Papieren nach der Antwort und meinte dann,»sofort und unverzüglich in Kraft.« Das konnte ich nicht glauben und schaltete um 20.00 Uhr die Tagesschau im Ersten an. Wieder die gleiche Pressekonferenz, die gleichen Worte und wieder saß ich da und konnte nicht glauben, was ich gehört hatte! Nun flatterten minutenweise neue Bilder von den Grenzübergängen rein. Die Menschen standen vor der Grenze und forderten die sofortige Öffnung. Sie wurden immer mehr und alle riefen:»Tor auf! Tor auf!«

Aber die Grenzsoldaten hielten ihre Position.»Wissen die das denn nicht?«, fragte ich mich, weil die überhaupt nicht reagierten. Es wurde immer später und an der Grenze tat sich nichts. Da ich am nächsten Tag wieder früh gegen 04.30 Uhr aufstehen musste, ging ich ins Bett. Natürlich konnte ich nicht gleich schlafen. Vor lauter Aufregung stand ich immer wieder auf. Ich holte mir das Radio ans Bett und hörte im Halbschlaf den Jubel der Leute. Als ich morgens wach wurde, habe ich noch nicht wirklich realisiert, was passiert war. Also lief ich auf dem direkten Weg ins Wohnzimmer und schaltete sofort den Fernseher ein. Die Ereignisse am Vorabend haben mich hoffen lassen, dass diese blöde Mauer endlich gefallen sei. Obwohl ich wenig geschlafen hatte, war ich hellwach. Mit der Fernbedienung habe ich das ZDF eingeschaltet. Was ich dann gesehen habe, verschlug mir aber die Sprache und ich fing, an wie ein Schlosshund zu heulen. Mein Sohn kam zu mir und fragte mich, warum ich so traurig sei?»Ich bin nicht traurig, sondern freue mich ganz doll!«, habe ich geantwortet. Nach einer kurzen Pause nahm ich ihn in den Arm und drehte mich mit ihm im Kreis und jubelte »Wir sind frei, wir sind frei!

Die Mauer ist gefallen!«

Da wurde der gute Schabowski aber nicht ausreichend mit Informationen versorgt, dachte ich so und grinste vor mich hin. Dieses Missverständnis hat uns zu freien Menschen gemacht! Ich war nach langer Zeit wieder ein überaus glücklicher Mensch.

Ein Tag nach dem Mauerfall

Nachdem ich ab 04.30 Uhr morgens gefühlte Stunden vor dem Fernseher gesessen hatte, um mir die Bilder der Freude und des Glücks der Menschen anzusehen, musste ich mich für die Arbeit fertigmachen. Mein kleiner Sohn hatte großen Spaß daran, sich von mir durch die Luft wirbeln zu lassen. Ich war innerlich so aufgewühlt und glücklich, dass ich mich mit dem Kind auf dem Arm immer wieder im Kreis gedreht habe und Jubelschreie von mir gab. Mein Sohn fand das alles recht lustig und machte mit. Er wollte anschließend nicht mehr in die Kita. Im ersten Moment habe ich überlegt, zu Hause zu bleiben, um mit ihm nach Westberlin zu fahren und die Freiheit mit den vielen Menschen auf der Straße zu feiern. Aber ich wollte mir diesen Stress nicht antun und brachte mein Kind in die Kita. Anschließend fuhr ich zur Arbeit und war auf die Reaktion der Kollegen gespannt. Als ich die grauen und lieblosen Räume der Firma betrat, ging ich links in das erste Büro. Es war ein sogenanntes Großraumbüro, indem vier meiner Kolleginnen saßen. Eigentlich! Mich wunderte es nicht, dass ich nur eine Kollegin begrüßen konnte. Sie schaute mich entsetzt an und sagte: »Dich hätte ich jetzt am wenigsten erwartet.« Als Erstes nahmen wir uns in die Arme und ich setzte mich zu ihr. Ohne auf die Uhr zu schauen, tauschten wir uns gerade über die Ereignisse der vergangenen zwölf Stunden aus, als plötzlich unsere Chefin die Nase zur Tür reinsteckte. Es war gerade 6.35 Uhr und sie schrie uns an, dass es nichts zu quatschen gäbe und wir uns auf unsere Arbeitsplätze setzen sollten. Diese Frau hat mich die ganze Zeit vorher schon tyrannisiert und mich aufgrund meiner Antihaltung zum Sozialismus gehasst. Dieses Gefühl beruhte auf Gegenseitigkeit, denn sie war mir wegen ihrer linientreue sehr unsympathisch. Sie gehörte zu den Menschen, die ihre eigenen Familienangehörigen verraten hätten.
Mürrisch nahm ich meine Tasche und schlich die Treppe hoch in mein Büro und die alte Hexe nahm den gleichen Weg. Ohne mich umzudrehen und ohne ein Wort habe ich meine Bürotür aufgeschlossen und ging schnell rein. Ich war froh, als sich die Schritte meiner Chefin entfernten und sie mir nicht noch eine Moralpredigt gehalten hat. Das konnte ich an so einem Glückstag nun wirklich nicht gebrauchen.

Ich befasste mich anschließend, man mag es kaum glauben, mit der anstehenden Arbeit, obwohl mir das ehrlich gesagt sehr schwerfiel. Immer wieder hatte ich die Fernsehbilder vor den Augen und ich freute mich innerlich so sehr, dass ich keinen klaren Gedanken fassen konnte. Daher fasste ich den Entschluss, einen Rundgang durch den Betrieb zu machen, um zu sehen, wer noch so doof war, am Tag des Mauerfalls arbeiten zu gehen. Naja, viele habe ich nicht angetroffen. In dem Moment fand ich die Erziehung meiner Eltern in Sachen Pflichterfüllung und Pünktlichkeit so ziemlich blöd, aber es war nicht zu ändern. Oder sollte ich mich einfach krank abmelden? Nein! Ich konnte es nicht. Wie auch immer, ich kämpfte mich bis zum Feierabend durch. Zwischenzeitlich hielt unsere Chefin uns zwei Verbliebenen doch noch eine Moralpredigt über pünktlichen Arbeitsbeginn. Ich habe sie gefragt, ob sie die letzten zwölf Stunden verschlafen und die politisch wichtigen Ereignisse nicht mitbekommen hatte. »Ausgerechnet Sie müssen jetzt eine Predigt über pünktliches Erscheinen halten. Sie selbst sind doch auch später gekommen oder früher gegangen, wenn es mal wieder Bananen oder andere Sachen aus dem goldenen Westen gab.« Sie wurde wütend und lief heulend aus dem Büro. Welch eine Tragödie muss sich in dem Moment in ihrem Kopf abgespielt haben? Sie schrie noch, dass sich die anderen Kollegen warm anziehen könnten, weil die unentschuldigt gefehlt haben. Wütend rief ich ihr noch hinterher, dass die Kollegen sicherlich alle ihre Gründe fürs Fernbleiben von der Arbeit haben und entsprechend einen Nachweis vorlegen würden. Bis auf wenige waren tatsächlich alle so schlau und haben einen Krankenschein abgegeben. Später habe ich es echt bedauert, dass ich nicht den Mut hatte, einfach wegzubleiben. Aber es waren ja auch nicht alle Ostdeutschen arbeitsfaul und so abgebrüht, wie manch einer vielleicht denkt!

Wer will noch nen Toast?

Ich habe mich tatsächlich einige Tage später mit meinem Sohn und ein paar Freunden auf den Weg nach Westberlin gemacht. Mensch war ich aufgeregt. Ich holte meine besten Klamotten aus dem Schrank, denn schließlich wollte ich nicht als Ostdeutsche erkannt werden. So richtig überzeugt war ich von meinem Outfit nicht, aber ich versuchte es zumindest, was die anderen aus der Reisetruppe nicht taten. Nicht, dass ich mich geschämt habe. Aber ich wollte einer Konfrontation mit den Gegnern des Mauerfalls aus dem Wege gehen. Den Medien zufolge gab es diese und das nicht nur im Osten. Wir trafen uns bei mir und saßen in der Küche am großen runden Tisch und sprachen über die Ereignisse. Mit den gleichen Leuten saß ich schon einmal hier und wir spielten damals mit dem Gedanken, über Ungarn zu fliehen. »Wisst Ihr noch?«, fragte ich in die Runde und merkte an, dass wir vor einigen Wochen auch hier saßen und den Plan hatten, das Land zu verlassen. An diesem Tag konnte ich kaum glauben, dass ich nur mit meinem Personalausweis und einem Visum in den Westen reisen durfte. Uns fehlten einfach die Worte. War es ein Wunder? War es ein Traum oder war es Realität? Ich glaube, mein Gefühl sagte mir, dass es ein bisschen von allem war.

»Was wollt Ihr Euch denn von den 100 Mark Begrüßungsgeld kaufen?«, fragte eine Freundin.

»Ich weiß nicht so recht, ob ich mir das Geld überhaupt hole, da komme ich mir echt blöde vor. Im Fernsehen habe ich gesehen, wie die Leute hunderte von Metern vor den Banken und Sparkassen in Westberlin standen, nur um sich das Geld zu holen. Die armen Mitarbeiter in den Banken. Darauf habe ich keinen Bock, stundenlang anzustehen, die Zeiten sind jetzt vorbei,« habe ich gesagt. Alles hat gelacht, obwohl ich es todernst meinte. Aus diesem Grund haben wir doch beschlossen, dass wir später fahren. »Erst einmal abwarten, ob wir überhaupt mit einem der Busse mitfahren können, die täglich tausende Ostdeutsche über die Grenze transportieren«, meinte ein anderer Freund.

»Naja, der größte Andrang dürfte vorbei sein«, sagte ich. Also machten wir uns wenige Tage später auf den abenteuerlichen Weg nach Westberlin. Wir standen seit einer halben Stunde an einer der vielen Bushaltestellen, die mit Menschen überfüllt waren. Es war ungemütlich und die Kälte schlich mir in die Beine. Der Bus selbst kam schon drei viertel voll bei uns an und ich nahm meinen Sohn auf den Arm, damit er nicht zerquetscht würde. Wie ich schon oft erlebt habe, ging es beim Einstieg in Bussen oder Straßenbahnen nicht gerade gesittet zu. Heute hatte ich aber Glück, denn es gab niemanden, der an unserer Haltestelle aussteigen wollte und so hat

der Busfahrer beide Türen aufgemacht. Dann kam das große Glück dazu, dass der Bus mit der vorderen Tür direkt vor meiner Nase hielt. Aber kaum, als sich die Türen öffneten, schoben und drängelten die Leute ohne Rücksicht auf Verluste. Ich hatte große Schwierigkeiten mein Kind fest auf dem Arm zu halten. Ich schrie nach hinten:»Hört mit dem Drängeln und Schieben auf, sonst tut ihr meinem Kind weh, und wenn das passiert, bekommt ihr es mit mir zu tun!« Mein Sohn schaute bereits ängstlich und ich wurde wirklich sauer. Endlich fand ich Halt im Bus und kam mir vor wie ein eingeklemmter Hering. Gott sei Dank roch es nicht nach solchen, aber die anderen Düfte waren auch nicht von schlechten Eltern. Ich bat den Busfahrer, das Seitenfenster aufzumachen, damit wir ein bisschen Luft bekommen. Die Leute waren aufgeregt und quasselten in einer Tour, so dass man sein eigenes Wort nicht verstehen konnte. Plötzlich rief ein Mann von hinten:»Wann sind wir im Westen und wo ist die Grenze?« Der Busfahrer sprach durch sein Bordmikrofon;»Das dauert noch, ich sage euch dann Bescheid«, und grinste übers ganze Gesicht. Ob er sich gefreut hat, kann ich nicht sagen, aber wenig später hat er sein Wort gehalten und sprach:»Wir kommen gleich an den Grenzübergang, bitte halten Sie Ihre Ausweise bereit«, drangen die Worte durch die Lautsprecher.»Schauen Sie mal nach links, das war alles Grenzgebiet, da durften wir Wessis auch nicht mehr hin!«, schrie er beinahe ins Mikro, weil es immer lauter im Bus wurde. Manche Menschen fingen an zu weinen, andere jubelten und ich war selbst einfach nur überwältigt und schaute ganz gespannt aus dem Fenster des Busses.»Sie müssen gleich alle aussteigen und die Ausweise bei den Grenzern vorzeigen.« Ach du meine Güte, dachte ich so, dann geht das Geschiebe und Gedrängel von vorne los.
Wir kamen am Grenzübergang an und der Busfahrer machte die Türen auf. Ich gehörte zu den ersten Leuten, die den Bus verlassen haben. Schon kamen die Kameraleute und ein Reporter auf uns zu, um uns zu fragen, wie wir das alles so finden und erleben. Ein Freund von mir wurde dann richtig interviewt und ich stand daneben. Auch mir wurden einige Fragen gestellt, aber ich hielt mich etwas zurück, weil ich den Medien kein Vertrauen schenkte, bis ich bemerkte, dass die Leute von der ARD waren.»Wenn Sie sich heute im Fernsehen sehen wollen, dann müssen Sie um 20.00 Uhr zu Hause sein«, meinte der Reporter. Kein Problem dachte ich mir und

lächelte ein letztes Mal in die Kamera, um allen Leuten zu zeigen, wie sehr ich mich freute.

Nachdem alle von den Grenzern gescheckt wurden, durfte die Reise endlich weitergehen. Von der Grenze bis nach Wannsee, unserem Ziel, waren es noch gefühlte 10-15 Minuten, bis wir den Bus verlassen konnten.

Es gab Männer, die knieten sich auf den Boden und küssten die Steine. Als ich ausstieg, bekam ich plötzlich weiche Knie und der Boden unter meinen Füßen fühlte sich an wie Watte. Ich hatte Probleme, meine Freudentränen zu unterdrücken. Wir schauten uns um, weil wir mit der S-Bahn weiterfahren wollten. Für uns war klar, dass wir auf keinen Fall bis in die City fahren, sondern etwas außerhalb des großen Trubels aussteigen würden. An der Haltestelle »Feuerbachstraße« sind wir dann raus. Wir haben uns kurzfristig dazu entschlossen, weil wir den Namen so komisch fanden. Jetzt standen wir am S-Bahnhof und es waren kaum Leute unterwegs.

Wir liefen instinktiv den anderen Menschen hinterher und kamen auf der Schlossstraße an. Hier tobte das Leben! Viel Verkehr, viele Menschen verschiedener Kulturen und viele Geschäfte. Wir schauten uns nach einer Bank um und fanden dann eine Berliner Sparkasse. Zögerlich betraten wir die Räumlichkeiten, kein anderer Kunde hatte sich hierher verirrt. Wir waren die Einzigen und standen vor dem offenen Tresen einer Bankangestellten, als diese plötzlich anfing zu weinen. Es war eine blonde, gutaussehende Mittfünfzigerin. Natürlich hat man uns angesehen, woher wir kamen. Sie begrüßte uns gleich mit den Worten:»Ich freue mich so sehr, dass ich gleich wieder heulen muss.« Ich fand das sehr rührend, aber es wurde noch schöner. Plötzlich kam der Chef der Sparkasse auf uns zu und begrüßte jeden mit Handschlag. Als er meinen Sohn sah, lief er los und kam nach einiger Zeit mit einer großen Tüte zurück. Er drückte die Tüte meinem Sohn in die Hand.»Schau mal, ich habe dir Stifte und Malblöcke reingemacht, die magst du doch bestimmt.«

Mein Sohn machte große Augen und sagte ganz brav»danke«. Dann brachte er noch einige bunte, aufgeblasene Luftballons, die er an einem der Henkel befestigte. Diese Situation zeigte mir, dass wir Ostdeutschen zumindest bei den Banken gern gesehen waren. Kaum zu glauben, aber ich habe glatt vergessen, das Begrüßungsgeld für meinen Sohn entgegen zu nehmen und verließ die Bank.

Noch ganz beeindruckt von dem Erlebten mussten wir uns alle draußen vor der Bank erst einmal sammeln. Dann ging es los in Richtung Karstadt. Schließlich habe ich mir vorgenommen, von dem Geld Feinstrumpfhosen zu kaufen, weil die Guten im Osten mit über acht Mark recht teuer waren. Da stand ich nun inmitten der Strumpfabteilung und wusste nicht, wo ich zuerst hinschauen sollte. Überall Strumpfhosen über Strumpfhosen! Ich schaute auf die Größen, bis mir auffiel, dass sich die Größen nicht mit den Kleidergrößen des Ostens vergleichen ließen. Dann hatten alle Strumpfhosen unterschiedliche Preise. So wie ich mich erinnern kann, bin ich ca. eine Stunde auf der Suche nach einer passenden Strumpfhose gewesen, bis ich einen Kaufhausdetektiv bemerkte. Bevor der mich ansprechen konnte, habe ich das Weite gesucht. Den Plan, eine Strumpfhose zu kaufen, habe ich schließlich auf später verschoben. Nachdem meine Freunde auch mit leeren Händen das Kaufhaus verlassen hatten, schlichen wir völlig kaputt die Feuerbachstraße hoch, um die nächste S-Bahn nach Hause zu nehmen. Mein Blick streifte ein Schaufenster, in dem ich einen Toaster entdeckte, der mir förmlich zurief: »Kauf mich, kauf mich!« Ich ging rein und kaufte das Gerät, natürlich völlig überteuert! Aber egal, ich habe mich über meine neueste Errungenschaft aus dem Westen gefreut und fuhr mit meinen Freunden in Richtung Osten. Vorher kauften wir aber ein Toastbrot und die berühmte Schokocreme. In Wannsee mussten wir in den Bus umsteigen, der uns nach Hause bringen sollte. Da aber die Straßen komplett mit Autos und Bussen blockiert waren, haben wir uns entschlossen, bis zur Grenze zu Fuß zu gehen. Es war bereits dunkel und es wurde immer kälter. Abwechselnd wurde mein Kind getragen und wir liefen fast zwei Stunden bis zum Grenzübergang. Viele Menschen haben uns begleitet. Manche waren noch vollgepackt mit Plastiktüten und andere haben sich mit Alkohol von innen gewärmt. Alle sahen glücklich aus. Die Autos standen weiterhin im Stau, als wir endlich im Osten in die Straßenbahn steigen konnten. Wir fuhren weitere zehn Minuten mit der Bahn und schleppten uns die letzten Meter zu Fuß nach Hause. Ein paar Minuten vor der Tagesschau haben wir unser Ziel erreicht. Schnell machte ich den Fernseher an und schaltete die ARD ein. Natürlich kamen wie seit einigen Tagen immer wieder die Berichte von den befreiten Ostdeutschen.

Zwischenzeitlich musste ich mich um meinen Sohn kümmern, der völlig übermüdet ins Bett fiel. Nach einigen Minuten zeigten sie die Bilder des Tages im Fernseher. Unsere Gesichter habe ich auch entdecken können. Man hat das ganze Interview gezeigt und mir fiel auf, dass wir alle gesagt haben, dass wir wieder zurückgehen werden. Was für ein Unsinn! Die Grenzen waren offen und keiner brauchte mehr Angst vor den Hunden haben. Ich hatte das Gefühl, dass wir alle von den Ereignissen der vergangenen Jahre und Tage traumatisiert waren. Unsere Freude über die Freiheit hat man uns wahrlich ansehen können. Da ich von den Erlebnissen des Tages völlig erschöpft war, habe ich meine Freunde verabschiedet und am nächsten Tag zum Frühstück eingeladen. Schließlich wollte ich den Toaster unbedingt ausprobieren und die Schokocreme aus der Werbung kosten.

Am nächsten Morgen haben wir alle an meinem runden großen Tisch gesessen und haben uns jedes Mal gefreut, wenn das Toastbrot fast aus dem Gerät gesprungen ist. Der Toaster war beige und hatte eine längliche Form. An die Marke kann ich mich nicht mehr erinnern, da er nicht lange gehalten hat und ich das Gerät nach zwei Jahren entsorgen musste. Aber an diesem Morgen hat er seine Aufgabe erfüllt. Er war so oft im Einsatz, dass wir ein zweites Toastbrot kaufen mussten. Die Butter zerfloss auf dem warmen Brot und die Schokocreme wurde zu einer flüssigen Pampe. Plötzlich hatte ich auch wegen des Begrüßungsgeldes kein schlechtes Gefühl mehr. Schließlich habe ich mein Geld doch in Westberlin gelassen und die Wirtschaft dort angekurbelt. Also hat der Staat einen Teil des Geldes in Form von Steuereinnahmen ja wieder bekommen. Wir hatten einen schönen Vormittag und ich war glücklich endlich einen Toaster zu besitzen. Noch heute erinnere ich mich gerne an dieses ungewöhnliche Frühstück zurück und höre mich immer wieder fragen: »Wer will noch nen Toast?«

Erster Mann ohne Namen

Auf dem Rückweg unseres abenteuerlichen Ausfluges nach Westberlin kamen wir nicht nur an verschiedenen Geschäften vorbei, sondern bestaunten hin und wieder die Menschen, die uns begegneten. Wahrscheinlich war es umgekehrt genauso. Aber was wir am

S-Bahnhof erlebten, habe ich bis heute nicht vergessen können. Wir hatten noch etwas Zeit bis zur nächsten Abfahrt der S-Bahn nach Wannsee. Weil es recht kühl war und uns auf dem Bahnsteig die kalte Luft um die Nase wehte, haben wir beschlossen, nach unten in die Katakomben zu gehen. Hier standen wir nun und haben die Leute beobachten können, die hektisch an uns vorbeiliefen, um ihre Bahn zu bekommen. Für mich war das alles recht fremd und ungewohnt. Einer meiner Begleiter hat geraucht und wollte sich eine Zigarette anzünden, aber sein Feuerzeug funktionierte nicht. Nachdem er mehrere Leute angesprochen hat, zeigte einer der Passanten Mitleid und holte sein Feuerzeug raus. Er fragte:»Ihr kommt von drüben was?« Ja, haben wir einstimmig geantwortet und kamen mit diesem Mann ins Gespräch. Es war ein junger Mann, Ende 20, mit schulterlangen blonden gelockten Haaren. Eigentlich sah er nicht wie ein typischer Westdeutscher aus. Ich dachte immer, dass im Westen alle recht ordentlich und gut gekleidet seien. Seine Kleidung aber war ganz normal, sein beigefarbener Parka etwas schmuddelig. Seine Finger waren vom Rauchen gelb und er war unrasiert. So wie ich mich erinnern konnte, hat der Mann als Hilfsarbeiter auf dem Bau gearbeitet und war zu dieser Zeit gerade arbeitslos. Ich schaute auf die Uhr und merkte an, dass wir noch zehn Minuten warten müssten, bis die nächste Bahn fahren würde. Der Mann aber meinte, dass er weitermüsse, damit er seine Bahn nicht verpasste. Er ging wenige Schritte von uns weg, kam aber wieder und fummelte in seiner Parka Tasche rum. Ich nahm an, dass er sein Feuerzeug sucht, dass einer meiner Freunde noch in der Hand hielt. Mein Bekannter hielt dem Mann das Feuerzeug hin. »Das olle Ding kannst du behalten«, meinte er. Zu unserem Erstaunen holte er sein Portemonnaie aus seiner Parka Tasche, machte es auf und zog einen 20-DM-Schein raus. Ich fragte mich noch, was das denn jetzt werden würde. Kaum das ich mit meiner Frage gedanklich weitergekommen war, drückte er den Schein meiner Begleitung in die Hand und sagte:»Ich freue mich, dass die Mauer weg ist. Macht euch einen schönen Tag!« Wir waren baff, uns fehlten die Worte. Als wir allmählich einen klaren Gedanken fassen konnten, war der Mann plötzlich weg. Wir konnten uns weder bei ihm bedanken noch haben wir seinen Namen gekannt. Ich werde ihn aber nie vergessen.

Kurz vor Weihnachten 1989 und dem anstehenden dritten Geburtstag meines Kindes bin ich wieder mit mehreren Leuten nach Westberlin gefahren. Der Trabi eines Freundes musste herhalten und fünf Leute pressten sich irgendwie in die Pappe. Schon während der Fahrt nach Berlin habe ich mich gefragt, wo genau wir im Auto die Einkäufe hinlegen wollten.

Ich freute mich, weil ich noch ungefähr 70 DM hatte, um für den Geburtstag meines Sohnes und für Weihnachten einkaufen zu können. Wir fuhren zur Schlossstraße. Es lag bereits der erste Schnee und wir kamen auf Grund eines Staus nur schwerlich voran. Aber wir störten uns nicht daran, weil wir Ossis ja lange Schlangen gewohnt waren. So harrten wir geduldig aus, bis es dann endlich weiter ging. Nach einer guten halben Stunde fanden wir einen Parkplatz. Wir haben uns dann entschlossen, erst die rechte Seite der Schlossstraße runter zu laufen, haben aber kein günstiges Geschenk bekommen. Die Läden waren voller Menschen. Nix für mich, da ich große Menschenmengen nicht vertrage. Schon als kleines Kind bin ich bereits im Kaufhaus umgefallen oder in Läden, die überfüllt waren.

Da ich noch Kaffee kaufen wollte, zog es uns zu Aldi. Da war der Kaffee gerade im Angebot und recht günstig. Auch hier war es sehr voll, anscheinend hatten alle die gleiche Idee. Schließlich habe ich ein Geburtstagsgeschenk für meinen kleinen Sohn entdeckt. Ein großer Kasten mit Matchboxautos und das für nur 10 DM. Natürlich habe ich meine Entdeckung sofort in den Korb gelegt und mich über das Preis-Leistungs-Verhältnis gefreut. Naja, es waren keine echten Matchboxautos. Dazu kamen zwei Pakete Kaffee, Weihnachtsmänner, Schokolade und Weihnachtsgebäck, Backzutaten und Wein. Im Kopf habe ich die Preise zusammengezählt und kam auf etwa 50 DM. Ich entschloss mich den Einkauf an dieser Stelle abzubrechen und stellte mich an der langen Schlange an. Es dauerte ca. 20 Minuten, bis ich meine Sachen auf das Band legen konnte. Vor mir stand ein Mann ca. Mitte 50 und legte seine Sachen recht gemütlich auf das Band. Ich beobachtete ihn dabei und fragte ihn, ob ich ihm vielleicht helfen könne. Er schaute recht verdutzt und verneinte meine Frage. Der Mann hatte Ähnlichkeit mit Columbo, den ich aus der Fernsehserie kannte. Nachdem er sein Wechselgeld bekommen hatte, packte er seinen Einkauf ein. Die Dame an der Kasse tippte bereits meine Produkte ein und schob diese weiter. Natürlich habe ich aufgepasst, dass meine bezahlten Geschenke und mein Einkauf nicht abhandenkamen. Aber Columbo habe ich vertraut. Ich wusste nicht warum, aber der Mann war mir irgendwie sympathisch. Ich lächelte ihn an, als er in meine Richtung schaute. Er lächelte zurück und packte weiterhin ganz gemütlich seine Sachen in die Plastiktüten, die er sich aus dem Regal an der Kasse zog. Ich glaube, er hat 20 Pfennig für die zwei Tüten bezahlt. Dem Einkauf zu urteilen, war der Mann alleinstehend. Er trug auch keinen Ehering, sondern nur einen goldenen Ring mit einem großen schwarzen Stein. Ich überlegte kurz, ob der Ring eine Bedeutung hatte. Als ich so in Gedanken war, tippte die Kassiererin fleißig die Preise meiner gekauften Produkte ein. Als sie fertig war, nannte sie mir den Betrag. Es waren 50 DM und ein paar Pfennige und ich war stolz, dass ich richtig gerechnet hatte. Als ich mein Portemonnaie öffnete, um mein Geld herauszuholen, geschah etwas, was ich nie für möglich gehalten hätte. So etwas ist mir seitdem auch nie wieder passiert. Der Mann, der aussah wie Columbo, legte einen 50-DM-Schein in die Hand der Kassiererin und suchte nach den Pfennigstücken. Ich war völlig irritiert und sagte dem Mann, dass er meinen Einkauf nicht bezahlen bräuchte, da ich ausreichend Geld dabeihabe. Plötzlich kam mir der Gedanke, dass der Mann vielleicht schon verwirrt war und er glaubte, dass er die 50 Mark bezahlen muss. Aber nein! Der Mann war bei klarem Verstand und meinte nur: »Ist schon gut, junge Frau, ich bezahle das heute für Sie!« Ich konnte das nicht glauben und war sprachlos. Noch heute überlege ich und stelle mir die Frage, warum der Mann meinen Einkauf bezahlt hat. Schließlich kannten wir uns nicht und er kommentierte sein Handeln nicht. Die Kassiererin fragte mich noch, ob ich den Mann kenne und ich sagte: »Nein, ich kenne ihn nicht und bin deshalb etwas verwirrt«. Als ich mich wieder umdrehte, war der Mann plötzlich weg. Ich beeilte mich meinen Einkauf einzupacken und lief noch schnell hinterher, um mich wenigstens noch zu bedanken. Aber es schien, als hätte sich Columbo in Luft aufgelöst. Ich stürmte förmlich aus den Laden und schaute nach rechts und links, aber ich habe ihn nicht mehr gesehen. Draußen habe ich auf meine Freunde gewartet, die das großzügige Verhalten des fremden Mannes miterleben durften. Wir haben bis zum Auto immer wieder geschaut, ob wir den Mann noch einmal sehen. Vergebens! Ich habe angefangen zu weinen, weil ich so überwältigt war. Plötzlich überkam mich ein Gefühl der Traurigkeit, weil ich mich nicht bei ihm bedanken konnte und ich seinen Namen nicht kannte. Wir haben sofort wieder an den Mann auf dem S-Bahnhof gedacht. Später musste ich immer wieder an den Mann aus dem Aldi denken, besonders dann, wenn mein Sohn mit den Matchboxautos gespielt hat.

11. Teil

Das Wiedersehen mit der Familie!

Von den Verwandten fehlte jede Spur

Nach Honeckers Spruch hat es keine zwölf Monate gedauert, bis ich westlichen Boden betreten hatte, ausgenommen Westberlin. Bis dato hatte ich sehr schöne Erlebnisse, aber auch einige Sorgen machten sich breit. Insbesondere war ich mir nicht sicher, ob meine Verwandten in Baden-Württemberg mich tatsächlich sehen wollten. Schließlich wusste ich nicht, welchen Eindruck meine Eltern und Geschwister hinterlassen hatten. Meine Verwandten hatten nach all den Jahren der Unterstützung sicherlich keinen Nerv mehr, die jammernden Ossis zu empfangen, die sich teilweise sehr undankbar zeigten. Aber so ein Mensch bin ich nicht. Das konnten meine Tanten oder meine Oma aber nicht wissen. Das letzte Mal, als wir uns sahen, war ich zwölf Jahre alt. In der Zwischenzeit waren fast 14 Jahre vergangen.

Im Frühjahr 1990 nahm ich Kontakt mit ihnen auf. Wir haben uns geeinigt, dass ich die Osterfeiertage mit meinem kleinen Sohn bei ihnen verbringen sollte. Damit man mich auf dem Bahnhof auch erkannte, habe ich ein Foto von uns beiden geschickt. Allerdings war das ein älteres Foto und ich hatte mich optisch verändert. Ich war schlanker und trug meine Haare wieder etwas kürzer. Einige Wochen später ging es dann los. Damit die Reise für meinen Sohn nicht zu anstrengend würde, besorgte ich Karten für die schnellste Zugverbindung. Trotzdem waren wir noch sieben Stunden unterwegs. Das Wetter war schön und der Zug kam auch pünktlich an. Als er langsam in den Bahnhof fuhr, habe ich das Fenster geöffnet, um die frische Bergluft zu genießen. Ein wunderbarer Ausblick, obwohl wir in die Landeshauptstadt einfuhren.

Hektisch nahmen alle Passagiere ihre Koffer und drängelten sich zur Tür. Wir standen mittendrin, dass störte mich aber weniger, weil ich so aufgeregt war, Tante Marga und die anderen wieder zu sehen oder kennenzulernen. Auf dem Bahnsteig hielt ich Ausschau nach den Verwandten, konnte aber niemanden entdecken. Langsam liefen wir hin und her. Der Bahnhof füllte sich mit immer mehr

Personen. Da ich diese Menschenmassen nicht mochte, schaute ich für uns nach einem stilleren Plätzchen und überlegte, was wir machen sollten, wenn die Verwandten nicht kämen. Ich suchte mir die nächste Verbindung mit der S-Bahn raus, um diese Reise schnell zu beenden und bei meinen Verwandten zu landen. Besonders habe ich mich auf meine Oma gefreut, weil ich ja nicht den 90ten Geburtstag mit ihr feiern konnte. Da ich mich mit solchen riesigen Bahnhöfen nicht auskannte, musste ich mich durchfragen. Von meinen Verwandten, die uns abholen wollten, fehlte aber jede Spur.

Das Wiedersehen mit der Familie

Unsere Verwandten waren nicht auffindbar, deshalb sind wir mit der S-Bahn weitergefahren. Die Bahn war völlig überfüllt und ich hatte den Eindruck, dass noch viele andere Ossis unterwegs waren. Später fiel mir ein, dass ja Ostern war und deshalb mehr Reisende unterwegs waren. Wir kamen am Bahnhof eines beschaulichen Ortes in der Nähe von Stuttgart an, der wunderschön gelegen war. Mein Sohn und ich waren von der Reise sehr erschöpft. Ich hatte keine Idee, wie wir nun weiterkommen sollten, denn weit und breit war kein Taxi zu sehen. Mein Sohn hatte Durst und war am Rumnörgeln. Also beschloss ich, gleich am Bahnhof in ein kleines Restaurant zu gehen, um den Durst zu löschen. Ich fragte die Bedienung, ob sie mir vielleicht weiterhelfen könne. »Wie komme ich denn in die Humboldtstraße?« Am Tresen saß noch ein Mann, der gespannt zuhörte. »Sag mal, kannst du nicht die junge Frau in die Humboldtstraße fahren?«, meinte die Bedienung zum Mann am Tresen.

»Wo genau wollen Sie denn da hin?«, fragte er mich.

Ich erklärte ihm, dass es dort mal eine Gärtnerei gegeben haben muss und ich meine alte Oma besuchen möchte.

»Ach, jetzt weiß ich, wo Sie hinwollen! Na, dann kommen Sie mal mit, junge Frau, ich fahre Sie zu Ihrer Oma.« Er hielt sein Versprechen und fuhr mit uns in die Humboldtstraße. Als er auf den Hof fuhr, saß meine Oma draußen auf der Bank. Ich habe sie sofort entdeckt, mir standen die Tränen in den Augen, so habe ich mich gefreut. Von dem hilfsbereiten Mann habe ich mich herzlich verabschiedet.

Meine Oma rief schon von Weitem:»Wer sind Sie denn?«»Hallo Oma, ich bin es, die Cornelia, deine Enkeltochter!« Sie fing plötzlich an zu weinen, so dass ich gleich mitgeheult habe. Meinem Sohn habe ich erklärt, dass wir uns über unser Wiedersehen so sehr freuen.»Nein, dass ich das noch erleben darf«, sagte meine Oma zu mir und ich erwiderte:»Ja, kaum zu glauben, aber wir haben es geschafft. Das DDR-Volk ist frei und kann überall hinreisen. Sie zeigte mir ihr kleines Reich, einen altersgerechten Anbau an einem großen Drei-Familien-Haus. Hier haben mein Sohn und ich auch die Nächte bis zur Abreise verbracht. Eine Stunde später trafen meine Tante Marga und ihre Schwiegertochter bei der Oma ein. Sie erzählten mir, dass sie uns am Stuttgarter Bahnhof lange gesucht hatten. Wahrscheinlich sind wir aneinander vorbeigelaufen, denn Tante Marga hätte ich nicht wieder erkannt und sie mich nicht. Zu viel Zeit lag zwischen dem letzten Besuch meiner Tante im Osten und meines Osterbesuches im Westen. Ich habe aber gleich zu verstehen gegeben, dass ich nicht da bin, um Geld oder andere Dinge zu wollen, sondern einfach nur zum Kennenlernen meiner Verwandtschaft.

Wir hatten uns viel zu erzählen und ich hörte die eine oder andere Geschichte meiner Eltern, die nach ihrer Abschiebung zuerst dort landeten. Ich war schockiert, was ich da hörte. Vom leer geräumten Sparbuch bis hin zum geklauten Wintermantel, das ganze Programm. Mir war das Verhalten meiner Eltern peinlich und ich hoffte, dass meine Verwandten mich trotzdem mögen. Nach diesem Verhalten haben fast alle den Kontakt mit meinen Eltern abgebrochen.

Abends saßen wir dann bei der Oma und sie war sehr herzlich im Umgang mit meinem kleinen Sohn. Wir aßen Abendbrot und anschließend hat meine Tante die Oma versorgt. Ihre Beine waren nicht mehr in Ordnung und mussten jeden Tag eingesalbt und verbunden werden. Anschließend hat sie den Fernseher eingeschaltet, um sich eine Musiksendung anzusehen. Es lief aber noch die Tagesschau und es kam gerade ein Rückblick über die Grenzöffnung und über die Menschenmassen, die sich in Richtung Mauer bewegten. Die Menschen saßen auf der Mauer und jubelten. Meine Oma wunderte sich und meinte:»Was wollen denn die Russen hier?« »Mein Gott die Russen kommen«, rief sie immer wieder. Ich konnte

sie nur schwer beruhigen und sagte immer:»Oma, das sind die Ostdeutschen und nicht die Russen.« Sie hat es nicht mehr verstanden und rief immer wieder:»Die Russen kommen, die Russen kommen.« Ich wiederholte immer:»Nein, das sind nicht die Russen, das sind wir Ostdeutschen!«
Sie verstand es nicht! Damit sie nachts auch schlafen konnte, habe ich kurzerhand einen anderen Sender eingestellt und sie hat sich beruhigt.

Im Frühjahr 1996

Nachdem meine Oma Anfang der 90er verstarb und ich voll berufstätig war, bin ich nur noch ein einziges Mal zu den Verwandten gefahren. Zwischenzeitlich hatte ich den Führerschein gemacht und mir ein kleines Auto zugelegt. Ich lebte im selben Viertel, in dem weiterhin die Kriegsfilme gedreht wurden, und kämpfte unverändert mit den Unannehmlichkeiten der Wohnung. Die Häuser wurden bis dato noch nicht saniert, weil die Eigentumsfrage nicht geklärt war. Wir hatten zwar neue Stromleitungen und Telefonkabel bekommen, aber alles andere blieb. Knapp vier Jahre nach der Wende war es dann so weit! Ich hatte mein erstes Telefon und konnte endlich telefonieren. Eines Tages, es war im Frühjahr 1996, klingelte es an der Tür. Ich benutzte die neue Gegensprechanlage, aber niemand antwortete. Trotzdem machte ich die Tür auf und konnte nicht fassen, wer da vor mir stand. Es war mein kleiner Bruder! Wir fielen uns in die Arme und ich bat ihn rein, als plötzlich noch jemand durch die Tür in den Hausflur kam. Es war meine Schwester. Die Begrüßung mit ihr fiel nicht ganz so harmonisch aus. Trotzdem bat ich auch sie in die Wohnung. Allerdings war ich überrascht, dass sie mitkam, denn einige Jahre zuvor hat sie mich auf der Straße ja nicht mehr gekannt. Naja, mir war das egal, ich habe mich gefreut, dass zwei meiner Geschwister nach so langer Zeit plötzlich vor mir saßen. Natürlich stellte ich mir die Frage, warum meine Eltern noch nicht zu mir gekommen waren. Sie wussten doch, wo ich wohne. Schließlich hatte ich kurz zuvor eine Karte von ihnen aus Italien erhalten. Ich wusste nicht, was das zu bedeuten hatte. Kein Wort des Bedauerns über die lange Trennung fand ich zwischen den Zeilen. Auch keine Freude darüber, dass sie meine Adresse herausgefunden haben. Wie selbstverständlich grüßten sie ihren Enkel auf der Karte, den sie zuvor nicht einmal gesehen hatten. Das Verhalten meiner Eltern konnte ich in dem Moment nicht nachvollziehen. Bei mir kam der Gedanke auf, dass an diesem grauen Schriftstück von der Stasi etwas dran sein könnte. Schließlich war ich als Kind nicht gewollt. Selbst meinen kleinen Bruder Andrè haben sie in Berlin allein zurückgelassen, obwohl sie damit rechnen mussten, dass er nicht zurechtkommen würde und auf die schiefe Bahn geraten könnte. So wie er da vor mir saß, ging es ihm nicht gut und ich befürchtete Schlimmes.

Einige Wochen später stand André wieder vor der Tür. Er erzählte, dass er nicht wieder zu unserer Schwester wollte und sie ihn vor die Tür gesetzt hatte. War klar, dachte ich so. Also kümmerte ich mich erst einmal einige Tage um ihn, bis er wieder nach Berlin fuhr. Er hatte dort eine eigene Wohnung.

In den wenigen Tagen wurde mir klar, was mein Bruder mitgemacht haben musste, als er damals mit meinen Eltern ausreisen musste. Er wurde in der Großstadt, die viele Gefahren für ihn bot, allein gelassen. Er war arbeitslos, ungepflegt und dem Alkohol zugeneigt. Ich versuchte, irgendwie zu retten, was zu retten ging. Als Erstes steckte ich ihn in die Badewanne und schnitt ihm die Haare. Dann fuhr ich mit ihm in seine Wohnung, die wir gemeinsam aufräumten. Es war eine schöne Zwei-Zimmer-Wohnung in Berlin. Das Problem war, dass sich ein Pärchen bei ihm eingenistet hatte. Beide waren arbeitslos und brachten zwei Hunde mit. Weitere Wochen vergingen und ich versuchte meinen Bruder zu überreden, in ein betreutes Wohnen zu gehen, aber er wollte das nicht. Leider hatte ich mit meinem Vollzeitjob und meinem Kind genug zu tun und konnte mich nicht noch rund um die Uhr um ihn kümmern. Daher fuhr ich fast jedes Wochenende in seine Wohnung, um nach dem Rechten zu schauen. Bei der Gelegenheit habe ich bei einer Nachbarin meines Bruders geputzt und mir ein paar Mark dazu verdient. Mir war klar, dass er Hilfe benötigte, aber er lehnte jede Hilfe ab. Einige Jahre habe ich dann nichts von ihm gehört. Nach einer längeren Suchaktion habe ich ihn wieder gefunden. Ihm geht es gut und wir haben regelmäßig Kontakt.

Im Frühjahr 1999

Mittlerweile lebte ich in Berlin, hatte einen Freund aus Westdeutschland und arbeitete immer noch in der Personalabteilung der gleichen Firma. Trotzdem ich maßgeblich an der Umsetzung eines flächendeckenden Projektes beteiligt war, konnte oder wollte man mir keinen neuen Job mehr anbieten. Im Laufe der ersten zehn Jahre nach dem Mauerfall wurden fast 30.000 Stellen bundesweit im Betrieb abgebaut. Wir hatten immer wieder mit Umstrukturierungen zu kämpfen und so kam es, dass ich im Kundenverkehr landete. Obwohl man hier an der Front am meisten Ärger hatte, verdiente man das geringste Geld. Gemeinsam mit meinem Freund überlegten wir, in seine Heimat zu ziehen. Eine damalige Freundin verschaffte mir schnell einen Job und so war ich die Erste, die ihre Koffer packen konnte. Zu Hilfe eilten mein großer Bruder Michael und sein bester Freund. Kurz vorher habe ich Michael nur durch einen Zufall wiedergefunden. Ich hatte bereits alles unternommen, außer ins Fernsehen zu gehen. Damit ich auch jede Chance nutzte, habe ich meine Schwester fragen müssen.

»Sag mal, weißt du nicht, wo Michael gelandet ist?«

Zunächst druckste sie herum, hat mir dann aber seine Telefonnummer gegeben. »Aber die hast du nicht von mir, weil es eine Geheimnummer ist«, meinte sie zu mir.

»Warum soll er das denn nicht wissen und was soll ich ihm sagen, wo ich die Nummer herhabe?«

»Sag ihm, dass du eine Freundin von ihm getroffen hast und die hat sie dir gegeben«

Naja, ich machte mir darüber keine Gedanken, denn ich hielt plötzlich die Nummer von meinem Bruder in der Hand, den ich seit Anfang 1985 nicht mehr gesehen hatte. Ich nahm den Telefonhörer und rief ihn an. Michael ging ans Telefon und meldete sich mit einem »Hallo«.

»Hier ist deine Schwester Cornelia, lange nichts voneinander gehört, wie geht es dir?«

Ich hörte es an seiner Stimme, dass er sich freute. Wir unterhielten uns bestimmt eine Stunde, bis ich den Vorschlag machte, ihn am kommenden Wochenende zu besuchen. Er hat den Vorschlag angenommen und ich packte wenige Tage später meine Tasche. Mit dem Zug ging es in Richtung Hessen. Als der Zug in den Bahnhof einfuhr, stand ich bereits aufgeregt im Gang und sah gespannt aus dem Fenster. Da stand ein Mann mit Jeansjacke und kaum Haare auf dem Kopf. Hmm, war er das jetzt? Als ich auf dem Treppenabsatz stand, schaute ich genauer hin und war mir sicher: Das ist er! Ich ging mit meiner Tasche auf ihn zu und begrüßte ihn. Mein Bruder war sichtlich irritiert und meinte nur, dass er mich nicht erkannt hätte. Naja, es sind schließlich 14 Jahre vergangen und beide sind wir älter geworden. Wir nahmen uns in die Arme.

»Wo hast du denn deine schöne, blonde Lockenpracht gelassen?«, fragte ich ihn.

Er lächelte mich an und zuckte mit den Schultern. Da ich lange unterwegs war, sind wir erst einmal essen gegangen und haben bestimmt zwei Stunden lang über unsere Jugend und die Ereignisse von früher geredet. Anschließend fuhren wir zu ihm nach Hause. Seine Frau hatte ihn verlassen und er lebte allein. Es war eine nette Wohnung in einem kleinen Dorf. Als Erstes holte er seine Stasiakte und ich habe sie gelesen.

»Unfassbar«, meinte ich, »was die alles so notierten.«

Die Namen waren zwar alle schwarz gekennzeichnet, aber anhand der Texte konnte man erkennen, dass sogar eine Lehrerin auf ihn angesetzt war.

Von der hätte ich es nun gar nicht gedacht, aber wie so oft, hatte man das gerade von denen am wenigsten erwartet. Was sind das bloß für Menschen? fragten wir uns in dem Moment.

Wir philosophierten darüber, ob die eigentlich mit dieser Schuld knapp zehn Jahre später noch leben könnten. »Nee, einer auf jeden Fall nicht«, sagte mein Bruder. Denn ein Nachbar von früher hatte sich kurz nach der Wende das Leben genommen. Er wohnte in unserem Haus und ich war erschüttert, dass ein junger Mensch bereits so in diesem Netzwerk verstrickt war.

»Das Schlimme daran ist ja, dass die meisten von den Hunden heute glauben, damals alles richtig gemacht zu haben«, meinte ich zu ihm.

»Was ist eigentlich mit unseren Eltern?«, fragte ich.

»Die leben hier ganz in der Nähe und besuchen mich hin und wieder.«

»Was? Hier in der Nähe? Was meinst du, was würden die jetzt

tun, wenn die wüssten, dass ich hier bin?«, horchte ich meinen Bruder aus.

»Keine Ahnung«, antwortete er. In dem Moment klingelte das Telefon. Mein Bruder ließ es klingeln. »Unsere Mutter, die will bestimmt wissen, wo ich bin.« Ich holte den grauen Zettel aus meiner Tasche, auf dem meine Lösung aus der Familie amtlich gemacht wurde. Michael las sich den Text durch. Bei dem Satz: »Beide leiblichen Eltern haben sich durch eine Entscheidungsfrage von Cornelia gelöst«, meinte er nur: »Vielleicht wurden die dazu gezwungen.« Er erzählte mir, dass meine Eltern mich im Krankenhaus und im Heim besuchen wollten, aber man hatte sie nicht reingelassen. Ich konnte das gar nicht glauben, aber er war einmal dabei. »Diese Schweine!«, antwortete ich wütend. »Die haben mich echt in den Glauben gelassen, dass meine Eltern mich nicht mehr haben wollten. Ich meine, ich hatte das sogar amtlich und die Ärztin hat mir damals auch das Schreiben mit der Unterschrift meiner Mutter vorgelegt. Das gibt es doch nicht!« Ich war außer mir vor Wut! »Warum haben die mich aber noch nicht besucht, wenn das alles nicht stimmen soll?«

»Keine Ahnung, frag sie doch! Ich könnte ein Treffen arrangieren«, meinte mein Bruder und ich gab ihm die Erlaubnis meine Telefonnummer weiterzugeben.

Wahrheit oder Lüge?

Zu Hause angekommen musste ich das Erlebte erst einmal verarbeiten. Eines Abends, ich machte gerade mit meinem Sohn Hausaufgaben, klingelte das Telefon. Mein Sohn stürzte ans Telefon und gab mir mit den Worten: »Ich glaube, da ist deine Mutter dran«, den Hörer. Mir pochte das Herz und mein Puls stieg an. Mit einem kurzen »Hallo« meldete ich mich knapp. »Hier ist deine Mama«, hörte ich am anderen Ende der Leitung. Fast 20 Jahre mussten vergehen, bis ich die Stimme meiner Mutter wieder vernommen hatte.

Ich weiß nicht genau über was wir uns unterhalten haben, aber wir haben uns für ein erstes Treffen verabredet. Da ich nicht wusste, wie das Treffen verlaufen würde, bin ich ohne meinen Sohn gereist und habe stattdessen meinen Bruder gebeten mitzukommen. Ich war mächtig aufgeregt, weil ich überhaupt keine Vorstellung davon hatte, wie sich das Gespräch entwickeln würde. Weiterhin hatte ich die Befürchtung, dass mich meine Eltern noch als pubertierendes Kind behandeln könnten. Schließlich wurden wir zu dieser Zeit von den Hunden getrennt und wir wissen ja alle wie schnell die Zeit vergeht. Mir kam es plötzlich vor, als wäre ich erst gestern im Heim gewesen. Dabei lagen fast 20 Jahre dazwischen. Die erste Nacht blieb ich bei meinem Bruder und habe natürlich kein Auge zugemacht. Am nächsten Tag ging es dann los. Ich war so aufgeregt, dass mir zeitweise schlecht wurde. Bei der Fahrweise meines Bruders bekam ich einen leichten Brechreiz und bat ihn, besser nicht so schnell zu fahren. Mir ging es nicht gut, und als mein Bruder meinte:»Wir sind gleich da«, wurde mir noch schlechter.

Am liebsten wäre ich umgekehrt, aber ich dachte, dann würde ich ja nie erfahren, ob sich meine Eltern tatsächlich freiwillig von mir gelöst haben. Als wir ankamen, standen meine Eltern auf den Balkon. Beide waren sichtlich angespannt, standen fast versteinert am Geländer, in den Gesichtern konnte ich keine Freude erkennen. Ich stieg aus dem Auto und meine Beine wurden immer weicher. Meine Aufregung stieg ins Unermessliche. Aber ich war auch fest entschlossen die Wahrheit herauszufinden, damit ich endlich meine innere Ruhe finden konnte. Hinter meinem Bruder schlich ich dann die Treppe in die erste Etage des Mehrfamilienhauses hoch. Plötzlich stand ich meiner Mutter gegenüber. Lange hatte ich überlegt, was ich machen würde, wenn dieser Zeitpunkt gekommen ist. Ich habe versucht, sie gefühlvoll zu umarmen. Gott dachte ich, was für einen Eisblock umarme ich gerade. Kein nettes Wort, keine Umarmung, nichts! Ich war enttäuscht und ging auf meinen Vater zu, der mich mit Tränen in den Augen in die Arme nahm. Wir gingen alle ins Wohnzimmer, das recht nett eingerichtet war. Ich setzte mich aufs Sofa und wartete ab, was so passieren wird. Als Erstes wollte ich wissen, ob meine Eltern tatsächlich diesen grauen Zettel unterschrieben haben, den mir damals die Ärztin unter die Nase hielt. Ich holte zum Beweis die Verfügung von der Jugendhilfe aus der Tasche. Meine Eltern schauten sich das Schreiben an und meinten, dass sie dem nicht zugestimmt hatten.

»Aber ich habe damals deine Unterschrift genau erkannt«, sagte ich zu meiner Mutter. Die wiederum meinte, dass sie so etwas nie unterschrieben hatte. Sie äußerte auch, dass sie mich in der Klinik und im Heim besuchen wollten, aber sie nicht reingelassen wurden. Mein Bruder bestätigte diese Aussage erneut. »Aber wie ist die Stasi zu dieser Unterschrift gekommen? Warum habt ihr erst Jahre nach dem Mauerfall eine Karte geschrieben? Warum seid ihr nicht zu mir gekommen, ihr wusstet doch, wo ich wohne?« Beide zögerten, bis meine Mutter meinte, dass sie Angst hatten. »Vor was oder vor wem denn? Ich beiße doch nicht!«, habe ich erstaunt gefragt. Eine Weile später verlief das Gespräch nicht mehr so ruhig wie am Anfang und ich war plötzlich in der Rolle der Schuldigen. Wir schmissen uns nur noch Vorwürfe um die Ohren und ich verspürte den Wunsch, zu verschwinden. Aber ich lenkte ein und versuchte, die Gemüter zu beruhigen. »Wenn wir das alles vorher gewusst hätten. Dann wären wir niemals auf die Idee gekommen, einen Ausreiseantrag zu stellen«, meinte meine Mutter. Sie schilderte ihre Leidensgeschichte von der Begegnung mit der Stasi, dem Frauengefängnis und dass die Mauer drei Jahre nach ihrer Abschiebung gefallen ist. Es war traurig zu sehen, was der Stasi-Staat aus meinen Eltern gemacht hatte. Da saßen mir völlig fremde und verbitterte Menschen gegenüber. Sie hatten alles für ein Stück Freiheit aufgegeben! Das Haus, den Zusammenhalt in der Familie und ihre Gesundheit. Sie taten mir leid und ich vergaß, dass meine Kindheit und Jugendzeit für mich auch nicht sonderlich liebevoll und erfolgreich verliefen. Ich konnte das Gefühl nicht beschreiben, was mich in diesem Moment gerade überkam. Was soll ich von dem halten, was sie sagten? Wie soll das in der Zukunft weitergehen? Werde ich überhaupt jemals die Wahrheit erfahren? An diesem Nachmittag wohl kaum. Aber ich habe erfahren, dass beide über Jahre einen sehr guten Kontakt zu meiner Schwester pflegten. Ich stellte mir ernsthaft die Frage, warum das bei meiner Schwester und Michael ging und wieso nicht bei mir und meinem kleinen Bruder? Also könnte doch etwas dran sein, an diesem mittlerweile vergilbten Zettel! Ich war völlig durcheinander und meine Gedanken schwirrten wirr im Kopf herum. Mit diesem Gefühl bin ich am gleichen Tag wieder nach Hause gefahren. Bis heute weiß ich nicht, ob die Darstellung tatsächlich der Wahrheit entsprach oder ob ich vielleicht doch angelogen wurde. Ich jedenfalls habe den Beschluss des Vormundschaftsrates vom 2.11.1981 noch immer in meinen Akten, indem es heißt, dass ich mit Einwilligung meiner Eltern als »familiengelöst« gelte. Dieser Wisch hat knapp 32 Jahre nach Grenzöffnung keine Bedeutung mehr. Aber ich würde zur inneren Ruhe finden, wenn ich die ganze Geschichte und die Wahrheit um diesen Beschluss wüsste.

Falsche Anschuldigungen

Da meine Mutter früher immer sehr oft Anrufe von irgendwelchen dubiosen Menschen bekam, hatte sie bei der Telekom eine Geheimnummer beantragt. Sie erzählte uns, dass trotzdem immer wieder jemand anrief und sie sich regelrecht gestalkt fühlte. Daraufhin hat sie sich bei der Telekom beschwert und siehe da, man entlarvte eine Mitarbeiterin, die wohl auf meine Eltern nicht so gut zu sprechen war. Ein bisschen merkwürdig fand ich die Sache schon, aber ich glaubte ihr. Nach einigen unangenehmen Geschichten mit meinen Eltern herrschte erst einmal Funkstille und ich meldete mich einige Wochen nicht mehr bei ihnen.

Eines Tages aber klingelte das Telefon und mein Sohn ging ran.

»Was soll ich gemacht haben? Nein, das war ich nicht!«

Ich fragte ihn: »Wer ist denn da dran?«

Er stand wie versteinert vor mir und brachte kaum ein Wort heraus.

»Nein, ich habe das nicht gemacht«, hörte ich wieder und gleich danach war das Gespräch beendet.

»Wer war das denn?«

»Deine Mutter, die hat behauptet, ich würde bei denen Telefonterror machen und hat einfach aufgelegt.«

»Was? Das gibt es doch nicht, da rufe ich gleich zurück und frage, was die Anschuldigung soll?«

Eine Minute später rief ich an, aber es ging keiner ans Telefon. Ich nutzte die Gelegenheit und sprach auf den Anrufbeantworter.

»Was soll diese Anschuldigung? Warum wird nicht erst einmal gesagt, um was es eigentlich geht? Ich habe euch die Hand gereicht, ihr wollt scheinbar nicht und deshalb werde ich mich von euch verabschieden. Ich wünsche euch alles Gute für die Zukunft.« Leider habe ich mich maßlos aufgeregt, weil ich diese Art und Weise sehr abschreckend fand, zumal nicht einmal gefragt wurde, ob er tatsächlich angerufen hat. Diese Geschichte ließ mir keine Ruhe und ich schrieb am nächsten Tag einen Brief an meine Eltern. Zu diesem Brief legte ich die Telefonverbindungsnachweise der letzten Monate, die eindeutig zeigten, dass es nur wenige Gespräche gab und diese auch länger dauerten. Also von Telefonterror kann hier keine Rede sein, schrieb ich. Wenige Tage später erhielt ich von meinen Eltern einen Brief. Mein Sohn durfte ihn aufmachen und als Erstes lesen.

»Mama, wenn du diesen Brief liest, regst du dich nur auf und das möchte ich nicht!«

»Warum, was steht denn da drin?«

»Ich soll das Handy benutzt haben«

»Welches Handy denn? Deines wurde dir doch in der Schule gestohlen!«

»Selbst, wenn ich es noch hätte, könnte ich da nicht anrufen, weil ich die Nummer nicht habe«, sagte er.

»Stimmt, die habe ich ja niemanden gegeben, weil es eine Geheimnummer ist. Wie blöd ist das? Wenn sie die Nummer sehen, können sie doch rausfinden, wer angerufen hat?« Ich setzte mich aufs Sofa und ich konnte keinen klaren Gedanken fassen. In meinem Kopf schwirrten einige Fragen herum. Was ist nur aus diesen Menschen geworden? Warum beschuldigen die gleich den Jungen, ohne zu fragen? Warum rufen sie nicht einfach bei dieser Nummer an, um herauszufinden, wer das war? Was haben wir denen getan, dass sie so empfindlich reagieren? Oder wollten sie uns nur loswerden und haben einen Grund gesucht? Ich hatte Mühe, meinen Ärger nicht vor meinem Sohn herauszulassen, der völlig fertig neben mir saß und meine Hand hielt. Wir haben noch eine Weile über diese Anschuldigung geredet und ich habe ihm gesagt, dass meine Eltern uns nicht verdient haben. Auf der anderen Seite musste ich aber auch einsehen, dass sie auf Grund der Inhaftierungen, Folterungen und Demütigungen seelischen Schaden genommen haben müssen. So verhalten sich nach meinem Menschenverstand keine normalen Eltern, die nach fast 20 Jahren ihr Kind erst wieder getroffen haben. Bis heute haben wir keinen Kontakt mehr und meine Fragen blieben unbeantwortet.

12. Teil

Ungewöhnliche Kriminalfälle Teil II

Mit einem blauen Auge davongekommen

Es war ein Donnerstag im November 1989, der historische Tag war da! Keine vier Tage später begann für alle berufstätigen Menschen wieder der normale Alltag, naja für fast alle. Einige meiner Kollegen fehlten immer noch oder waren für immer verschwunden. Einen Kollegen habe ich aber noch ganz genau in Erinnerung. Er war zu Ostzeiten eine überzeugte rote Socke und hatte immer die schönen Seiten des Sozialismus gepredigt. Damit ging er uns ziemlich auf den Geist. Im Vergleich zu anderen Männern war er recht groß und kräftig. Er hatte schwere Schultern und den klobigen Gang eines Bauernburschen. Dazu trug er einen Vollbart und hatte nur noch wenige graue Haare auf dem Kopf. Allein mit seiner Statur konnte er eine Angst auslösen oder in einer gewissen Art und Weise jemanden einschüchtern, wenn man es zu gelassen hat. Mittlerweile war er ein hohes Tier in der Firma, obwohl er die Qualifikation für diese Stelle nicht besaß. Dazu kam noch, dass er auch der beste Kumpel vom Chef war. Seine Predigten wurden immer deutlicher. »Wer sich gegen den Sozialismus stellt, ist ein Verräter!«, so seine Worte.

Ich konnte es nicht mehr hören und verließ den Saal, wenn er mal wieder einer seiner berühmten Predigten hielt. Solche Leute haben nicht damit gerechnet, dass es Menschen gibt, die eine andere Einstellung hatten, auf die Straße gingen und sich zu Wehr setzen. Was brachte uns denn der Sozialismus? Freiheit? Wohlstand? Zufriedenheit im Job? Nein! Dann kam die Wende und es war spannend zu sehen, was aus diesen Leuten plötzlich wurde. Dieser Kollege war der Erste, der sich in einen der Berliner Busse quetschte und nach Westberlin fuhr.

Hier gab es die berühmten Marktschreier, die ihre Bananen und den Kaffee kostenlos vom LKW in die Menge schmissen. Sie riefen: »Kommt her Leute, hier bekommt Ihr endlich eure Bananen!« Sie schmissen dann mit lautem Gegröle die legendären gelben Früchte vom LKW. Der eine schrie: »Obendrauf bekommt Ihr noch

den besten Kaffee, also kommt her und prügelt euch!« Unten standen die Leute und fingen die Sachen auf. In diesem Moment musste es wohl ein Handgemenge gegeben haben, weil sich die Leute um den Kaffee stritten. Manche hatten ihre Stoffbeutel schon voll und andere haben wohl nur wenig abbekommen. Da mein Kollege eher zu der Kategorie Menschen gehörte, die sich alles einstecken, was sie bekommen konnten, hat sich einer der anderen Männer beschwert. Mein Kollege kannte sich mit dem Beschwerdemanagement noch nicht aus und hat nach einem verbalen Wortabschlag und Handgemenge erst einmal zugeschlagen. Der andere Typ, wesentlich kleiner und mit einer hageren Figur, hat sich das nicht gefallen lassen und schlug zurück. Da war er wohl sehr überrascht, dass sich das einer wagte, wo er doch so kräftig wirkte. Es gab eine regelrechte Prügelei auf der Straße und mein Kollege kam mit einem blauen Auge davon. Den Kaffee hat er allerdings nicht geteilt und von den eingesackten Bananen hat er nicht eine abgegeben. Das war genauso ein Kerl, der seine eigene Mutter in der Wüste verdursten lassen würde. Am nächsten Tag kam er wieder in die Firma und trug eine Sonnenbrille, dass mitten im Winter. Jeder im Betrieb wusste über die Prügelei auf der Straße Bescheid und grinste hinter vorgehaltener Hand. Einige meiner Kollegen hatten ihn angesprochen, ob er nach Feierabend noch auf den Fichtelberg Ski fahren wollte. Andere fragten ihn direkt, ob er sich geprügelt hätte. Seine Ausreden waren herrlich!
Nur dumm, dass er von anderen beobachtet wurde. Erst den Sozialismus predigen und sich wenige Tage später um den Westkaffee kloppen. Das waren die Richtigen! Wir haben solche Leute Wendehälse genannt. Diese Menschen sind mir bis heute immer wieder begegnet, aber in anderen Zusammenhängen. Meistens ging es dann um Arbeitsplätze. Heute frage ich mich immer noch, was sie mit ihrem Verhalten kompensieren wollten. Ich jedenfalls habe die Marktwirtschaft angekurbelt, indem ich mir die Bananen und den Kaffee ganz legal aus dem Laden holte.

Meine prominente Freundin

Nun mein damaliger Umzug nach Berlin brachte es mit sich, dass man unweigerlich einigen Prominenten über den Weg gelaufen ist.

Gleich um die Ecke wohnte der Bürgermeister und ein Stadtviertel weiter lebte eine der berühmtesten Figuren Berlins, die manchmal betrunken durch den Vorgarten wanderte. Bei einer Radtour am späten Vormittag durfte ich diesem Schauspiel live beiwohnen. Es war herrlich! Aber die Prominenten hatten es nicht leicht und wurden durch die Presse regelrecht fertiggemacht. Solche Blätter habe ich mir gar nicht erst gekauft. Meine prominente Freundin hatte immer eine reine Weste, hat sich nichts zu Schulden kommen lassen und wurde daher auch nicht von den Pressefuzzies geschlachtet. Sie war zwar immer viel unterwegs, aber wenn ich sie brauchte, war sie stets für mich da. Bereits vor meinem Umzug in den Westen konnte ich mich immer auf sie verlassen. Eines Tages bekam ich ein Paket, dessen Inhalt ich erst einmal prüfte, denn ich war mir sicher, dass ich nichts bestellt hatte. Im beiliegenden Schreiben hieß es, dass drei Artikel kostenfrei sind und meine Bestellung ab sofort für über 20 DM monatlich geliefert würde. Ich staunte nicht schlecht und war im ersten Moment etwas ratlos, denn ich konnte mich an keine Bestellung erinnern. Schon gar nicht an ein Abo. Da ich vergebens versuchte anzurufen, schickte ich einen Brief. Als Antwort bekam ich ein merkwürdiges Schreiben, in dem es hieß, dass man das ganze an einen Anwalt übergibt, wenn ich nicht zahle. Leider war das nach der Wende kein Einzelfall, so dass ich immer meine berühmte Freundin ins Spiel bringen musste. Mensch, hört das denn nie auf? Erst die Versicherungsvertreter, die einen am Telefon eine Versicherung verkaufen wollten, ohne überhaupt die eigentlichen Bedürfnisse zu überprüfen, dann die Versandhandel und dubiosen Unternehmen, die mit schönen Busreisen warben. Da mir das ziemlich auf die Nerven ging und ich meine Ruhe haben wollte, musste ich mir etwas einfallen lassen. Also holte ich meine prominente Freundin mit ins Boot. Ich schrieb dem Unternehmen oder was immer die waren einen Brief zurück, indem ich auf meine Freundin aufmerksam machte. Sie arbeitete selbstverständlich für einen Privatsender und interessierte sich brennend für solche Storys.
Es dauerte nicht lange und ich bekam eine Antwort mit folgendem Inhalt: »Die Sache hat sich erledigt. Wir haben unsere Mitarbeiter darüber informiert, dass Sie keine Bestellung mehr wünschen.«
Ach was? Geht doch! Ich bekam nie wieder Werbung oder Werbepakete von diesem Unternehmen.

Anders war es mit den Versicherungsvertretern, die uns Ossis förmlich nach dem AUA-Prinzip (anhauen, umhauen, abhauen) die Bude einrannten. Eines Tages hatte ich wieder so einen Anruf eines Vertreters, der mir tatsächlich eine Police am Telefon aufdrängen wollte. Allerdings hatte ich ihn aufgeklärt, dass die Werbung am Telefon strafbar sei und somit auch kein Vertrag zustande käme. Er war geschockt! Mit den Worten, er solle sich lieber eine seriöse Versicherung suchen, verabschiedete ich ihn. Wenige Zeit später bekam ich Post. Angeblich hätte ich eine Rentenversicherung abgeschlossen, die mich monatlich 100 Mark kosten sollte. Das wüsste ich aber und schrieb erst einmal einen Brief, um das Missverständnis zu klären. Die haben auf diesen Vertragsabschluss bestanden und ich wollte die Police mit meiner Unterschrift sehen, die es ja nicht gab! Es war nichts zu machen, die gaben nicht auf. So etwas habe ich nun wirklich noch nicht erlebt. Also musste wieder die prominente Freundin helfen und siehe da, man hat sich bei mir entschuldigt. Das Spiel wiederholte sich bereits das vierte oder fünfte Mal bis heute. Ich bin froh, dass mir meine Freundin jedes Mal geholfen hat. Leider kann ich mich nicht persönlich bei ihr bedanken, da es sie nur in meiner Fantasie gibt.

Mit dem Typen stimmt was nicht!

Nachdem ich 2008 meine sechsjährige Beziehung zu meinem damaligen Freund aufgegeben hatte, war ich wieder offen für etwas Neues. Von einer Bekannten wurde ich auf eine Partnerschaftsvermittlung im Internet aufmerksam gemacht. Ich war mir nicht sicher, ob die Art von Partnerauswahl das Richtige für mich war, da ich eher auf romantische Kennlernsituationen stand. Als ich mir aber die große Auswahl angeschaut hatte, bin ich auf den Geschmack gekommen, mir ein eigenes Profil anzulegen. Da ich mir gerade neue Bewerbungsfotos zugelegt hatte, konnte ich mein Profil auch mit einem aktuellen Foto veröffentlichen. Das sollte nach der Werbung des Anbieters besser funktionieren, um jemanden kennen zu lernen. Ich war gespannt auf die Dinge, die da kommen sollten.
Einen Tag nach der Veröffentlichung meines Profils hatte ich bereits einige Anfragen von Herren aus meiner Umgebung. In die engere Wahl kamen ein Ingenieur sowie ein Beamter. Mit beiden habe ich

mich über Dinge meines Privatlebens ausgetauscht.

Da ich bereits mit einem Ingenieur mächtig auf die Nase gefallen war, dachte ich eher an eine sichere Zukunft mit einem Beamten. Zuerst schaute ich mir sein Profil an und stolperte ein wenig über den Nicknamen »Pit.....el«! Schon sehr außergewöhnlich, wie ich fand, aber auch wieder interessant, daher bin ich nach einigen schriftlichen Kontakten darauf eingegangen, ihn anzurufen. Ich wählte seine Nummer und war auf die Stimme am anderen Ende der Leitung gespannt. Er meldete sich mit seinem Nachnamen, den ich leider nicht verstand. Irgendwas zwischen »A und Z« konnte ich verstehen, als ich ihm dann mitteilte, wer ihn sprechen wollte, klang er sehr überrascht. Allerdings fasste er sich kurz, da er Besuch von seinem besten Freund hatte. Wir machten einen Treffpunkt und die Uhrzeit unseres Blinddates aus. Er schlug ein Schloss in der Nähe meines Wohnortes vor und verabschiedete sich: »Bis Samstag, 18.00 Uhr, vor dem Tor des Schlosses.« Wie romantisch, dachte ich so und stellte mir die Frage aller Fragen: »Was ziehe ich bloß an?«

Mit meinem Sohn und dessen Freundin machte ich das Einkaufscenter unsicher und probierte alles Mögliche an, nur um dem Mann zu gefallen, den ich wenige Stunden später treffen wollte. Ich war so aufgeregt, dass ich bereits eine halbe Stunde vorher am vereinbarten Treffpunkt war. Um nicht so dumm herumzustehen, habe ich mir die Schaufenster der Geschäfte angeschaut. Zehn Minuten vor der vereinbarten Uhrzeit stand ich am Tor und schaute neugierig immer wieder nach rechts und links. Dann kam er forschen Schrittes angelaufen. Ich erkannte ihn sofort, weil er auch ein Foto ins Netz gestellt hatte. Er kam winkend auf mich zu und begrüßte mich herzlich mit einer Umarmung. Man hätte denken können, dass wir uns bereits seit Jahren kennen. Aber dem war ja nicht so und deshalb empfand ich die Situation sehr entspannend. Mein Sohn bat mich, nicht mit dem Fremden durch den Park zu gehen, da man nie wissen kann. Verständlicherweise machte er sich Sorgen, aber die schienen mir unbegründet zu sein.

Wir suchten uns ein nettes Plätzchen in einem Café, das sich direkt gegenüber dem Schloss befand. Die Bedienung fragte, was wir bestellen möchten. Ich zögerte nicht lange und bestellte mir einen Pfefferminztee. Meine männliche Begleitung, mit Namen Jesper,

bestellte sich ein großes Glas Weizenbier, was ich persönlich nicht gerade passend für das erste Date fand. Aber wenige Sekunden später habe ich den Gedanken wieder verworfen. Plötzlich holte er aus seiner Hemdtasche eingepackte Mozartherzchen. Die Geste fand ich sehr aufmerksam und süß. Leider musste ich ihn enttäuschen, da ich auf Grund meiner vielen Lebensmittelunverträglichkeiten dieses süße Geschenk nicht essen konnte. Aber ich konnte ihn mit einem kleinen, süßen Mitbringsel meinerseits trösten. Beide hatten wir den gleichen Gedanken. Das kann interessant werden, dachte ich mir so. Plötzlich erzählte er mir eine Geschichte, die ich für das erste Date sehr ungewöhnlich fand. Ich hatte noch keine Erfahrung mit solcher Art von Dates. Vielleicht war es ja normal, dass er mir bereits nach 15 Minuten so eine Geschichte auftischte. Er erzählte mir von seiner verflossenen Partnerin, die ihn wegen Vergewaltigung angezeigt hatte. Er redete sich in Rage. Da gab es die Exfrau, die mit seinem besten Freund durchgebrannt war, dann eine, die ihm seine Tür kaputtgemacht und ihn beklaut hatte und die Letzte eben, die eine Vergewaltigung vortäuschte und sich selbst verletzte. Wenn er den Anwalt nicht gehabt hätte, wäre sein Leben zerstört gewesen. Er litt darunter, dass sich seine Kinder aus erster Ehe nur zu den Feiertagen bei ihm melden, und seine Arbeit als Beamter machte ihm auch keinen Spaß. Aber anders kann er sein Brot nicht verdienen, da er den Beamtenstatus nicht aufgeben wollte, schließlich hatte er ein Haus und den Unterhalt zu zahlen. Da bleibt nicht mehr viel übrig, so seine Worte. Oje, dachte ich nur, der arme Beamte! Er fragte mich, was ich denn beruflich tat. Ich erzählte, dass ich junge Menschen coache und befristet beschäftig bin. Es war ein leises Hm… zu hören, aber er fragte auch nicht weiter. Als er hörte, dass ich aus dem Ostteil unseres Landes komme, funkelten seine Augen und er strahlte über das ganze Gesicht. Ich dachte, dass er mich auslachen wollte, aber dem war nicht so.
»Da freue ich mich aber, dass du aus dem Osten kommst«, sagte er zu mir. »Ja? Warum denn?«
Etwas beschämend sagte er zu mir, dass man den ostdeutschen Frauen nachsagt, dass sie es im Bett richtig krachen lassen können und sie sehr freizügig sind, was das betrifft. Ich erwiderte darauf, dass ich nach meiner Scheidung mindestens fünf Jahre lang keine Beziehung hatte. Auch bei meiner vorherigen Beziehung war von

Sexorgien nicht zu sprechen. Er schaute mich etwas verdutzt an und sagte: »Das kann ich ja nicht glauben.«

Was will der jetzt von dir? fragte ich mich insgeheim. Wir beendeten das Gespräch und zogen es vor, bei einem Spaziergang an der frischen Luft auf andere Gedanken zu kommen, zumindest was mich betraf. Was er so dachte, hatte er mir nicht verraten. Überhaupt viele Dinge nicht, wie sich später herausstellte. Ich hielt mich nicht an das Versprechen, dass ich meinem Sohn gegeben hatte und ging mit einem mulmigen Gefühl mit Jesper durch den Park. Es war dunkel und kalt. Kurz vorher rief mich mein Sohn auf dem Handy an und fragte: »Na wie läuft es denn?« Das war mir sichtlich peinlich und ich bat ihn, nicht wieder anzurufen, weil man so etwas nicht macht. Beim ersten Date mit dem Sohn telefonieren – das geht gar nicht! Aber das fand ich persönlich nicht so schlimm, wie die Geschichten von Jesper, über die ich mir sehr lange Gedanken gemacht habe. Anders als üblich hat er während des Spaziergangs gefroren und ich bat ihm meinen Mantel an. Das fand er großartig und nahm mein Angebot sofort an. Da ich von Natur aus aber eine Frostbeule bin, war ich froh, dass der Spaziergang nicht so lange dauerte.

Kurze Zeit später saß ich wieder in meinem Auto und konnte mir die warme Luft aus der Lüftung um die Nase blasen lassen. Diesmal habe ich nicht beim Autokauf gespart. Zuvor habe ich mich für den nächsten Tag mit Jesper verabredet. Als ich in meinem Auto saß, bekam ich das Gefühl, dass mit diesem Mann irgendwas nicht stimmte. Was genau wusste ich bis dato noch nicht, daher wollte ich das zweite Date nutzen, um noch mehr von ihm zu erfahren. Wir trafen uns an gleicher Stelle und wieder gingen wir im Park spazieren. Die Kälte fraß uns fast auf und wir gingen ins Schlosscafé, um uns aufzuwärmen. Immer wieder schaute mich Jesper von der Seite an. Er meinte, dass ich ihm sehr gefalle und er sich nichts sehnlicher gewünscht hatte, als mich kennenzulernen. Mein Foto im Internet gefiel ihm so sehr, dass er sich bereits in dieses Foto verliebt hatte. Meine Güte, der erste Mann, der mir so etwas sagt. Toll! dachte ich. Kurze Zeit später überlegte ich und meinte zu mir selbst, dass es ja auch das erste Mal war, dass ich über das Internet nach einer Bekanntschaft suchte. Also musste er zwangsläufig der erste Mann sein, der so etwas sagt. Aber meine Fragen, die ich hatte, wollte ich ihm trotzdem stellen, weil ich dieses komische Gefühl loswerden wollte. Ihm war es sichtlich unangenehm, dass ich solche Fragen stellte, wie:»Was wünscht du dir von deiner Partnerin?« Oder:»Welche Schwächen hast du?« Nach einer Weile hörte ich auf, ihn zu nerven und wir unterhielten uns über unsere Kindheit. Da ich wusste, dass jeder so seine Geschichte mit sich trägt und ich durch meinen Beruf viele Menschen mit ihren Schicksalen kennengelernt hatte, war seine Geschichte für mich nicht so ungewöhnlich. Da war die Scheidung der Eltern, dann die Stiefmutter, danach wieder bei der leiblichen Mutter und dem Stiefvater, ein Zimmer im Keller etc. Später kam noch die eigene Scheidung, die Kinder, die sich kaum meldeten und die angebliche Vergewaltigung dazu. Schicksale, die mich aber auch nicht kalt ließen.

Aus eigener Erfahrung wusste ich damit umzugehen. Etwas Einfühlungsvermögen, Respekt vor dem anderen und Ehrlichkeit sind die Tugenden, die ich von mir selbst abverlange und mir von meinem zukünftigen Partner auch wünschte.

Trotzdem wurde ich das Gefühl nicht los, dass mit ihm irgendetwas nicht stimmte. Das machte mich fast wahnsinnig. Daher habe ich in einer Mail an Jesper über meine Gefühle berichtet und ihn gefragt, ob er ein Problem hat. Seine Antwort hat mich nicht verwundert, denn er konnte diese Frage auch nicht ernst nehmen, da er mich als lustigen Menschen kennengelernt hatte.»Ich bin Alkoholiker und habe bereits im Knast gesessen!«, war seine Antwort darauf. Natürlich war mir klar, dass ich nach so einer bescheuerten Frage auch eine blöde Antwort bekomme. Im ersten Moment aber hat er mich tatsächlich die Geschichte glauben lassen. Im nächsten Moment schoss es mir durch den Kopf, dass diese Geschichte nur ein Fake war, da er Beamter war und der Prozess mit der angeblichen Vergewaltigung nie zustande kam. Trinken? Ging eigentlich nicht, da er täglich mit dem Auto unterwegs war. Das hatte sicherlich alles seine Gründe, dachte ich so und schrieb zurück:»Ja, ja ist klar! Dann weiß ich jetzt Bescheid!« Also machte ich meinem Hirn klar, dass das Gefühl völliger Nonsens ist. Ich war mir sicher, dass Jesper die Tugenden wie Ehrlichkeit, Verantwortungsbewusstsein und Achtung gegenüber anderen Menschen hat, schließlich waren es auch seine Wünsche. Nach einigen Treffen mit Jesper konnte ich mich mit dem Gedanken anfreunden, dass ich es trotz des komischen Gefühls mit ihm versuchen würde.

Die verschwundene Wurst

2009 — Seit einigen Monaten wohnte ich nun bereits mit Jesper zusammen in einem kleinen Ort in Niedersachsen. Sein Haus stand nahe einer Bahnstrecke. Die Bimmelbahn quälte sich sonntags durch die Landschaft mit ihren Bergen und transportiert neugierige Touristen. Rechts und links alte Bauernhöfe und mitten im Ort die Dorfkneipe, quasi da, wo sich Fuchs und Hase gute Nacht sagten und heute es wahrscheinlich immer noch tun. Wenn ich aus dem oberen Fenster schaute, habe ich manchmal sogar einen Fuchs gesehen und freute mich darüber, dass er bei unseren Nachbarn die krähenden Hähne wegholte. Zum ersten Mal hatte ich vor dem Reineke keine Furcht, im Gegenteil. Er wurde mir immer sympathischer, weil er dafür sorgte, dass ich sonntags etwas länger schlafen konnte, zumindest solange bis die Bahn kam oder Jesper mich wach machte.

Nein, Jesper war kein Bauer. Sein Verhalten ließ aber kein Zweifel daran, dass er auf dem Land groß geworden ist. Sobald sich draußen etwas bewegte, sprang er aus seinem dunkelblauen, durchgesessenen Fernsehsessel hoch und schaute aus dem Fenster. Da war dann plötzlich der Unimog des Nachbarn interessanter als seine Flasche Bier, die er krampfhaft in der Hand hielt und dann schnell abstellte, um noch einen Blick zu erhaschen. »Mensch, ich muss mich mit dem Josias gut stellen, damit ich den Unimog erbe«, hörte ich Jesper sagen und hielt das für einen schlechten Scherz. Ich hatte auch zwölf Jahre auf dem Land gelebt, konnte mich aber an solche Erbschleicherei-Geschichten unter Nachbarn nicht erinnern. Etwas schräg gegenüber lebte ein Mann, der in seiner Freizeit legal Jagd auf Wildschweine machte. Mit Preiselbeeren Kartoffeln und Rotkohl ein echter Leckerschmaus zu den Feiertagen. Wie man so schön sagt, geht die Liebe durch den Magen. Was aber passiert, wenn die da hindurch ist?

Naja, ganz ehrlich, ich will's nicht wissen. Mein anfängliches Gefühl gab mir Recht, dass mit Jesper etwas nicht stimmte. Ich habe lange gebraucht und kam zum Schluss, dass das Leben auf dem Land wohl so sein musste, und habe viele Dinge ignoriert. Eines Tages kam ich mal wieder völlig erschöpft von der Arbeit und war froh endlich zu Hause zu sein. Mittlerweile hatte ich hilfebedürftige

Jugendliche betreut, die nicht immer einfach waren. Sie meinten es an diesem Tag nicht besonders gut mit mir und brachten mich fast zur Weißglut. Die lieben Kollegen schlossen sich an und ließen kein Attentat aus. Da lag ich nun abends völlig erschöpft auf dem Sofa und entspannte mich beim Fernsehen. Plötzlich riss mich Jesper aus meiner Entspannungsphase und fragte mich vorwurfsvoll: »Wo ist denn meine Wurst?« Ein Aufstöhnen und ein entsetztes Kopfschütteln waren die einzigen Reaktionen, zu denen ich fähig war.

»Was für eine Wurst meinst du denn?«, fragte ich in meinem müden Zustand. »Na die Salami!«, zischte Jesper. Er hatte den mordgierigen Blick drauf, der mich zum wiederholten Male erstarren ließ.

»Aber du weißt doch, dass ich die Wurst nicht essen kann. Hast du denn richtig nachgesehen?«

Jesper verließ wütend das Wohnzimmer. Er suchte in der Abstellkammer, in der Küche und im Kühlschrank, aber nirgends war die Wurst zu finden. Jesper lief rot an vor Wut und ich bekam Angst.

»Wo ist meine Wurst?«, schrie er mich an.

»Keine Ahnung, vielleicht hast du sie ja schon gegessen«, versuchte ich ihn zu beruhigen.

»Dann waren es wohl die Heinzelmännchen, die mir meine Wurst geklaut haben«, bekam ich zu hören.

Großartig! dachte ich, die Entspannung endete mal wieder im Stress und so suchte ich, wie so oft, das Weite und ging in mein Büro. Vor lauter Frust darüber, dass er die Wurst nicht gefunden hatte, setzte sich Jesper mit dem Bier und der Pulle Schnaps vor den Fernseher. Na super! Jeden Abend das gleiche Spiel, mal mit oder ohne Wurst.

Es vergingen einige Monate

Mittlerweile hat sich die Aufregung gelegt und keiner von uns dachte noch an die Salami. Eines Abends muss Jesper wohl seinen versteckten Lieblingsschnaps in der Kammer gesucht haben, denn ich hörte, wie er die anderen Gläser, Büchsen und Flaschen hin und her rückte. Ach Jesper, ich weiß es längst, dass du deinen besten Freund den »Alkohol« versteckst, dachte ich so, als er plötzlich vor mir stand.

»Schau mal«, lächelte er mich an und hielt eine Salami in der Hand.

»Ist das etwa die Wurst, die du damals gesucht hast?«, fragte ich ihn.

»Das muss sie wohl sein«, antwortete Jesper.

Nach einigen Sekunden der Verblüffung brach nicht gerade ein Jubelschrei meinerseits aus. Dennoch freute ich mich innerlich, dass die verschwundene Wurst wieder da war und die Heinzelmännchen vom Verdacht freigesprochen wurden. Jesper freute sich so sehr, dass er den Fund gleich feiern musste. Ich hingegen setzte mich enttäuscht an den PC und checkte meine Mails. Noch Tage später hatte ich gehofft, dass Jesper auf die Idee käme, sich bei mir zu entschuldigen. Meine Hoffnung wurde aber nicht erfüllt.

13. Teil

Episoden aus meinem Berufsleben Teil II

Als Betriebsrat getarnt

Wie das so nach der Wende war, hatten viele Ostdeutsche kaum eine Ahnung von der Marktwirtschaft und viele interessierten sich dafür auch nicht. Sie lebten irgendwie in ihrer DDR weiter, obwohl es die seit vier Jahren nicht mehr gab. Ich arbeitete zu der Zeit in der Verwaltung eines großen bundesweiten Unternehmens. Zwischenzeitlich hatte ich an einigen Weiterbildungsangeboten teilgenommen und hatte mich privat in Sachen Marktwirtschaft, Management, Psychologie und Betriebswirtschaft fortgebildet. Besonders spannend fand ich die Versicherungsbranche. Ich habe mir nebenbei einige Unternehmen angeschaut und auch einige Bücher über die Machenschaften der Männer in Nadelstreifen gelesen und eignete mir so ein großes Wissen an. Seit 1990 bemühte sich das Unternehmen die Direktionen im gesamten Bundesgebiet aufzubauen, damit die Dienstleistung auch immer stimmte. Es wurde viel umgestellt, viel Werbung gemacht und wir Mitarbeiter haben die Führungskräfte dabei unterstützt. Ein neuer Betriebsrat wurde gewählt und Weiterbildungen angeboten. Mir machte die Arbeit Spaß, aber vielen passte der plötzliche Umschwung nicht. Die Führungskräfte kamen alle aus Westdeutschland und waren bei den Ossis nicht sonderlich beliebt. Ich hatte immer wieder versucht zu erklären, dass wir ohne dieses Wissen der Westdeutschen die Marktwirtschaft nicht verstehen würden, geschweige umsetzen könnten. Dafür hatten aber die wenigsten Verständnis. Besonders die älteren Kollegen kamen mit diesem schnellen Wandel nicht klar und wurden immer frustrierter. Aber nun zur Geschichte …

Plötzlich fielen die Versicherungtreter über uns her und versuchten ihr schnelles Geld zu machen. Sie hatten damit auch großen Erfolg, zumindest bei den meisten meiner Kollegen. In den Pausen unterhielten wir uns oft über die Maschen der westdeutschen Versicherungsunternehmen.

Schließlich brauchen die Ossis das Rundum-Schutzpaket, damit sie vor allem und jeden geschützt sind. Die meisten Menschen im Osten sind auch darauf reingefallen. Ich hatte meinen Kollegen geraten, dass sie sich das Preis- Leistungs-Verhältnis gut anschauen müssten. Denn teuer heißt nicht gleich, dass das Produkt auch gut war. Irgendwann fragte mich eine Kollegin, ob ich nicht mal über ihre Unterlagen schauen könne. Sie war sich nicht sicher, ob sie alle Verträge überhaupt benötigte. Ich habe mich dazu bereit erklärt und fuhr zu ihr nach Hause. Sie wohnte in der fünften Etage eines Plattenbaus ohne Fahrstuhl. Sie und ihr Mann verdienten gutes Geld und hatten zwei Kinder. Sie holte den Versicherungsordner und ich war beim Anblick baff. So einen dicken Ordner hatte ich noch nie gesehen. Mir war sofort klar, dass das förmlich nach Betrug roch. Ich wurschtelte mich über eine halbe Stunde, ohne ein Wort zu sagen durch diesen Ordner. Was ich da entdeckte, grenzte schon an schweren Betrug. Diese Familie hatte sieben Lebensversicherungen, obwohl es nur vier Personen insgesamt waren. Abgesehen davon, dass Lebensversicherungen nur für die Verdiener in der Familie überhaupt Sinn machten. Es stellte sich heraus, dass sie ungefähr 500 DM im Monat nur dafür ausgaben. Meine Kollegin fing an zu weinen. Die Verträge liefen zehn Jahre und wären so lange nicht kündbar. Mit Tricks konnte man aber aus solchen Verträgen kommen und wir haben es letztendlich auch geschafft. Nur dumm, dass die meisten Verträge über die Versicherung unseres Unternehmens abgeschlossen wurden.

Eines schönen Tages klingelte mein Diensttelefon und riss mich aus meinem gedanklichen Mittagsschlaf. Ich las gerade die neuesten Nachrichten, nahm aber trotzdem den Hörer ab. Es meldete sich unser Betriebsrat, der mich fragte, ob ich Zeit hätte, ihn gleich aufzusuchen. Da ich ihn mochte und seine Arbeit schätzte, bin ich sofort, ohne groß über den Grund nachzudenken, zu ihm gegangen. Als ich das Büro betrat, saß auf der rechten Seite der Sitzgruppe der gute Mann von der Versicherung unseres Unternehmens. Oje, dachte ich mir, »Nachtigall ick hör dir trapsen« und war auf das Gespräch gespannt. Folgender Dialog kam zustande:

Betriebsrat: »Mir wurde zugetragen, dass du einer Kollegin geraten haben sollst, die Lebensversicherung unseres Unternehmens zu kündigen, stimmt das?«

»Ich weiß nicht, was ihr von mir wollt, aber ich habe ein ganz normales Gespräch geführt. Zu vergleichen mit Gesprächen, die Frauen eben führen, wenn sie sich über das Preis-Leistungs-Verhältnis der verschiedenen Modekataloge unterhalten.

Wo ist das Problem?«

Es mischte sich der Versicherungsvertreter ein. »Sie haben einer Kollegin die Versicherung madig gemacht!«

»Ich denke, das Gespräch ist hiermit beendet«, sagte ich zu ihm. Ich verließ das Büro und spurtete in die vierte Etage des Hauses, um meiner Kollegin von diesem doch merkwürdigen Gespräch zu berichten. Gerade als ich noch ganz außer Atem die Geschichte erzählte, klingelte ihr Telefon. Ich war mir sicher, dass der Betriebsrat dran sein würde. Tatsächlich! Mit einem Kopfnicken hatte sie meine Vermutung bestätigt. Man stellte ihr tatsächlich die Frage, ob ich ihr dazu geraten hätte, die Versicherungsverträge zu kündigen. Meine Kollegin verneinte diese Frage und musste sich für die Kündigung der Lebensversicherung rechtfertigen. Kaum zu glauben, aber tatsächlich so geschehen. Wir schauten uns fragend an und ich meinte nur: »Das sind ja Stasimethoden.« Ich war mir aber sicher, dass es diese Hunde unter uns nicht mehr gab, denn wir mussten gleich zu Beginn der Wende einen Fragebogen zur evtl. Stasivergangenheit ausfüllen. Meine unmittelbaren Kollegen waren alle sauber und durften im Unternehmen bleiben. Einige Wochen nach diesem Zwischenfall mussten wir das zweite Mal so einen Bogen ausfüllen. Ich fand das in Ordnung, denn mittlerweile hörten wir immer wieder aus den Medien, dass sich die Hunde überall versteckt hielten und sich selbst in der Politik eingeschlichen hatten. Es vergingen weitere Wochen und es wuchs Gras über die Geschichte mit der Versicherung. Doch eines Morgens kam ein Kollege ins Büro und meinte: »Habt ihr schon gehört? Unser Betriebsrat ist nicht mehr im Unternehmen.«

»Ach was, warum denn nicht?«, fragte ich ihn. Er grinste und meinte nur: »Der wurde entlassen.« »Warum das denn?«, fragte ich verwundert.

»Den haben die bei der Befragung als Stasimitarbeiter entlarvt!« Ein langes »Waaas?« drang durch das Büro. Ich war geschockt, zumal ich große Stücke auf diesen Menschen hielt. Kaum zu glauben, dass der sich als Betriebsrat aufstellen ließ! Mir wurde nun auch einiges klarer. Ihn aber hat man nur noch auf dem Wochenmarkt gesehen. Hier versuchte er, seine selbstgemalten Bilder zu verkaufen.

Hugo der Schwerenöter

Hugo war ein gutaussehender Mann, dunkelhaarig und Anfang vierzig, kam aus Bayern und arbeitete als Abteilungsleiter in unserem Betrieb. Er hatte eine Freundin, die zehn Jahre älter gewesen sein soll. Hugo machte sich an alles ran, was einen Rock trug und halbwegs gut aussah. Besonders hatte er Gefallen an den ostdeutschen Frauen gefunden. Ich hatte zu dieser Zeit einen Freund und konnte einen Schwerenöter wie den Hugo nun wirklich nicht gebrauchen. Ich gebe zu, dass er es mit seinem Charme geschafft hatte, mich auch für kurze Zeit in den Bann zu ziehen. Als ich aber hörte, dass er die Mädels der Reihe nach abschleppte, schenkte ich ihm keine Beachtung mehr. Nachdem eine Mitarbeiterin seines Bereiches gekündigt hatte, fragte er mich, ob ich nicht für ihn arbeiten wollte. Da die Stelle etwas höher dotiert war und ich das Geld brauchte, stimmte ich dem zu. Außerdem wurden gerade Stellen gekürzt und ich wusste nicht, wo ich mich intern noch bewerben sollte. Er wollte im Teamgespräch die Veränderung bekannt geben und mir in den nächsten Tagen Bescheid sagen.

Wenige Tage später hatte er Betriebsjubiläum und lud alle Kollegen auf ein Glas Sekt ein. Natürlich gingen wir alle hin, um zu gratulieren. Hugo freute sich, wieder viele hübsche Frauen, um sich zu haben. Sein Büro war der drittletzte Raum auf dem Flur und alle Büros waren durch eine Mitteltür miteinander verbunden. Die Feier fand im Besprechungsraum statt, also im letzten Raum auf dem Gang. Da ich aber meinen Sohn noch Bescheid geben musste, dass ich später nach Hause käme, bat ich Hugo, das Telefon benutzen zu dürfen. Er stimmte dem zu. Leider war mein Kind noch nicht aus der Schule zurück, so dass ich es später erneut versuchen musste. Also gesellte ich mich wieder zu den Partygästen und hörte den Erzählungen der anderen Kollegen zu. Nach 17.00 Uhr löste sich die Gruppe langsam auf und ich fragte wieder, ob ich sein Telefon benutzen durfte. Er führte mich in sein Büro. Nun hatte ich auch meinen Sohn erreichen können und wir telefonierten einige Minuten. Nachdem ich das Telefonat beendet hatte, hörte ich noch einige Stimmen, die sich gerade verabschiedeten. Ich beeilte mich, um noch mitgehen zu können. Doch dann hörte ich plötzlich, wie die Tür ins Schloss fiel. Das war für mich das Zeichen, dass keiner der

Gäste mehr da war. In dem Moment, als ich durch die Mitteltür gehen wollte, kam Hugo mir entgegen und schloss hinter sich ab. Was hat der denn vor, fragte ich mich und ging zur eigentlichen Ausgangstür. Doch Hugo stellte sich mir in den Weg und meinte, dass wir jetzt ganz allein sind. Rückwärts ging er zur Tür und drehte den Schlüssel rum! Ich ahnte nichts Gutes. Hugo kam mir aufdringlich näher. Seine Augen gierten mich an und seine Körpersprache verriet mir, dass er mehr von mir wollte. Er kam mir immer näher und ich hatte keine Möglichkeit ihm auszuweichen. Hugo berührte mich unsittlich und ich drohte zu schreien, wenn er nicht aufhört. Aber er ließ nicht von mir ab und wurde beinahe zum wilden Tier. Weil sich niemand mehr im Haus aufhielt, fühlte er sich scheinbar sicher und versuchte, mich erneut an sich heranzuziehen. Daraufhin habe ich ihm eine geknallt. Er war so überrascht, dass er sofort ein Stück zurückging und mich dann gehen ließ. Wütend meinte er nur: »Das mit der Backpfeife hat ein Nachspiel.« Um Gottes Willen, dachte ich mir so. Das Vorspiel war schon so miserabel, was sollte da noch kommen? Ich fuhr nach Hause. Nachdem ich wieder etwas klarer denken konnte, wurde mir bewusst, welche berufliche Chance ich mir durch mein Verhalten versaut hatte. Aber unter diesen Umständen wollte ich auf keinen Fall in Hugos Abteilung arbeiten. Nach einigen Wochen hatte ich immer noch nichts von ihm gehört. Es vergingen weitere Wochen. Mein Computer streikte zu Hause und ich hatte noch immer keinen passenden Job innerhalb des Unternehmens gefunden. Da ich mich mit Computern nicht so gut auskannte, sprach ich einen netten Kollegen aus Hugos Abteilung an. Ich fragte ihn, ob er meinen Computer überprüfen könne. Er hat sich sofort bereit erklärt. Gleich am nächsten Tag kam er zu mir und nahm meinen ganzen Computer auseinander. Natürlich bot ich ihm Kaffee und Kuchen an und er freute sich über meine Gastfreundlichkeit. Wir kamen ins Gespräch und er fragte mich, was zwischen mir und Hugo laufen würde.

»Nichts!«, habe ich geantwortet. »Warum fragst Du?«

»Mir kommt das etwas komisch vor, da Hugo sich vor einigen Wochen nur positiv über dich geäußert hat. Du wärst die Einzige, die was im Kopf hat und für die Stelle bestens geeignet ist und dass er dich unbedingt als Mitarbeiterin haben möchte. Gestern aber hat er nur noch über dich geschimpft, wie blöd du wärst und dass er dich nicht mehr in die Abteilung holen wird.« Natürlich konnte ich ihm das erklären und erzählte ihm die Geschichte mit der Backpfeife und wie es dazu gekommen war. »Was für ein Schwein«, sagte mein Kollege und war fassungslos. In seiner Wut riet er mir, Hugo wegen sexueller Nötigung anzuzeigen oder wenigstens zur Frauenbeauftragten zu gehen. Eine Anzeige machte keinen Sinn, da ich keine Zeugen hatte, also ging ich zur Frauenbeauftragten. Ohne einen Namen, Uhrzeit oder Raum zu nennen, war der Frauenbeauftragten klar, von wem ich sprach. Ich wollte ihn deshalb nicht anzeigen, war aber sauer, dass er seine Position ausgenutzt hatte, um meine berufliche Laufbahn zu beeinflussen. Später hatte er sich eine noch Jüngere geangelt, die sich auf diesem Arbeitsgebiet nun wirklich nicht gut auskannte, dafür scheinbar, aber andere Qualitäten hatte. Sie hatte bei ihm als Vorzimmerdame gearbeitet und man konnte ihr ansehen, wie glücklich sie darüber war, dass ich diesen Job nicht bekommen hatte. Ich dachte nur, »armes Mädchen«. Einige Monate nach diesem Vorfall lebte ich bereits in Westdeutschland. Eines Tages nahm ich einen Brief aus dem Briefkasten, der den langen Weg aus meiner Heimat gut überlebt hatte. Wer schreibt mir denn da? Hmm, den Namen kennst du irgendwo her, dachte ich mir so. Ich machte ihn auf und setzte mich zum Lesen hin. Im Auftrag des armen Mädchens schrieb mich der neue Betriebsrat an, mit der Bitte, mich telefonisch bei ihm zu melden. Neugierig, wie ich war, habe ich gleich zum Telefonhörer gegriffen und angerufen. Er meldete sich und er freute sich, dass ich sofort reagierte. Das arme Mädchen benötigte dringend meine Hilfe, weil Hugo auch sie sexuell belästigt hatte. Ich habe ihr zugesagt, dass ich im Falle einer Anzeige ihrerseits eine Aussage vor Gericht machen werde. Sie hat sich aber nie wieder gemeldet. So wird Hugo vermutlich weiterhin seinen Ruf als Schwerenöter alle Ehre machen.

Jenseits von Gut und Böse

»Der Irrsinn ist bei Einzelnen etwas Seltenes aber bei Gruppen, Parteien, Völkern, Zeiten die Regel.« Dieses Zitat von Friedrich Nietzsche halte ich mir in letzter Zeit immer wieder vor Augen. Na, ganz Unrecht hatte der Mann nicht, aber leider ist der Irrsinn bei Einzelnen nicht mehr so selten, wie damals. Ich weiß nicht mehr, wie viele irre Menschen ich bereits kennengelernt hatte. Wir setzen uns allerdings jeden Tag diesem Irrsinn aus und wundern uns, dass es uns immer schlechter geht.

Nachdem ich den Hunden entkommen war und sich die Zeit für mich und für die vielen Millionen Ostdeutschen zum Positiven geändert hatte, gab es trotz alledem immer wieder Rückschläge und Enttäuschungen. Besonders dann, wenn man anderen Menschen vertraute, aber das entgegengebrachte Vertrauen für eigene Zwecke missbraucht wurde. So kam es, dass mir genau das wiederholt passierte. Als ich in den Westen zog, hatte mich meine damalige Freundin auch in Berufsdingen unterstützt. Ich war ihr sehr dankbar dafür. Sie hieß Weda, kam aus dem Westen und war frisch verheiratet. Sie arbeitete von zu Hause aus und klagte ständig, dass sie wieder in einer Firma arbeiten möchte. Ich wechselte gerade die Stelle und hörte, dass der Betrieb noch mehr Leute einstellen wollte. Nach kurzer Rücksprache hatte ich meine Freundin Weda im Betrieb empfohlen. Sie wurde angenommen und wir beide arbeiteten sogar zusammen in einer Abteilung. Ich hatte einen Vollzeitjob und sie arbeitete in Teilzeit. Wir hatten Arbeitslose beraten und bei der Suche nach einem neuen Job unterstützt. Die erste Zeit war sehr entspannt und wir hatten unseren Spaß, aber nach ein paar Wochen benahm sich Weda immer merkwürdiger. Sie jammerte, dass sie nie Zeit hat und kaum für die Kinder da ist und immer Ärger mit dem Mann hat. Trotzdem wollte sie Vollzeit arbeiten. Das soll nun einer verstehen, dachte ich mir so und ging wie immer meiner Arbeit nach. Wir bereiteten uns auf einen Messestand vor und ich hatte eine Infomappe für die Arbeitslosen zusammengestellt. Weda wollte, dass ich die Mappe mit einem Copyright-Zeichen versehe, weil es schließlich meine eigenen Ideen waren, die ich da einbrachte. Ich versuchte ihr zu erklären, dass ich meine Ideen dem Arbeitgeber zur Verfügung stellte und das Copyright-Zeichen nicht daruntersetzen würde.

Als ich wenige Wochen später am Messestand meinen Dienst antreten wollte, kam mir Weda aufgeregt entgegen. »Der Chef ist da und ist schlecht gelaunt.« »Warum das denn?«

»Der hat gesehen, dass das Copyright auf jedem Blatt in der Infomappe ist«, bekam ich zur Antwort. Etwas irritiert fragte ich sie: »Welches Zeichen?«

Wir standen bereits neben unserem Chef, als sie laut sagte: »Du wolltest das Zeichen und unsere Namen doch auch draufhaben!« »Was wollte ich?«

»Ja, deinetwegen müssen wir jetzt alles ausschwärzen«, meinte sie zu mir und der Chef hatte das alles gehört. Ich war fassungslos und mir schwante Böses. Egal was ich gesagt hätte, es hätte mir eh keiner geglaubt, also nahm ich den schwarzen Marker und strich das Zeichen und unsere Namen weg. Man, die hat nichts ausgelassen, dachte ich mir und war froh, als der Tag rum war. Ich machte mir darüber lange Gedanken, denn ich war noch in der Probezeit und brauchte diesen Job. Eines Tages, ich saß wieder im Büro, kam ein junger Mann zu uns rein. Er war Versicherungsvertreter und fragte nach geeignetem Personal. Ich habe ihm gesagt, dass wir uns darum kümmern würden. Der junge Mann lief danach fast jeden Tag bei uns auf und ich war langsam genervt.

Weda meinte eines Tages zu mir: »Du kennst doch den Versicherungsfritzen. Kannst du mir nicht ein Angebot für unsere Lebensversicherung besorgen?« »Ja, kann ich machen, ich werde gleich heute nach Feierabend dort hinfahren.«

Ich besorgte ihr das Angebot und nahm es am nächsten Morgen mit zur Arbeit. Sie freute sich, dass ich mein Versprechen prompt eingehalten hatte.

Die Zeit darauf wurde immer anstrengender mit ihr. Sie forderte eine Klingel, weil sie sich nicht mehr sicher fühlte, ein anderes Mal nahm sie Kontakt zur Polizei auf, weil eine der Damen, die wir betreuten, angeblich versucht haben sollte, den eigenen Mann über den Haufen zu fahren. Eines Tages rief mich eine Kundin an und fragte mich, ob meine Kollegin irgendein Problem hat oder vielleicht krank ist.

»Wie kommen Sie denn darauf?«, fragte ich ganz erstaunt.

»Ihre Kollegin hat bei mir angerufen und gefragt, ob Sie mir Schlechtes über sie erzählt hätten?«

»Wie bitte?«

Ich habe geglaubt, dass ich mich in einem falschen Film befände, aber die Dame hat das Ganze noch mal wiederholt, weil ich es nicht glauben wollte. Die Geschichten wurden immer skurriler und Weda tat mir langsam leid. Sie kam bereits morgens abgehetzt auf der Arbeit an und man konnte ihr den Stress ansehen. Dann die schwierigen Klienten und der Mann, der sie nur wegen der Erbschaft geheiratet hatte. Weda war echt schlecht dran und ich habe überlegt, wie man ihr helfen konnte. Nach kurzer Zeit musste ich aber feststellen, dass ihr nicht mehr zu helfen war. Sie war am Ende ihrer Kräfte und der Irrsinn nahm seinen Lauf.

Eines Tages, es war in der Vorweihnachtszeit, kündigte sich unser Chef an und besuchte uns auf der Dienstelle. Er brachte einen anonymen Brief mit, in dem uns vorgeworfen wurde, dass wir während der Arbeitszeit Versicherungen verkaufen. Ich meinte daraufhin, dass es sich sicherlich um einen Irrtum handelte, da keiner von uns Versicherungen verkauft hatte. Weiterhin habe ich gesagt, dass ständig einer von dieser Versicherungsgesellschaft kam, um nach Personal zu fragen. Mittlerweile hatte ich ihm schon fast ein Hausverbot ausgesprochen. Mein Chef schaute skeptisch und meinte: »Das steht so aber in diesem Brief.«

Ich schaute Weda an. »Sag du doch auch mal was!«

»Weiß ich doch nicht, was du hier nachmittags machst, wenn ich nicht da bin«, hörte ich und fiel fast vom Stuhl. Ist die jetzt völlig durchgedreht, oder was? Das Ganze sollte sich aber ein paar Tage noch schlimmer gestalten.

Wie immer habe ich morgens den Kaffee gekocht, den Tisch mit Weihnachtsgebäck gedeckt und die Räume aufgewärmt. Ich saß bereits über meiner Arbeit, als Weda die Räumlichkeiten betrat. Sie grüßte nur kurz, ging gleich ins Büro und packte hektisch ihre Sachen aus. Ich ging ihr nach und schenkte Kaffee ein. Nachdem sie angekommen schien, fragte ich sie, ob wir uns noch einmal über das Gespräch mit dem Chef unterhalten könnten. Mürrisch blubberte sie vor sich hin und ich fragte sie, warum sie denkt, dass ich Versicherungen verkaufen würde? Das, was ich mit der Versicherung zu tun hatte, war lediglich ihr das Angebot einzuholen, worum sie mich gebeten hatte. Plötzlich aus heiterem Himmel kam sie wie eine Furie auf mich zu und schmiss mich aus ihrem Büro. Dabei zerrte sie mich sogar an den Sachen und ich wusste nicht, wie mir geschah. Ich dachte nur; jetzt dreht die völlig durch! Wenige Minuten später habe ich mich entschlossen zum Chef zu gehen, weil ich unter diesen Umständen mit dieser Irren nicht mehr zusammenarbeiten wollte. Eine Stunde später saß ich beim Chef am Tisch und schilderte ihm den Vorfall, die Geschichte mit der Infomappe und der Versicherung. Ich bat ihm um ein gemeinsames, klärendes Gespräch mit Weda und dem Betriebsrat. Als ich wieder zurück war, ging Weda los und ich vermutete, dass sie auch den Chef aufsuchte. Am nächsten Tag wurden wir dann zum Gespräch zitiert. Als ich ihr angeboten hatte über Weihnachten zu arbeiten, damit sie wegen der beiden Kinder länger Urlaub machen kann, meinte sie:»Sehen Sie, die bezeichnet mich als psychisch krank.« Ich konnte nur den Kopf schütteln und war sprachlos. Es kam zu keiner Einigung, obwohl ich immer wieder versucht hatte einzulenken. Das Gespräch wurde beendet und Weda verließ als Erste den Raum. Der Betriebsrat fragte mich:»Kann es sein, dass die Frau krank ist?« Ich habe mich nicht dazu hinreißen lassen, die Wahrheit zu sagen und meinte nur, dass ich diese Frage nicht beantworten würde. Schließlich lief ich Gefahr, erneut attackiert zu werden. Es kam auch nicht selten vor, dass sie Leute aus ihrem Umfeld wegen Nichtigkeiten vors Gericht zog. Also hielt ich lieber meinen Mund. Als ich am nächsten Morgen immer noch ganz fertig vom Vortag in meinem Büro saß, kam Weda verspätet in Begleitung einer Kollegin zur Arbeit. Sie packte ihre privaten Sachen ein und verschwand wenige Minuten später mit der Kollegin. Noch am selben Tag erfuhr ich, dass Weda gekündigt worden war. Das erste Mal in meinem Leben hatte ich mich darüber gefreut, dass ein Kollege oder eine Kollegin gekündigt wurde. Abgesehen von den Hunden und jetzt Weda, taten mir die anderen Leute immer leid. Aber meine Freude währte nur kurz, da Weda mir weiter von außen Schaden zufügen wollte und das auch tat. Sie hetzte ihre Kunden auf, so dass die sich von mir, nicht mehr beraten lassen wollten, und schrieb scheinbar anonyme Briefe an den Arbeitgeber. Letztendlich wurde ich einen Tag vor Ablauf der Probezeit gekündigt. Als ich fragte:»Warum werde ich jetzt gekündigt?«, bekam ich zur Antwort, dass Briefe mit komischen Inhalten eingegangen wären. Naja, schlussendlich war ich eine Erfahrung reicher und hatte gleich im Anschluss wieder eine neue Arbeit. Ich rief bei dem Versicherungsfritzen an und schilderte ihm meine Situation, an der er nicht ganz unschuldig war. Ein paar Tage später hatte ich ein Vorstellungsgespräch bei seinem Chef, der mich glatt einstellte. Ich habe ein halbes Jahr gebraucht, um über diese Geschichte hinwegzukommen. Kurze Zeit später ging es mir gesundheitlich so schlecht, dass ich glaubte, mein Leben geht zu

Ende. Zwei Jahre später stellte sich heraus, dass sich meine Lebensmittelunverträglichkeit noch weiter verschlimmert hatte. Heute weiß ich, dass ich an einer seltenen Immunerkrankung leide.

Gute Miene zum bösen Spiel

Naja, jetzt war ich da angekommen, wo ich nie sein wollte. Ich war jetzt eine von den Nieten in Nadelstreifen und sollte die Kunden übers Ohr hauen. Das entsprach nicht meinem Naturell. Was tut man nicht alles, um nicht arbeitslos zu werden? Einige Wochen später fuhr ich zu Seminaren, in denen man ausführlich die Einwandbehandlung durchsprach und natürlich auch die Produkte. Hauptsächlich ging es aber darum, Kunden zu gewinnen und langfristig zu binden. Da mir klar war, dass ich so etwas nicht bis zur Rente machen möchte, hatte ich mich weiterhin beworben.

Der junge Versicherungsfritze sollte mich einarbeiten, was er natürlich nicht tat. Stattdessen wurden meine Handynachrichten ausspioniert und irgendwelche Gerüchte in die Welt gesetzt. Ich nahm alles hin, wehrte mich nicht und versuchte, irgendwie den Tag rum zu bekommen. Der junge Mann, ich nenne ihn »Hubertus«, war weiterhin für mich zuständig und nahm mich Monate später mit zum Kunden. Endlich dachte ich mir, kann ich mal sehen, wie die Profis Versicherungen verkauften. Es war warm und der Tag fing für mich erst um 09.00 Uhr an. Wir trafen uns im Büro und Hubertus erklärte mir, was er gleich beim Kunden alles verkaufen möchte. »Heute kannst du eine Menge lernen, also pass gut auf!«, grinste er mich an, nahm seinen Koffer und ging zum Auto. Es war eine deutsche Marke und viel zu groß für den kleinen Hubertus, der mir gerade Mal bis zur Schulter reichte. Noch im Auto schwärmte er von seinen Verkaufszahlen und wie viel Geld heute für ihn drin sei, wenn er die Auszahlung der Lebensversicherung gleich in eine Rentenversicherung umwandeln könnte.

»Also ich wüsste was Besseres, als mein lang erspartes Geld in die Rentenversicherung zu zahlen. Schließlich hätten die Leute ja gleich in die Rentenvorsorge einzahlen können. Die brauchen sicherlich das Geld für andere Dinge oder meinst du nicht Hubertus?«

»Genau da setzte ich an. Du wirst schon sehen, ich verkaufe denen heute eine Rentenversicherung!«, sagte er voller Überzeugung.

Wenige Minuten später sind wir am Haus angekommen. Nobel, dachte ich und stieg staunend aus dem Auto. Wir gingen gemein sam zur Tür und Hubertus klingelte. Vorher drückte er mir aber seinen Koffer in die Hand, damit er seine Hände zur Begrüßung frei hatte. Ein Mann mittleren Alters öffnete die Tür und bat uns herein. Hubertus war bereits beim Kunden bekannt und er stellte mich mit den Worten: »Das ist meine Kofferträgerin«, vor. Ich glaubte nicht, was ich da gerade gehört habe und war völlig von der Rolle. Von einer Minute zur anderen war ich schlecht gelaunt und hatte gehofft, dass das geplante Geschäft nicht zustande käme. Als ich den Koffer abstellte, ballten sich in meinen Jackentaschen meine Hände zu Fäusten und signalisierten dem Gehirn, dass sie sich am liebsten im Gesicht von Hubertus wieder finden würden. Ich riss mich zusammen und machte gute Miene zum bösen Spiel. Wie ich bereits im Vorfeld geahnt hatte, benötigte der Kunde das Geld für Investitionen am und im Haus. Das Haus ist seine geplante Rentenvorsorge, meinte der Mann zu Hubertus. Der wiederum versuchte den Kunden umzustimmen, fand aber nicht die richtigen Argumente und musste sich letztendlich geschlagen geben und das ohne Einsatz meiner Fäuste. »Na, das ging ja mal richtig in die Hose. Wolltest du mir nicht zeigen, wie man Versicherungen verkauft?«, fragte ich Hubertus, der wenig später schweigsam im Auto neben mir saß. »Du wirst sehen, beim nächsten Kunden funktioniert das besser. Der war für eine Rentenversicherung eh zu alt«, brummelte Hubertus vor sich hin.

»Sag mal Hubertus, kennst du eigentlich meinen Namen?« Er grinste mich an und meinte, dass Lehrlinge nun mal Kofferträger sind.

»Dir ist schon klar, dass deine Vorstellung vor dem Kunden ein Hauch von Diskriminierung dargestellt hat, oder?«, fragte ich ihn und wartete mit bösem Blick auf eine Antwort.

Inzwischen wandelte sich Hubertus triumphierendes Grinsen in ein verärgertes Stirnrunzeln. In diesem Moment konnte ich ihn verstehen.

Das von ihm angekündigte Geschäft blieb aus und das Konto blieb entsprechend leer. Die geplante Hochzeit könnte ins Wasser fallen, wenn die Kunden keine Versicherungen mehr haben wollten. Dann muss er sich auch noch von einer Frau, die gut seine Mutter sein könnte, Sprüche von Diskriminierung gefallen lassen. Der arme

Junge, dachte ich und beschloss einen Kaffee auszugeben, um die Gemüter wieder zu beruhigen. Ich stiefelte zum Bäcker, holte noch belegte Brötchen, aber selbst die trösteten nicht über den erfolglosen Tag hinweg. Es sollte noch einiger solcher Tage folgen und ich beschloss, mich intensiver um einen anderen Job zu kümmern. Dabei vergaß ich glatt, dass ich ja Erfolgszahlen bringen musste. Um meine tägliche Arbeit zu kontrollieren, kündigte sich der Gebietsleiter bei mir an, der mir zuvor unmissverständlich machte, dass er bereits an meinen Stuhl sägte. Gemeinsam fuhren wir zu meinen Außenterminen. Gerade als ich die letzten Kunden so weit hatte, dass sie mir ihren kompletten Versicherungsordner überlassen wollten, schaltete sich mein Chef ein.

»Die Kollegin ist neu und muss noch viel lernen«, unterbrach er meine Bemühungen, den Kunden ihren Ordner aus den Rippen zu leiern. Er redete auf das Ehepaar ein, ließ sie nicht zu Wort kommen und ich hatte das Gefühl, dass er von nichts eine Ahnung hatte.

Das Ehepaar wurde misstrauisch und brachte den heißgeliebten Ordner wieder zurück in den Schrank. Toll!, dachte ich und der will mir etwas beibringen? Am Ende hatte er mir das Geschäft kaputtgemacht und ich musste mal wieder gute Miene zum bösen Spiel machen. Anschließend lud er sich selbst bei mir zu Hause ein und blieb so lange, bis ich ihn vor die Tür setzte. Das Gleiche hatte man dann wenige Tage danach mit mir gemacht. Ganz ehrlich, darüber konnte ich nun wirklich nicht böse sein.

Wie zu Ostzeiten

Wenige Jahre später hatte ich wieder eine neue Arbeitsstelle in einer sozialen Einrichtung im Westen Deutschlands. Bis dahin hatte ich mich als pädagogische Mitarbeiterin, Arbeitsvermittlerin und selbständiger Coach irgendwie durchgeschlagen. Alle bisherigen Anstellungen waren nur befristet und schlecht bezahlt, bei diesem Arbeitgeber auch. Meistens bekam ich die besseren Jobs nicht, da mir der Studienabschluss als Sozialpädagogin fehlte. Trotzdem hatte ich mich auf die Zeit mit den Jugendlichen und auf mein neues Team gefreut. Als Erstes lernte ich viele andere neue Kollegen bei einer Weiterbildung kennen und ich fühlte mich wohl. Der PC-Raum war so weit gut ausgestattet, zwar mit alten Computermodellen, aber mit halbwegs neuen Möbeln. Allerdings wurde ich nicht wie besprochen in dem neuen Projekt eingesetzt, sondern in der normalen laufenden Maßnahme. Das hieß für mich, nicht das schöne Hauptgebäude ist meine neue Arbeitsstätte, sondern ein Nebengebäude. Es war ein kleines altes Häuschen, das den Charme des Hexenhauses aus Grimms Märchen besaß. Nur blöd, dass es meinen Arbeitstag nicht versüßt hat. Die Fenster wurden mit Fensterläden und Riegel verschlossen und abends die nicht funktionierende Alarmanlage eingeschaltet. Diese sollte als Abschreckung dienen. Das sollte sich später aber zweimal als großer Irrtum herausstellen, denn uns suchten die Einbrecher trotzdem heim. Wir saßen zu zweit in diesem Gebäude und jeder hatte sein eigenes Büro und seine eigene Toilette. Das hatte den Vorteil, dass ich meine Ruhe hatte, egal was ich gerade tat. Im Sommer war es im Hexenhaus sehr angenehm, da man die Hitze nicht spürte, aber im Winter kroch mir die Kälte in die Beine. Unter dem Haus war der Kriechkeller mit Wasser gefüllt und es zog durch die Fenster. Von einer Isolierung fehlte jede Spur und der Denkmalschutz hatte Einzug gehalten. Alles, was alt war, musste auch alt bleiben. Als ich zwei Winter später darauf hingewiesen hatte, dass dieser Zustand gesundheitliche Folgen für mich nach sich zog, wurde kurz nach einer Lösung gesucht, die irgendwie im Sande verlief. Naja, es kam, wie es kommen musste. Ich wurde krank und fiel einige Wochen wegen starker Schmerzen im Nacken und in den Armen aus. Mein Arzt hatte mir ein Attest ausgeschrieben, dass ich einen ergonomischen Stuhl bekäme und Armstützen. Dieses Attest hatte ich meinem Arbeitgeber vorgelegt, der aber kaum reagierte. Es wurde nach einer Lösung innerhalb des Hexenhäuschens gesucht. Manchmal musste ich an die alten Straßenbahnen denken, die vor Altersschwäche beinahe auseinandergefallen wären. So ähnlich musste man sich das mit diesem Häuschen vorstellen. Mein Büro war so klein, dass man nicht einmal die Möbel so stellen konnte, dass ich das Fenster nicht mehr im Rücken hatte. Ein anderes Büro im Hauptgebäude wäre viel zu teuer, da man es erst hätte umbauen müssen. Ein Kostenvoranschlag für das Hexenhäuschen wurde zwar noch gemacht, aber auch die Kosten hätten das Betriebsbudget gesprengt. Die Arbeit mit den Jugendlichen machte mir Spaß, aber das Umfeld war eine Katastrophe und die Zustände hatten sich zu früher nicht geändert.

M M A (Mobbing mit Ansage)

Naja, dass wir Ossis schon oft als blöd gehalten wurden, habe ich ja gewusst, aber so blöd sind wir nun auch wieder nicht. Spätestens bei diesem Arbeitgeber hatte ich Mobbing live erlebt. Sonst kannte ich diesen Begriff eher nur aus Schulungen oder aus Büchern. Ich unterbrach meine frühmorgendliche Aktivphase – so zwischen acht und 8.30 Uhr für einen Gang durch die Abteilung, um bei den Jugendlichen nach dem Rechten zu sehen, die Anwesenheit zu prüfen und die Meister zu begrüßen. Diese morgendliche, körperliche Bewegung führte ich nun bereits einige Wochen durch, um meine neuen Kollegen und die Jugendlichen besser kennenzulernen. Als ich den Gang lang ging und grübelte, hörte ich, wie sich meine kompetente Kollegin »Trienchen« mit meiner noch weitaus kompetenteren Kollegin »Quasselstrippe« in meinem zukünftigen Ausweichquartier unterhielten. Obwohl mir der Hals-Nasen-Ohren-Arzt eine Schwerhörigkeit diagnostiziert hat, konnte ich mit anhören, wie man mich als neue Kollegin in das Team aufgenommen hatte.

»Du musst aufpassen, die nimmt dir die Butter vom Brot«, sagte die Quasselstrippe zum Trienchen.

Hallo? Was erzählt die da? Ich darf doch keine Butter und kein Brot essen! »Die ist dir rhetorisch überlegen, du musst da noch mehr lernen«, hörte ich die Quasselstrippe weiterreden. Die Tür stand einen Spalt offen und ich dachte mir, was passiert eigentlich, wenn ich jetzt in diesem Augenblick den Raum betrete? Um das herauszufinden, ging ich einfach rein. Der Redefluss der weitaus kompetenteren Kollegin Quasselstrippe brach unvermittelt ab und es machte sich im ersten Moment ein peinliches Schweigen breit. Da die Dame aber zu gerne redete, quälte sie sich ein Lächeln ins Gesicht und begrüßte mich und die andere Blindgängerin zog nach. Ich hätte kotzen können, tat es aber nicht! Stattdessen begrüßte ich die beiden Tucken freundlich und fragte, ob es etwas Besonderes gäbe. Ein scheinheiliges »Nein« kam mir entgegen und ich verließ den Raum, um den unterdrückten Brechreiz wieder los zu werden. Um herauszufinden, was da gegen mich noch so lief, musste ich ab sofort beide Augen und Ohren offenhalten. Immer mit der Angst im Nacken, man könnte der Kollegin die Butter vom Brot nehmen und rhetorisch überlegen sein, entwickelte sich der Arbeitstag zum Alptraum.

Man hatte mich in der Teamsitzung so weit fixiert, dass ich kaum noch im Stande war, irgendeinen Beitrag abzugeben. Wenn ich dann doch den Mut hatte, Vorschläge über effektive Arbeitsweisen zur Steigerung der Integration in den Ausbildungsmarkt zu machen, wurde mir sofort über den Mund gefahren. Die Quasselstrippe, etwas weit ab von Gut und Böse, redete über ihre Methoden, die sich in der Vergangenheit schließlich bewährt hatten. Ich behauptete nie das Gegenteil. Aber neue Zeiten brauchten auch neue Ideen, die wiederum waren in diesem Team nicht gefragt.

Morgenstund' hat Gold im Mund

Mein Gott, welcher Idiot hat bloß den verdammten Wecker erfunden ..., wenn der mal wenigstens klingeln würde! Jeden Morgen exakt eine Stunde früher, klingelte stattdessen mein Wecker im Schädel. Noch Acht müssen vermittelt werden, was für ein Mist, heute ist Teamsitzung und alle Nasen sitzen wieder zusammen auf einen Haufen, ob alle Kids pünktlich da sind.

Wer kennt diesen Zustand nicht? Nachdem ich versucht hatte, schnell diese Gedanken zu verwerfen, sortierte ich meine müden Knochen noch im Bett und stand auf. Durch das dunkle Zimmer schlich ich mich ins Bad. Nachdem ich meinen kurzen Toilettengang beendet habe, kam der nächste Schock. Ein Blick in den Spiegel verriet mir, dass ich in den letzten 20 Jahren tatsächlich älter geworden war. Also versuchte ich, mit kaltem Wasser und Cremes aller Art meine dem Alterungsprozess angepasste Visage etwas aufzumotzen. Vergebens! Ich versuchte es mit einer kalten Dusche, um besser gelaunt in den Tag zu gehen. Erneut startete ich den Versuch, aus meinem Körper das Beste herauszuholen. Es bedarf jedoch ein hohes Maß an Kreativität und Zeit, bis ich zu einem halbwegs akzeptablen Ergebnis gelangte. Und wie ich so vor mich hin föhnte und mich fragte, ob die Dichte der Haare wohl im umgekehrten Verhältnis zum Intellekt steht, kam unweigerlich der nächste Gedanke. Nein! Das kann nicht sein! Immer der gleiche Trott, tagein, tagaus. Sollte es das schon gewesen sein? Meine Bemühungen sind endlich von Erfolg gekrönt und bei großzügiger Betrachtung sehe ich gar nicht so schlecht aus. Conny, du bist noch kein hoffnungsloser Fall!

Ich grinste mein Spiegelbild an und zog noch ein paar Grimassen, weil das die Falten fernhalten sollte. Dabei fragte ich mich, ob meine Kollegen wohl auch die gleichen Probleme hatten. Nachdem ich das Bad verlassen hatte, kam mir mein hungriger Kater entgegen, der mit seinem Geschrei die ganze Nachbarschaft wecken konnte. Von diesem Gezeter schon jetzt völlig genervt, kann der Tag nichts Gutes bringen, dachte ich mir. Um dann wieder gute Laune zu bekommen, machte ich mir einen Kaffee und setzte mich vor den PC, schließlich hatte ich noch eine Stunde Zeit. Dabei schaute ich aus dem Dachfenster und betrachtete das Wetter. Wenn der Regen nicht gerade wieder auf die Fensterscheibe prasselte und die Wettervorhersage schönes Wetter prophezeite, würde ich heute mal mit dem Fahrrad die 20 Kilometer zur Arbeit fahren, schoss es mir durch den Kopf. Schließlich hält Sport den Körper fit und die frische Luft wird dem müden Gehirn etwas auf die Sprünge helfen. Nachdem mein Computer sechs Minuten brauchte, um hochzufahren, konnte ich mir endlich im Internet den Wetterbericht anschauen. Er prophezeite für unsere Region keinen Regen, die Regenwahrscheinlichkeit lag unter zwanzig Prozent. Ich zog mir also die sportlichen Klamotten an und schmierte mir meine Knäckebrote. Lecker sieht anders aus, dachte ich mir und goss mir nebenbei eine Tasse Kaffee ein. Vielleicht wird die mir über meine Depressionen hinweghelfen. Denkste! Bäh, diese Plörre konnte man wirklich nicht genießen. Da ich Kaffee auch nicht vertrug, ich aber nicht darauf verzichten wollte, nahm ich anstatt drei Löffel auf zwei Tassen nur einen. Das konnte nicht schmecken und deshalb meine Laune auch nicht verbessern. Ach, was soll's, die Fahrradtour vor der Arbeit wird schon darüber hinweghelfen. Ich schnappte mir meine Fahrradtasche und den Helm und fuhr los. Der Helm hatte meine mühselig hergerichtete Frisur zunichtegemacht und zudem sah es total bescheuert aus. Aber Sicherheit im Straßenverkehr ging nun mal vor Schönheit! Da ich etwas hüglig wohnte und sich meine Hüfte bei der letzten Radtour nur noch durch Spritzen beruhigte, stieg ich von einem normalen Damenrad auf ein Hybrid-Bike der Marke Mercedes um. Der Akku war geladen, also konnte meine Fahrt losgehen. Bergauf nehme ich meistens die Unterstützung, um meine Hüfte zu schonen und fahre 22 km/h und Berg runter komme ich ohne Akku auf über 40 km/h. Das war gerade morgens so ein großartiges Gefühl, wenn man an den anderen Radfahrern vorbei rauschte und dabei die Natur trotzdem noch genießen konnte. Was einem da alles vors Fahrrad lief? Von der Maus über den Fuchs bis hin zum Reh. Abgesehen von den Fliegen, die zwischen den Zähnen hängen blieben oder im Rachen steckten, konnte ich jedes Mal diese zwanzig Kilometer genießen. Die ersten fünfzehn Kilometer ohne Ampel und großen Straßenverkehr gingen recht zügig voran, aber dann in der Stadt kam ich mir vor wie eine Schnecke. Ständig standen die Ampeln auf Rot oder andere lahme Radfahrer ließen mich nicht gleich vorbei. Wenn ich dann mit meiner Klingel signalisierte:»Platz da, hier komme ich«, starrte mich alles an. An diesem Morgen rauschte ich wieder an mehreren Radfahrern vorbei und kam an einer roten Ampel zum Stehen. Neben mir hielt ein Mann an, dessen Fahrrad aussah, als käme es gerade vom Schrottplatz. Er selbst sah mit seinem orangefarbenen Anzug aus, als würde er gerade die Mülltonnen vor den Altbauhäusern abholen wollen.

»Endlich hole ich dich mal ein! Was für ein heißes Gerät!«, sagte er. Da ich etwas irritiert war, meinte ich:»Welches Gerät meinst du genau?«

»Äh, das Fahrrad«, huschte ihm über die Lippen.

»War ja klar«, meinte ich zu ihm und lächelte ihn an. Er lächelte zurück und dabei funkelte es in seinem Mund. Ich dachte nur, Morgenstund' hat Gold im Mund. In diesem Augenblick sprang die Ampel auf Grün um. Ich trat in die Pedale und ließ alle anderen Radfahrer hinter mir, auch den Mann in Orange. Fünf Minuten später fuhr ich pünktlich auf das Betriebsgelände und ich fühlte mich fit für den Tag. Dieser Vorgang wiederholte sich zum x-ten Mal, weil ich bereits ein Jahr dort beschäftigt war.»Befristet versteht sich«! Mittlerweile war die Sonne immer mehr herausgekommen und schimmerte durch die gelb-roten Blätter an den Bäumen. Was für ein herrlicher Tag, wenn da nicht gleich die Teambesprechung wäre. Also schnell noch einen Tee und eine Banane reingeschoben, bevor ich in die Höhle der Quasselstrippe musste. Anders als üblich wurde die Besprechung auf den Mittwochmorgen verschoben, um die Teilnehmerprofile durchzusprechen. Doch plötzlich stand die Quasselstrippe vor mir und wollte mit mir unter vier Augen sprechen. Was wird das denn jetzt für eine Heimlichtuerei? Ich ging in mein Büro zurück und setzte mich an meinen Schreibtisch und Madame»Quasselstrippe« saß vor mir.

Ich ahnte nichts Gutes, denn sie hatte einen Blick drauf, der mich erstarren ließ. In dem Moment dachte ich an etwas Positives, an das Reh, das mir an diesem Morgen vors Fahrrad gelaufen war, aber die Stimme von der Quasselstrippe holte mich aus meinen Träumen zurück. Nein! Sie war nicht meine Chefin, aber sie tat meistens so. Zu meinem Team gehörten die Quasselstrippe, das Trienchen, der Wackeldackel, der Wendehals und noch zwei andere, die ihr Handwerk wenigstens verstanden.

»Ja, ich möchte nur mal ein paar Dinge ansprechen, die mir auf der Seele liegen«, meinte die Quasselstrippe.

Na, dann schieß mal los!

»Ja, wie soll ich es jetzt sagen, ohne dass du dich angegriffen fühlst?« Zu spät, dachte ich nur.

»Was ich meine ist, dass du die Kollegin in den Schatten stellst und ständig zur Chefin rennst, außerdem stellst du dich in den Teambesprechungen in den Vordergrund und redest über die anderen Teammitglieder.«

Was will die denn jetzt von mir? fragte ich mich, ließ sie aber ausreden.

»Und dann bist du kaum hier, weil du zusätzlich in einem anderen Projekt arbeitest und uns hier fehlst. Ja, das wollte ich nur loswerden.«

»Okay, war das jetzt alles?«

»Ja.« Sie ging und ich blieb mit vielen Fragen allein zurück. Wie bereits am Morgen befürchtet, ging der Tag schon richtig beschissen los. Das war zu viel und ich fing an zu heulen. Ich hatte mich, bis zur Teambesprechung nicht mehr beruhigen können und ließ sie ausfallen. Komischerweise wurde ich nicht einmal vermisst! Meine Gedanken schweiften ständig über diesen Aussagen. Ich strengte mein Gehirn an und stellte mir immer wieder die Frage, warum die Quasselstrippe so etwas sagte? Hier die Lösung:

Dass ich die Kollegin in den Schatten stellte, lag einfach auch daran, dass ich erstens etwas mehr Körperumfang und zweitens mehr auf den Kasten hatte. Das Trienchen kam jeden Morgen zu spät, fing effektiv erst gegen 11.00 Uhr an zu arbeiten und war nach der Mittagspause noch eine Stunde im Haus unterwegs. Ihre Lieblingssätze waren: »Nein das mache ich nicht« und » Das kann ich nicht« und am liebsten hat sie während der Arbeitszeit SMS oder sich mit den Männern über das Internet geschrieben und rege ausgetauscht.

Von den Männerbesuchen zwischendurch auf der Arbeit rede ich erst gar nicht. Ach ja, das muss ich auch noch erwähnen: Das Trienchen arbeitete unbefristet schon über ein Jahrzehnt in diesem Betrieb und verdiente wesentlich mehr als ich. Bei so viel Enthusiasmus von Trienchen kamen die Jugendlichen natürlich zu kurz und das fiel nicht nur mir auf. Was meine damalige Chefin betraf, konnte ich mit der Aussage überhaupt nichts anfangen, weil ich die Frau bis dato nur ein paar Mal gesprochen hatte. In diesen Gesprächen ging es hauptsächlich um das zusätzliche Projekt, indem ich kurz gearbeitet hatte, ansonsten hätte man es verloren. Um meinen befristeten Arbeitsplatz zu behalten, bin ich selbstverständlich eingesprungen, bis meine Chefin einen neuen geeigneten Mitarbeiter gefunden hatte. Die Tatsache, dass ich mit meiner Chefin gesprochen hatte, machte mich gleich zur Feindin, denn auf die waren die Quasselstrippe, das Trienchen und der Wackeldackel nicht so gut zu sprechen. Die Hintergründe kannte ich nicht, hatten mich auch nicht interessiert, weil ich da einfach nur meinen Job machen wollte. Aber das hatten die irgendwie nicht verstanden. Meine jahrelangen Berufserfahrungen aus der Vermittlungsbranche und mein persönlicher Einsatz kamen mir bei diesem Job zugute und nach und nach waren die Jugendlichen im Praktikum oder hatten eine Ausbildungszusage. Natürlich musste man auch die Dinge ansprechen, die nicht so gut liefen. Wo macht man das am besten? In der Teambesprechung! Ein Team kann nur ein Team werden, wenn man miteinander redet und die Erfolge teilt. Das Miteinanderreden hatte leider noch nicht geklappt, aber das übereinander reden, das war da gang und gäbe. Ich hingegen hatte gleich am Anfang zu verstehen gegeben, dass ich mich zu niemandem äußern werde, den ich nicht kannte. Das war ein Fehler. Von nun an war ich kein Teammitglied mehr.

Einige andere Leute aus der Firma hatten mir bereits vorher schon zu verstehen gegeben, dass diese Drei bislang jeden platt gemacht hatten, der neu in der Abteilung anfing. Einer von meinen Vorgängern war sogar in der Psychiatrie gelandet. Na, was für tolle Aussichten, dachte ich mir. Ab sofort musste ich aufpassen, was ich sagte, weil die einem die Worte im Mund verdrehten und jedes Wort auf die Goldwaage legten.

Schrödingers Katze

Eines Tages, so kurz vor der Weihnachtsfeier, habe ich von meiner kompetenten Kollegin Trienchen erfahren, dass ein Teilnehmer von ihr verstorben sei. »Was?«, fragte ich. »Wer ist denn verstorben? Und woher weißt du das?«

So, wie ich sie verstanden hatte, war es ein Gerücht, dass in der Einrichtung kursierte. »Was ein Gerücht?«, fragte ich sie. Sie wollte den Jungen aus der Maßnahme abmelden, wusste aber nicht, ob die Abmeldung richtig war. Diese An- und Abmeldeprozedur war sehr aufwendig und mit viel Arbeit verbunden. Da Trienchen die Arbeit nun wirklich nicht erfunden hatte, empfahl ich ihr, telefonischen Kontakt zu den Eltern aufzunehmen, da es sich nur um ein Gerücht handelte und es nach der Wahrscheinlichkeitstheorie möglich sein könnte, dass der Junge noch lebte. »Das mache ich nicht!«, meinte sie energisch. »Dann schreibe einen Brief!«, hatte ich ihr geraten. Wieder kam mir ein »Nein, das mache ich nicht« entgegen. Sie meldete diesen Jungen als verstorben ab. Wenig später sagte sie zu mir, dass sie die Polizei angerufen hatte, um zu erfahren, ob der Junge tatsächlich tot sei. Die Polizei sollte ihr den Tod bestätigt haben und deshalb hatte sie ihn als verstorben abgemeldet. Ganz ehrlich, wie wahrscheinlich war es, dass die Polizei solche Auskünfte am Telefon gab? Aber darüber machte ich mir am wenigsten Sorgen. Ich war bestürzt über den Tod des Jungen, obwohl noch nicht sicher war, ob er tatsächlich das neue kommende Jahr nicht erleben durfte. Nach den Weihnachtsferien und Silvester begann das Jahr sehr kurios. Ich saß gerade am Schreibtisch und dokumentierte die Anwesenheit der Jugendlichen, als plötzlich die Tür aufging und ein Junge den Raum betrat. »Was gibt es denn, wie kann ich dir helfen?«, fragte ich den Jungen. »Frau Zoels, der Jordan ist gar nicht tot.« »Wie kommst du denn darauf?«

»Ich habe mit ihm über das Internet geschrieben«, meinte er. Gemeinsam mit dem Werkstattmeister wollten wir diese Aussage über das Internet prüfen, denn ein Toter kann nicht mehr schreiben, oder? Die Internetseite war natürlich vom Arbeitgeber gesperrt. Na großartig, dachte ich. Was nun? Ist der Junge nun tot oder nicht? »Ich schwöre Ihnen, ich habe mit Jordan geschrieben«, so der Junge wieder. Sollte diese Aussage wirklich stimmen, musste ich handeln, um diese Theorie vom Tod oder noch lebendigen Jungen zu überprüfen. Daraufhin schrieb ich einen Brief mit der Bitte, dass er sich sofort bei uns melden muss, und schickte einen zuverlässigen Jungen zum Wohnhaus des angeblich Toten. Der Junge kam zurück und berichtete, dass er den Brief an einen Mitbewohner, den er vor der Tür traf, abgegeben hatte. Am nächsten Morgen, zu unserer aller Überraschung, stand Jordan, der tot geglaubte Junge, vor uns. Im ersten Moment war ich erleichtert, aber dann fragte ich natürlich, warum er sich erst nach diesem Brief meldete. Schließlich fehlte er einige Tage unentschuldigt in der Maßnahme. Er stand wie ein Häufchen Elend vor mir und er wirkte traurig. Ihm standen die Tränen in den Augen, als er erzählte, dass sein größerer Bruder verstorben sei. Das machte mich zwar bestürzt, aber die Frage blieb, was passiert jetzt mit ihm? Er wusste bis zu diesem Zeitpunkt noch nicht, dass er von Trienchen als verstorben abgemeldet worden war. Sofort wollte er sie sprechen, aber die Arme erholte sich noch von dem ganzen Vorweihnachtsstress und von der Todesnachricht. Da sich der zuständige Berater der Arbeitsagentur für diesen Tag angekündigt hatte, konnte ich ihn erst einmal beruhigen. Nur, wie machte ich das dem Berater klar? Wie würde der reagieren? Ich ließ es auf mich zukommen. Wie immer kam er pünktlich und strahlte mich bereits von weiten an.

Wir gingen in einen Klassenraum, der kurzerhand von mir als Besprechungsraum hergerichtet wurde. Natürlich durften der Kaffee und die Kekse nicht fehlen. Nachdem wir uns ein gesundes neues Jahr gewünscht hatten, musste ich ihm sagen, dass es Neuigkeiten gab und er sich lieber setzen sollte.

»Was gibt es denn so Aufregendes zu berichten, dass ich mich hinsetzen soll?«, fragte er ganz gespannt.

Ich meinte nur zögerlich, dass der tot geglaubte Junge nun doch nicht tot sei und er ihn wieder anmelden müsste, weil er ja lebt. An dieser Stelle erspare ich mir seine Kommentare über das Trienchen. Nach meinen Überredungskünsten und langem hin und her, wurde Jordan, der tot geglaubte Junge, wieder in die Maßnahme aufgenommen. Ich allerdings war durch die zusätzliche Arbeit restlos bedient. Der Wackeldackel stand anschließend mit einem Grinsen im Gesicht vor mir und meinte nur: »Das ist ja alles nicht so schlimm, Hauptsache der Junge lebt!«

Nee ist klar, fand ich auch toll! Aber wer hatte die Arbeit, du Idiot? fragte ich mich insgeheim. Ich hatte das Gefühl, der rennt den ganzen Tag mit Scheuklappen rum und sieht gar nicht, was das Trienchen für eine Außenwirkung hatte. Die Wahrscheinlichkeit, dass sich das rumsprach, lag bei 100 Prozent. Mit Konsequenzen musste das Trienchen nicht rechnen und überspielte ihre Blödheit mit einem unqualifizierten Lachen und das leider nicht zum ersten Mal. Jordan aber hatte sich bei mir bedankt und war froh, wieder weiter machen zu dürfen. Diese Geschichte sollte Anlass sein, dass die kompetente Kollegin zu der Theorie gekommen sein müsste, dass die Wahrscheinlichkeitsaussage, ob der Teilnehmer tot oder lebendig ist, davon abhängt, ob der Junge tatsächlich in der Realität tot ist oder noch lebt. In meinen Erinnerungen bleibt sie gleichermaßen eine von den unzähligen möglichen oder unmöglichen Geschichten des Universums bzw. dieser Kollegin.

Abenteuerliche Bewerbungsgespräche

Wie so oft musste ich mich wieder bewerben, da meine Stellen entweder befristet oder wegrationalisiert, im Betrieb umstrukturiert oder die Stunden gekürzt wurden und weil man mich nicht weiter beschäftigen wollte, schließlich war ich zu ehrlich und deshalb zu unbequem geworden. Außerdem hätte man mich längst unbefristet beschäftigen müssen. Die darauffolgenden Bewerbungsgespräche, die ich führen musste, waren sehr wichtig. Da ich allein lebte oder gerade einen Partner hatte, der mir nicht das Gefühl von Sicherheit gab, waren diese Gespräche von großer Bedeutung. Ich musste mich und meinen Sohn irgendwie durchs Leben bringen. Kurz gesagt, ich war auf eine Arbeit angewiesen. Daher schrieb ich während der letzten 20 Jahre um die hundert Bewerbungen.

Was ich hier alles erleben durfte, ist eigentlich ein eigenes Buch wert. Von den vielen Gesprächen möchte ich nun meine Favoriten und Lieblingsdialoge präsentieren.

Das erste Gespräch führte ich mit einem Unternehmer, der medizinische Geräte und Kleinteile verkaufte. Wir schrieben das Jahr 1999, ich war gerade in den Westen gezogen und ich hatte mich als kaufmännische Mitarbeiterin im Vertrieb beworben. Die Firma war so klein, dass der Lagerraum eine Garage war. Das Büro des

Chefs war genauso klein wie er selbst. Als ich hineingeführt wurde, saß der kleine Mann etwa Mitte 50 hinter seinem braunen Schreibtisch. Er hielt meine Unterlagen in der Hand und schaute mich mit ernster Miene an. Nachdem er mir eine Stunde verbal sein ganzes Leben präsentierte, schimpfte der Mann über jede einzelne seiner Mitarbeiterinnen. Er wurde mir von Minute zu Minute immer unsympathischer. Nachdem er die dunkelhaarige Dame aus seinem Vorzimmer als blöd betitelt hatte, schlug er meine Bewerbungsmappe auf und las sich meinen Lebenslauf durch und machte eine Feststellung. Daraufhin stellte er ganz überraschend folgende Frage:»Was, Sie kommen aus dem Osten, was wollen Sie denn hier?«
Ich war entsetzt und wusste nicht, was genau in seinem Kopf vorging, aber ich habe binnen weniger Sekunden geantwortet:»Eine meiner Stärken ist es, dass ich keinen Unterschied zwischen Ost, West, Süd, Nord oder zwischen Schwarz, Gelb, Rot oder Weiß mache!«
Lange war es still in diesem kleinen Raum, keiner sagte etwas, er reagierte nicht. Nach gefühlten zwei Minuten stellte er die nächste, für mich ungewöhnliche Frage:»Können Sie sich vorstellen in meiner Firma etwas ganz Besonderes zu werden?« Daraufhin habe ich geantwortet:»Guter Mann, ich bin etwas ganz Besonderes.« Es kam lediglich ein»Aha« über seine Lippen. Nun saß ich da schon eine Stunde und dreißig Minuten und er stellte lediglich zwei Fragen. Es war still um den redseligen Mann geworden, bis er meinte, dass ich von ihm hören würde. Ich verließ dieses Gebäude und mir war klar, egal was kommt, da willst du nicht arbeiten!
Der Mitschnitt eines Dialoges im Spätherbst 2011.
Ich war mal wieder gezwungen mich zu bewerben, weil mein damaliger Arbeitgeber mich für alle sehr offensichtlich loswerden wollte, schließlich hätte man mich nach mehr als drei Jahren und dreimaliger Befristung unbefristet einstellen müssen. Naja, ich hätte klagen können, stattdessen suchte ich ein erneutes Gespräch mit der Geschäftsführung und siehe da, man bot mir eine weitere befristete Stelle an. Das Verhältnis war trotzdem gestört, weil der Bereichsleiter fortan der Meinung war, dass ich in meiner alten Abteilung nichts mehr zu suchen hätte. Er sprach mir ein Zugangsverbot für meine alte Abteilung aus, das sich nicht nur auf die Arbeitszeiten belief. Da aber auch andere Mitarbeiter ihre Pausen dort verbrachten und ich es nicht durfte, hatte ich beim Betriebsrat eine

Beschwerde eingelegt. Der wiederum hatte dem Bereichsleiter zugestimmt. Naja, was sollte ich da noch in diesem Betrieb, indem der Betriebsrat sich nicht mehr um die Belange der Mitarbeiter kümmerte? Außerdem erinnerte mich die Geschichte an den Betriebsrat mit der Stasivergangenheit. Die Demokratie stellte ich mir anders vor. Also habe ich mich in anderen Betrieben beworben und kam auch zu einem sehr interessanten Vorstellungsgespräch. Mein Vorstellungsgespräch sollte um 17.15 Uhr beginnen und wie immer habe ich mich auch pünktlich etwa zehn Minuten früher dort eingefunden. Vor dem Sitzungsraum saßen noch zwei andere Kandidatinnen und ich gesellte mich dazu. Die eine Dame war blond und die andere hatte braune Haare. Da sich die beiden duzten, ging ich davon aus, dass sie sich kannten.

Es kam zu folgendem Dialog ...

Die blonde fragte die braunhaarige Dame: »Warum hast du dich denn hier beworben?«

»Weiß ich auch nicht, wollte mal schauen, was die hier so bieten und du?« »Eigentlich will ich hier nicht arbeiten, aber hier verdiene ich mehr Kohle«, antwortete die blonde Frau.

»Was muss ich denn hier überhaupt machen und wie viel Geld verdient man denn hier?«, fragte die braunhaarige Frau. Die Blonde antwortete: »Was, das weißt du nicht? Du musst Jugendliche vermitteln. Eigentlich wollte ich zum Sozialamt, weil Jugendliche nicht so mein Ding sind, aber was soll's. Ich denke man verdient hier ca. 2400 EUR.«

»Was, so wenig? Da verdiene ich jetzt aber mehr«, beklagte sich die Braunhaarige.

Die Blondine fragt mich: »Kommst du aus der Vermittlungsbranche?«

»Ja«, hatte ich geantwortet.

»Na da haben wir ja gar keine Chance, wir haben noch nie vermittelt.«

Die Dunkelhaarige stimmte dem nickend zu. Meine Aufregung hielt sich ab da an in Grenzen, weil ich die besseren und längeren Erfahrungen auf diesem Gebiet mitbrachte.

Blond weiter zu Braun: »Weißt du eigentlich, was eine Optionskommune ist?« »Nee, weiß ich nicht, muss man das denn wissen?«

»Was? Das weißt du auch nicht?«, und erklärt ihrer Mitstreiterin, was eine Optionskommune ist. Diesen auswendig aufgesagten Satz kannte ich aus dem Internet. Es wurde für mich immer interessanter als die Blonde meinte, dass die das ja fragen könnten. Obwohl berechtigte Zweifel bestanden. Schließlich waren die Vorgänger nur zehn Minuten im Gespräch, dachte ich mir.

Blond zu Braun:»Weißt du denn, wo dein Arbeitsplatz ist?«»Nee, keine Ahnung, wo sich das Amt befindet, ist mir auch so ziemlich egal.« Die Blonde erklärte ihr den Weg.

»Die Sache mit den Parkplätzen ist kompliziert, da gibt es kaum welche.« Daraufhin antworte die braunhaarige Frau:»Dann kommt der Job für mich sowieso schon nicht in Frage. Ich laufe doch da nicht hin!«

»Aber was willst du denn machen, wenn die dich nehmen?«, fragte die blonde Dame.

»Ich denke, dass ich hier eh nicht arbeiten will, du etwa?«, fragte die braunhaarige die blonde Frau.

»Nee, ich kann mir das Arbeiten in so einem Amt auch nicht vorstellen und dann mit den Jugendlichen, die sowieso nicht arbeiten wollen«, beklagte sich die Blonde.»Ich rechne mir wenige Chancen aus, weil ich die Erfahrung nicht habe. Die Kohle passt aber!«

Die Tür geht auf und ein junger Mann verließ den Sitzungssaal und die blonde Dame wird aufgerufen.

Die dunkelhaarige Dame räkelt sich und meinte dann zu mir:»Ich hätte mir heute etwas Besseres vorstellen können, anstatt hier meine kostbare Zeit zu vergeuden.«

Meine Gedanken konnte ich in diesem Augenblick nicht zurückhalten und über meine Lippen kam die Frage:»Was hatten Sie sonst so vor?«

»Am liebsten würde ich jetzt in meiner Badewanne sitzen und mich entspannen, antwortete sie.« Sie erzählte mir, dass sie in einer Firma der Möbelbranche arbeitete und sie hier bessere Chancen hätte, sich weiterzuentwickeln. Der Verdienst wäre auf jeden Fall höher und sie plante einen Umzug. Immer wieder stellte ich mir gedanklich die Frage, warum die sich überhaupt beworben hat. Auch die Äußerungen der anderen Dame warfen Fragen bei mir auf.

Zehn Minuten später ging die Tür auf und die blonde Frau kam aus dem Sitzungssaal.

»Alles ganz easy! Die stellen kaum Fragen, habe daher denen die ganze Zeit meinen Lebenslauf vorgequasselt, das hat gereicht.« In dem Moment hatte ich mich innerlich wieder etwas beruhigt. Trotzdem war ich aufgeregt, weil ich diesen Job unbedingt haben wollte. Junge Menschen betreuen und vermitteln, das ist genau das Richtige für mich. Meine Berufserfahrungen in diesem Bereich waren mehr als gut, zumal man meine Erfolge in diesem Amt schon aus anderen Maßnahmen kannte.

Nun aber zurück zur Geschichte.

Die Blonde verabschiedete sich von der dunkelhaarigen Frau und wünschte ihr Glück. Ich schaute auf die Uhr und es war 17.35 Uhr, als ich nun ganz allein auf dem Flur saß und gedanklich meinen Lebenslauf durchging. Normalerweise brauche ich für meine beruflichen Stationen wenigstens zehn Minuten. Ich war verunsichert, weil meine Vorgänger nur zehn Minuten im Gespräch waren, und schaute auf die Uhr. Tatsächlich zehn Minuten später ging die Tür auf und die dunkelhaarige Frau kam aus dem Sitzungssaal. Sie wünschte mir Glück und ich ging in den Raum, indem sechs Personen saßen, die mir nach und nach vorgestellt wurden. Die Runde kostete eine Minute meines Vorstellungsgespräches. Danach sollte ich mich kurz vorstellen. Im Schnelldurchlauf rasselte ich unkontrolliert mit Versprecher meinen Lebenslauf runter, schließlich wollte ich noch Zeit haben, um die anderen wichtigen Fragen zu beantworten und mir die Stelle erklären zu lassen. Aber es wurden mir weder die Stelle noch meine Aufgaben erläutert, geschweige die Gehaltsvorstellungen abgefragt. Es kamen auch keine Fragen zu meinen Erfahrungen auf diesem Gebiet oder Fragen zu meinen Stärken oder Schwächen, so wie ich es aus anderen Gesprächen kenne und auch den Jugendlichen oder gar Erwachsenen immer vermittelt habe. Irgendwie taten mir die Beamten leid, weil es schon so spät war und die sich noch mit Bewerbern rumschlagen mussten. Vielleicht wollten die einfach schnell fertig werden, und haben deshalb nichts gefragt. Weiterhin dachte ich an diesen komischen Dialog und dass eine von den Damen garantiert die Stelle bekommt, weil ich zu diesem Zeitpunkt wenig Glück in meinem Leben hatte. Ich war sichtlich nervös und fand dieses Gespräch völlig unprofessionell, aber das konnte ich denen ja nicht sagen. Auch nicht, was die beiden Damen so von sich gegeben hatten, das hätte man mir in diesem Moment nicht geglaubt. Ich stellte noch zwei Fragen, um einen richtigen Dialog zu führen, aber die wurden nur knapp beantwortet. Es war bereits kurz vor 18.00 Uhr, als ich den Raum verließ. Mein erster Gedanke war, dass die armen Beamten so spät erst Feierabend hatten und ich die Letzte war, die sich dann noch erlaubte, Fragen zu stellen. Als zweiter Gedanke schoss mir durch den Kopf, dass das der blödeste Gedanke seit langer Zeit war! Na, hoffentlich habe ich jetzt nicht einen lieben Eindruck hinterlassen, schoss es mir durch den Kopf. Weil ich Mitleid mit den Beamten hatte, versuchte ich über das völlig unprofessionelle Gespräch hinweg zu sehen. Empathie und Menschlichkeit sind in diesem Geschäft aber nicht gefragt. Es ist gekommen, wie es kommen musste, ich bekam keine der angebotenen Stellen. Wenige Zeit später erfuhr ich, dass die beiden Damen eingestellt wurden. Welch ein Glück für das Amt und für die Jugendlichen!

Im Ausweichquartier

Eines Tages im Jahr 2009, es war einmal wieder Winter und kurz vor den Weihnachtsferien, sprach ich den katastrophalen Zustand meines Büros erneut in der Teamsitzung an. Zu meinem Erstaunen hatte mir mein damaliger Teamleiter mit Spitznamen »Wackeldackel« ein warmes Plätzchen in seinem Büro angeboten. Natürlich nahm ich dankend an und zog gleich am nächsten Tag ein. Es war ein schönes, großes und vor allem warmes Büro. Aber alles hatte auch seine Nachteile. Wackeldackel saß in diesem Büro und die Quasselstrippe gleich nebenan. In der Zwischenzeit hatte man meine Chefin gefeuert, weil sie sich gemeinsam mit einem Vorstandsmitglied für eine Neuwahl engagiert hatte. Da ich mich in der Vergangenheit immer mit meinem Arbeitgeber identifiziert hatte, war ich natürlich auch für Gerechtigkeit und hatte für eine Neuwahl unterschrieben. Abgesehen davon war die Kündigung meiner Chefin völlig unsinnig und wurde für den Betrieb richtig teuer. Ich dachte bis zu diesem Zeitpunkt, dass ich bereits die Hölle gesehen habe, aber falsch gedacht! Wenn man denkt, es geht nicht mehr schlimmer, stellt man fest, dass es tatsächlich noch schlimmer geht! Wackeldackel war nicht nur Teamleiter, sondern auch Betriebsrat und hätte sich theoretisch für die Belange der Mitarbeiter und Kollegen einsetzen müssen. Die Betonung liegt auf »theoretisch«! Mein Zimmergenosse führte Selbstgespräche und ich dachte manchmal, dass er mit mir redet. Wenn ich ihn dann ansprach, war ihm das nicht einmal peinlich, und er lachte mich an. Er starrte auf seinen Monitor und wunderte vor sich hin. Wie der berühmte Wackeldackel der Sonntagsfahrer bewegte er seinen Kopf. Die Jugendlichen bemerkten das manchmal und schüttelten nur den selbigen. Oh, wie peinlich, dachte ich. In einer Tour kam die Quasselstrippe rein und redete und redete. Sie hatte nicht einmal bemerkt, wenn sie störte. Meistens ignorierte ich sie einfach, aber da machte die sich nichts draus und laberte weiter. Sie zog beleidigt ab, wenn ich mich auf dieses Geschwafel nicht einließ. Ich hatte einfach keine Lust auf die Nebenschauplätze und konzentrierte mich auf die Jugendlichen. Das Jahr 2010 war gerade angebrochen und ich saß einige Tage allein im Büro, weil die anderen noch Urlaub hatten. Ich genoss die Ruhe und plante für die Jugendlichen die nächsten wichtigen Schritte, als plötzlich einer aus unserem Betriebsrat vor mir stand. Der erinnerte mich echt an diesen einen Stasimenschen, der sich wie ein Walross vor mich aufgeplustert hatte. In Gedanken nannte ich ihn den » Dicken Primaten«. Als er dann noch von mir verlangte, dass ich meine Unterschrift für die geplante Neuwahl zurückziehen sollte, hatte ich mich um Jahre zurückversetzt gefühlt und all die Bilder von den Hunden kamen wieder hoch.

»Warum soll ich denn die Unterschrift zurückziehen?«, fragte ich ihn. Aber er fragte mich immer wieder, warum ich da unterschrieben hätte. Er hatte tatsächlich die Befürchtung, dass ich überhaupt nicht weiß, um was es eigentlich ging. Nee ist klar! dachte ich und versuchte ihm zu erklären, dass ich für eine gerechte Wahl eingetreten sei und ich nichts Verwerfliches daran fände. Außerdem sei ich schon fast dreimal achtzehn und wüsste schon, was ich tat. Er plusterte sich immer mehr auf und seine Stimme wurde immer lauter, als plötzlich das Telefon klingelte. Ich hörte seinen Kommentaren nicht mehr zu, sondern konzentrierte mich auf das Telefonat. Er winkte schließlich ab und ging aus meinem Büro. Die Tragweite dieser Unterschrift habe ich bis dato noch nicht begriffen. Ich dachte aber, dass man sich, in einem demokratischen Land, und dazu zählte ich nunmehr auch die Bundesrepublik, frei äußern kann, ohne dass man gleich angezählt oder im schlimmsten Fall verhaftet würde. War doch Quatsch, dachte ich mir und war mir sicher, dass der sich wieder einkriegt. Aber als ich später von den anderen Kollegen, die auch für eine Neuwahl unterschrieben hatten, hörte, dass auch sie genötigt worden sind, die Unterschrift zurückzuziehen, war ich tatsächlich vom Glauben abgefallen. Demokratie sieht anders aus! Ein paar Tage später war der ganze Clan wieder beisammen und ich hatte das Gefühl, dass sich der Hass mir gegenüber noch weiter vertieft hatte. Ich zählte mich nun mal nicht zu denen, die für die Sicherheit ihres Jobs selbst die Mutter verkaufen würden. Also musste ich in diesem Laden weiterhin mit Widerstand rechnen. Immer wieder hörte ich, dass wir alles dafür tun müssen, dass unser Betrieb eine gute Außenwirkung hat. Ich musste innerlich schmunzeln, weil die Außenwirkung bereits durch diverse inkompetente Fehltritte meiner Kollegin »Trienchen« und der Geschäftsführung zu bröckeln drohte. Da waren einige Betriebe, Eltern oder auch Jugendliche, die sich bei mir über Trienchen beschwerten. Was tun? Ich hielt mich aus allem raus und rettete ihr mehrmals den Arsch, ohne mich einmal zu beschweren. Das ist wohl die Ossi-Mentalität. Zu viel Angst der vergangenen Jahre steckte noch in den Knochen, daher hielt man die Füße still und ertrug Ungerechtigkeit bis zum Abwinken.

Eines Tages saß ich wieder im Büro, es war Mittagszeit und ich hielt mich nicht in der Kantine auf. Das hatte mehrere Gründe. Zum einen konnte ich die Speisen nicht essen und zum anderen wollte ich wenigstens 30 Minuten am Tag die blöden Gesichter nicht sehen. Ich fühlte mich seit einiger Zeit kontrolliert und deshalb war ich froh, mal für mich allein zu sein. Nebenan bei der Quasselstrippe fiel die Tür ins Schloss, aber Schritte hatte ich nicht gehört. Komisch dachte ich mir. Sie trug meistens Schuhe mit Absätzen, so dass ich sie gehört hätte, aber an diesem Tag muss sie wohl über den Flur geflogen sein. Für wie blöd halten die mich eigentlich? schoss es mir durch den Kopf und ich ging in die kleine Küche, die sich an unser Büro anschloss. Ich setzte mir Teewasser auf, holte meine Knäckebrote raus und machte seelenruhig meine Pause. Gespannt lauschte ich, ob ich irgendwelche Geräusche von nebenan wahrnehmen konnte. Aber die Quasselstrippe verhielt sich auffällig ruhig. Nachdem ich mein Knäckebrot aufgegessen hatte, habe ich mich aus langer Weile meiner Arbeit gewidmet. Kurz vor dreizehn Uhr kam sie plötzlich in mein Büro und grinste mich an. Meine Schwester hatte dieses scheinheilige Grinsen auch drauf, aber die Frau hätte die Weltmeisterschaft gewonnen. Vorausgesetzt es gäbe eine in dieser Disziplin. Ich bin mir sicher, die hätte alle Rekorde gebrochen. Zu gerne hätte ich sie gefragt, warum die mich kontrollieren. Aber ich habe es mir verkniffen. Oft sehnte ich mir wieder besseres und wärmeres Wetter herbei, um dieser Hölle zu entfliehen. Auf der anderen Seite hatte ich aber immer mehr Spaß an meiner Rolle gefunden, anders hätte ich die Arbeitstage in diesem Team wohl nicht überstanden. Nachdem der kalte Winter sich verabschiedet hatte, durfte ich wieder in das Hexenhäuschen zurück. Mein Traum, dass es mir den Alltag von nun an versüßen würde, blieb leider ein Traum und entwickelte sich immer mehr zum Alptraum.

Klein – Mabuse und sein Gefolge

Da man mich weiterhin auf dem Kieker hatte und meine Arbeitssuche bislang erfolglos blieb, war ich fast täglich den Mobbingattacken meines Arbeitgebers ausgesetzt. Diese Attacken wurden immer mieser und für mich immer transparenter, da ich scheinbar nicht die Einzige war, die man in den Wahnsinn treiben wollte. Zwischenzeitlich war man dabei, das ganze Unternehmen umzustrukturieren. In diesem Zuge sollten die langjährigen Mitarbeiter neue Arbeitsverträge bekommen. Die neu eingestellten Kollegen bekamen Arbeitsverträge gleich zu schlechteren Bedingungen. Ich gehörte dazu, daher interessierten mich die Sorgen der besserverdienenden Kollegen eher weniger. Umgekehrt war von Anfang an kein Interesse für die Existenzängste der befristeten Kollegen zu erwarten. Warum sollten die sich auch über die Kollegen Gedanken machen, die nur auf Durchreise sind? Sie waren mit einem unbefristeten Vertrag und Tausend Euro brutto mehr am Monatsende gut versorgt. Also warum sollten ausgerechnet die auf die Straße gehen, um gegen die immer schlechteren Bedingungen im sozialen Bereich zu streiken? Umso erstaunlicher fand ich, dass gerade viele dieser Kollegen am lautesten über die Arbeitsbedingungen gemeckert hatten und völlig unmotiviert ihrer Arbeit nachgingen. Da ich mit Umstrukturierungen immer schlechte Erfahrungen gemacht hatte, sah ich logischerweise meinen Arbeitsplatz gefährdet und meldete mich bei der Arbeitsagentur Arbeit suchend. Natürlich versuchte ich, trotz der widrigen Umstände im Unternehmen zu bleiben, weil mir die Arbeit Spaß machte. Aber trotz alledem bewarb ich mich im Umkreis von 50 Kilometern bei jedem Arbeitgeber, der Jugendliche qualifiziert und in Ausbildung oder Arbeit vermittelte. Dabei handelte es sich auch um die Konkurrenz und einige der Konkurrenten kannte ich sogar persönlich. Das ist in der ländlichen Gegend, in der ich wohne, nicht ganz zu vermeiden. Eines Tages hatte ich sogar eine Freundschaftsanfrage bei Facebook, die ich, ohne groß darüber nachzudenken, bestätigt hatte. Es war ein ehemaliger Metallmeister einer hiesigen Firma, der immer mal wieder Jugendliche von uns ins Praktikum oder sogar in die Ausbildung übernommen hatte. Er wurde arbeitslos und hatte, um seine Existenz zu sichern, einen Weiterbildungsverein gegründet. Da er jahrelang Jugendliche ausgebildet hat, brachte er dafür die besten Voraussetzungen mit. Beworben habe ich mich bei ihm aber nicht, weil er mir definitiv noch weniger Geld gezahlt hätte. In unserer Einrichtung kursierte das Gerücht, dass meine Ex-Chefin die Finger mit im Spiel hatte und den Verein ins Leben gerufen haben soll. Dass Gerüchte nicht immer stimmen, hatte ich gerade im Fall von Jordan erlebt und schenkte dem keine Beachtung mehr. Weil mein befristeter Arbeitsvertrag wenige Wochen später auslaufen sollte, suchte ich das Gespräch mit meinem Chef. Erstaunlicherweise hatte er zum Gespräch den Bereichsleiter eingeladen, der sich vorher theoretisch als Betriebsrat um die Belange der Mitarbeiter kümmerte. Man sagte mir, dass meine Zukunft ungewiss sei und man nicht wüsste, ob ich weiter beschäftigt werden könne. Im gleichen Atemzug wurde aber auch gesagt, dass man gute Mitarbeiter halten möchte. Das Gespräch verlief nicht sonderlich erfolgversprechend, und gerade als ich mich verabschieden wollte, fragte mich der Bereichsleiter, ob ich den Verein X kenne. Ich musste erst überlegen und war mir dann sicher, dass er den neugegründeten Verein meint. Da war doch was mit meiner Ex-Chefin, schoss es mir durch den Kopf.

»Ja, ich habe bei Facebook gesehen, dass du mit diesem Verein befreundet bist«, meinte er zu mir.

Nach fast vier Jahren Betriebszugehörigkeit fängt man also an, im Internet nach eventuellen Kontakten zu recherchieren. Das ist ja mal ein Ding und ich meinte nur, dass ich diesen Mann eben kenne.

Wo ist das Problem? Ich kenne viele andere Vereine oder Träger, bei denen zwangsläufig meine Bewerbungsunterlagen liegen oder frühere Kollegen jetzt arbeiten. Schließlich hatte ich nicht das Privileg, unbefristet beschäftigt zu sein. Irgendwie hatte ich das Gefühl, dass ich mich gerade in einem schlechten Film befände, und dachte an die Hartz-IV – Empfänger, zu denen ich mich sicherlich bald zählen würde. Entweder, weil ich auf Grund meines Alters keinen Job bekomme oder weil dieser Verein mich in die sogenannte Klapsmühle bringt und ich aufgrund gesundheitlicher Einschränkungen nicht mehr arbeiten kann. Ich dachte daran, dass es meinem Vorgänger schon ähnlich erging. Völlig irritiert und unter Schock stehend, verließ ich das Büro. Was für eine miese Masche, dachte ich mir und versuchte den Tag irgendwie mit Arbeit zu überstehen. Mein Vertrag wurde natürlich nicht verlängert und ich suchte daher einen Fachanwalt für Arbeitsrecht auf. Nachdem der mir erklärte, dass ich schon längst Anspruch auf einen Festvertrag hatte, empfahl er mir zu klagen. Eine Klage? Dann auf Festeinstellung? Bei diesem Arbeitgeber, der mich mit allen Mitteln versuchte loszuwerden? Kein Bedarf! Ich musste da zwar weg, aber so einfach war das nicht, da ich auf mein Gehalt angewiesen war. Zu dieser Zeit trennte ich mich gerade vom alkoholkranken Jesper, der mich sehr viel Kraft und Geld gekostet hatte, und brauchte eine eigene Wohnung. Also schrieb ich eine Mail an meinen Arbeitgeber. In meiner Mail bat ich um ein erneutes Gespräch, weil sich die Dinge anders gestalten, als ich mir das wünschte. Wer will schon gegen seinen Arbeitgeber klagen? Ich war erstaunt, denn wenige Tage später erhielt ich einen Anruf von meinem ehemaligen Chef, der mir dann tatsächlich eine neue Stelle anbot. Komisch? Geht doch! Natürlich musste ich mit weiteren Schikanen rechnen und die ließen auch nicht lange auf sich warten. Der Vertrag wurde wieder nur befristet ausgestellt und eine Stundenreduzierung stand an. Damit konnte ich noch leben, aber keine zwei Monate später, wollten die meine Stunden weiter kürzen und legten mir einen neuen Arbeitsvertrag vor, den ich selbstverständlich nicht unterschrieb, weil der erste Vertrag noch nicht abgelaufen war. In der Zwischenzeit hatte man mir dieses Zugangsverbot für meine ehemalige Abteilung ausgesprochen und war für eine Klärung meinerseits, nicht bereit mit mir zu sprechen. Also legte ich beim Betriebsrat Beschwerde ein, die man mit allen

Mitteln versuchte zu verschleppen, um ja nicht vor Ablauf meines Vertrages einlenken zu müssen. Denn jedem von diesen Damen und Herren sollte bekannt gewesen sein, dass dieses Verbot unzulässig war. Aber wer mit seinem Chef in den Urlaub fährt oder finanziell abhängig ist, kann den Anweisungen des Chefs, auch als Betriebsrat, nicht ausweichen. Dafür hatte ich zwar Verständnis, aber bitte nicht auf meine Kosten, dachte ich mir. Da meine Bemühungen nicht geachtet wurden und ich als Person schon gar nicht, schaltete ich meinen Anwalt ein, um wenigstens ein klärendes Gespräch zu bekommen. Dem Betriebsrat hingegen, bis auf eine Person, konnte ich nicht länger mein Vertrauen aussprechen. Eines Tages saß ich allein in meinem Büro, als mein Telefon klingelte. Mein Chef war dran und brüllte mir ins Ohr! Ich bin zwar schwerhörig, aber so sehr nun auch wieder nicht, also hielt ich das Telefon ein Stück von meinem Ohr weg. »Was bildest du dir eigentlich ein?«, schrie er mich an und wollte mir allen Ernstes vorschreiben, mit welcher Person aus dem Betriebsrat ich zum Gespräch kommen soll. Ich hielt dagegen und meinte, dass es dem Arbeitnehmer überlassen sei, wem er sein Vertrauen ausspricht. Ein Wort gab das andere und ich verstand die Welt nicht mehr. Er müsste doch wissen, dass der Betriebsrat für die Arbeitnehmer da ist und dass er als Chef mir nicht vorschreiben konnte, wen ich zum Gespräch mitbrächte. Dieses Verhalten warf viele Fragen bei mir auf. Ich war mir spätestens hier sicher, dass in diesem Betrieb die sogenannte Vetternwirtschaft herrschte. Wie armselig! dachte ich nur und bereitete mich auf das Gespräch vor. Als Erstes schob ich mir Beruhigungsmittel ein, um sachlich zu bleiben und als Zweites schaute ich mir das Betriebsverfassungsgesetz ganz genau an. Das Recht war eindeutig auf meiner Seite!

Der Tag war gekommen und ich nahm den Termin natürlich auch wahr. Da saß ich nun im Flur und unterhielt mich mit dem mir wohlgesonnenen Betriebsratsmitglied, als plötzlich die Tür aufging und der andere Typ mit seiner gefüllten Aktentasche den Flur betrat.

»Was will der denn hier?« Der ist zwar auch Betriebsratsmitglied, aber der beste Kumpel vom Chef und ich habe ihn nicht eingeladen! Ich war auf das Gespräch gespannt. Der Chef aber ließ auf sich warten. Eine halbe Stunde später saßen wir dann im Büro des Chefs und ich konnte den beiden direkt in die verlogenen Visagen schauen. Mein Chef war nicht wesentlich größer als ich. Spuren von jahrelangem Alkoholmissbrauch und schweren Depressionen zeichneten sein Gesicht. Sein bester Kumpel hatte irgendwie mit sich selbst Probleme und fuchtelte mit seinen Zetteln in einer Tour rum. Da er auch im Vorstand des Vereins und gleichzeitig Betriebsratsmitglied war, wusste ich nicht, in welcher Funktion er überhaupt an diesem Gespräch teilgenommen hat, zumal ich ihn nicht eingeladen hatte. Mein Chef eröffnete das Gespräch und wurde immer lauter. Dank meiner eingeschobenen Pillen blieb ich ruhig und hörte interessiert zu. Er hätte sich über mich erkundigt und lange recherchiert. Aha, das wird ja immer interessanter und ich fragte ihn, ob er auch in allen Richtungen recherchiert hatte oder sich nur auf seine Freunde bei seinen Recherchen beschränkte. Irgendwie hatten die beiden mich an die Hunde von damals erinnert, die mich auf der Arbeit besuchten. Hier ging es um meine Unterschrift bei den Protesten gegen die schlechten Arbeitsbedingungen. Ich wurde das Gefühl nicht los, dass sich das in diesem Fall wiederholte, nur ging es heute um meine Unterschrift für eine Neuwahl des Vorstandes. Als ich mich verbal zur Wehr setzte und die Vorwürfe meines Chefs unhaltbar waren, fragte mich sein bester Freund und Betriebsratsmitglied: »Was bildest du dir eigentlich ein?«

Natürlich nichts, denn ich habe auch nichts verbrochen. Eigentlich wollte ich mich mit denen geistig duellieren, aber ich stellte fest, dass die unbewaffnet waren. Also ließ ich es sein. Alles andere hätte keinen Zweck gehabt. Ich hatte eigentlich immer gedacht, dass der Betriebsrat sich für seine Kollegen starkmacht, aber anscheinend fand man keinen Grund, mich vorzeitig zu kündigen. Den goldenen Löffel hatte ich auch nicht geklaut. Genau das musste man sich immer wieder vor Augen halten, um etwas entspannter zu werden und nicht wie ein Kaninchen, vor der sich windenden Schlange zu kuschen. Denn das ist das Hauptinstrument eines Chefs! Angst und immer wieder Angst, um den Arbeitsplatz zu verbreiten. Ja, genau das ist es! Wenn man sich gar nicht wehrt, sieht Klein-Mabuse: Hey, damit bin ich durchgekommen, die Leute kuschen! Beim nächsten Mal werde ich die Latte einfach höher hängen, vielleicht komme ich damit auch durch. Diese Einschüchterungsmethode mag bei denen funktionieren, die von Geburt an eine Charakterschwäche haben, aber doch nicht bei mir. Die Kollegen, die Charakter zeigen, lassen den eben noch cholerischen Chef auf Meerschweinchengröße schrumpfen. Ich musste tätig werden, sonst wäre ich durchgedreht. Oder ich würde so weit abstumpfen, dass ich zur Arbeitsdrohne mutiere und so zu Mabuses Lieblings-Nutztier werde. Soweit durfte es nicht kommen, also hieß es: Aufgemerkt und Stirn bieten! Das Gespräch allerdings habe ich unter »Hat nix gebracht!« abgehakt. Es dauerte auch nicht lange und ein Brief flatterte mir ins Haus. War klar, dachte ich, denn der war von Klein-Mabuse. Ich vermutete die Änderungskündigung aufgrund der Reduzierung meiner Stunden. Meine Vermutung gab mir Recht, als ich den Brief öffnete. Ich las nur das Wort »Änderungskündigung« und rief sofort meinen Anwalt an. Der wiederum hatte wenige Tage später Klage eingereicht. Einige Wochen später betrat ich das Gericht und den Raum, in dem meine berufliche Zukunft entschieden werden sollte. Es spielte sich alles ab, wie in einem Film oder wie in einer der Gerichtssendungen, die nachmittags über den Bildschirm flimmerten. Wir verließen den Raum ohne jegliche Einigung und hofften auf einen baldigen zweiten Termin. Dazu sollte es aber nicht mehr kommen. Auf Anraten meines Anwaltes verstärkte ich meine Bewerbungsbemühungen, um aus dieser Hölle zu flüchten. Der Prozess hätte sich wahrscheinlich ewig hingezogen und Wackeldackel, Klein-Mabuse oder der dicke Primat würden mich weiter am langen Arm verhungern lassen. Wenige Wochen später bekam ich ein gutes Arbeitsangebot. Über meinen Anwalt hatte ich ausrichten lassen, dass ich gehen möchte. Aber nicht, weil die mich in die Knie gezwungen hatten, sondern weil ich meine Gesundheit nicht länger aufs Spiel setzen wollte. Mein Anwalt hatte alles für mich geregelt und tatsächlich noch eine Abfindung rausgeschlagen, obwohl ich letztendlich gekündigt hatte. Die Außenwirkung war in diesem Moment sicherlich sehr gut. Welcher Arbeitgeber zahlt schon eine Abfindung bei Selbstkündigung?

Vielleicht war das beabsichtigt, weil man irgendwann wieder Personal brauchte. Solche sozialen Absicherungen eines Unternehmens sprechen sich schnell herum.

14. Teil

Das Leben ist eine Reise

Hinter der bunten Mauer

In diesem Jahr feiern wir den 32sten Jahrestag des Mauerfalls. Ich kann es noch gar nicht glauben, dass schon so viele Jahre vergangen sind. Viele Erinnerungen werden wieder hochkommen, wenn ich die Bilder zum Jahrestag im Fernsehen sehe. Meine Geschichten und die Geschichten der Menschen von »Drüben« aus dem Ostteil werden weiter unsere eigenen Geschichten bleiben, auch wenn wir sie anderen erzählen oder niederschreiben. Geschichten, die den Lebensweg ebnen, die einen starkmachen und manchmal verzweifeln lassen.

Aber so ist das Leben. Es hat niemand gesagt, dass es leicht wird – dieses Leben da »Drüben« hinter der bunten Mauer. Egal, aus welcher Richtung man gerade schaut. Ob aus dem Osten rüber in den Westen oder vom Westen rüber in den Osten. Deutschland war nun mal geteilt und das nicht nur durch eine Mauer. Früher war es spannend, wenn die Pakete und Briefe von »Drüben« aus dem Westen kamen.

Die Berichte im Fernsehen über das Land, die Leute und das Leben im Westen waren interessant. Die Neugier packte viele Menschen. Sie wollten aus dem tristen Kontrollstaat raus. Bereits als Teenager war mit klar, dass die Straßen im Westen auch nicht mit Gold gepflastert waren. Trotzdem hat man das Verlangen seine Großeltern oder Verwandten zu sehen, andere Länder und deren Kulturen kennenzulernen. Die Sehnsucht nach »Drüben«, dem Westen, wurde stärker. Für die Leute, die dem Osten den Rücken kehrten und nach »Drüben« in den Westen wollten, folgte eine spannende, aber auch gefährliche Zeit. Wie wir wissen, sind viele dieser Menschen an der Mauer gestorben. Viele Ausreisewillige wurden auf Schritt und Tritt verfolgt, beruflich diskriminiert, verhaftet und verurteilt. Ich denke, dass ein Großteil dieser Menschen noch heute unter den Folgen leidet. Viele verschweigen oder verleugnen sogar ihre Herkunft, um sich nicht rechtfertigen zu müssen. Zum Beispiel, dass sie von »Drüben« kommen. Wenn ich mich heute bei Partys, bei Veranstaltungen oder im Zug unters Volk mische, begegne ich immer noch Menschen, die sich über die Ostdeutschen lustig machen, nur weil sie »Hinter der bunten Mauer« keine Bananen, und sie mangels dieses Notstands an Vitaminen, keine Lust auf Arbeit hatten. Sie wundern sich, dass einige Ostdeutsche die Mauer wieder haben wollen? Sie wundern sich noch, dass viele Menschen nach einigen Jahren im Westen wieder in den Osten zurückgingen?

Wenn ich mich als eine von »Drüben« aus dem Osten oute, schaue ich in verdutzte Gesichter. Aufgerissene Münder und Augen zeigen eine Art von Verwunderung. Wenn ich dann noch zu hören bekomme, dass man mir das überhaupt nicht ansieht, frage ich mich, wie stellen die sich einen ostdeutschen Menschen vor? Naja, ich habe mich nicht davon abschrecken lassen und lebe weiterhin als eine von »Drüben« im Westen.

Die Zugreise

Ganz unbefangen bin ich auf den Zug des Lebens aufgesprungen, um mein Glück zu finden.

Dabei traf ich immer wieder auf Menschen, von denen ich glaubte, dass sie mich während der ganzen Reise begleiten würden. Es waren meine Eltern, Geschwister oder Freunde. Nicht immer begleiten uns diese Menschen bis zum Ende der Reise. Sie steigen manchmal bei einer Station aus und lassen uns zurück. Uns fehlen dann ihre Liebe, Wärme und Geborgenheit, ihre Gesellschaft und Freundschaft. Die Trennung von einigen Freunden, die ich während der Reise traf, war schmerzhaft. Eine Freundin wurde ermordet, die nächste zog in eine andere Stadt, eine andere kam durch einen Unfall ums Leben und einige hat der Krebs zerfressen. Jedes Mal hatte ich ein Gepäck mehr zu schleppen. Die Verabschiedung von meinen Eltern war schmerzvoll und dennoch sehr kurz. Sie stiegen zu einer Zeit aus dem Zug aus, in der ich sie hätte noch gebrauchen können. Aber ich habe gelernt, mit den Entscheidungen mancher Reisebegleiter umzugehen, auch wenn es nicht immer leichtfällt. Leider hatte ich keine Möglichkeit mich von meinen Eltern zu verabschieden oder zu erfahren, warum sie eigentlich ausgestiegen sind und mich zurückließen. Und so schaute ich ihnen nach und wusste, dass der Zug abgefahren war, denn sie wurden immer kleiner und verschwanden am Horizont. Irgendwann aber steigen andere Personen, die für uns wichtig werden, in den Zug. Einige dieser Personen steigen bei der nächsten Station bereits wieder aus und hinterlassen einen leeren Platz, andere bemerken wir erst gar nicht. Ich versuche, meine Reise so gut wie möglich zu Ende zu bringen und mit allen mitreisenden Passagieren gut auszukommen. Dabei suche ich stets das Beste in jedem von ihnen. Denn ich weiß, dass nicht alle Menschen lieblos, gewissenlos und brutal sind, so wie ich es erlebte. Wiederum bin ich erstaunt, dass sich Passagiere, die ich am liebsten habe, in einen anderen Wagon setzen und ich die Reise allein weiter machen muss, wenn ich nicht nach ihnen suche. Ich kämpfe mich also durch den Zug, bis ich sie endlich gefunden habe. Dann stelle ich fest, dass der Platz an ihrer Seite schon besetzt ist. Ich ziehe wortlos vorbei und suche mir einen neuen Platz, der nicht einfach so zu finden ist. Erst wenn man sich gesetzt hat, merkt man, dass dieser Platz nicht der Richtige ist.

So ist eben die Reise des Lebens: voller Enttäuschungen, Träumen, Herausforderungen, Hoffnungen und Abschieden.

Manchmal bin ich heute noch mit dem Zug unterwegs und muss immer wieder um einen guten Platz kämpfen. Wenn ich dann sitze und mich umschaue, nehme ich die verschiedensten Signale wahr. Sie verheißen manchmal nichts Gutes und so sehe ich in manchem Passagier einen Verbrecher, korrupten Geschäftsführer oder einen Menschen mit Stasivergangenheit. Manchmal muss ich über meine absurden Gedanken schmunzeln. Wenn der Zug dann durch die verschiedenen Landschaften zieht, habe ich das Gefühl der Ohnmacht, weil er immer mehr Fahrt aufnimmt und das Ende der Fahrt schon in Sicht ist. Hier würde ich gerne aussteigen, aber es geht nicht, weil ich für andere stark sein muss. Nur ein rotes Signal oder ein Unglück kann die Fahrt vorzeitig beenden.

Um mich abzulenken, gehe ich mit meinem Smartphone ins Internet. Wenn man heutzutage nicht bei Facebook ist, fragen sich die Leute: Hat die was zu verbergen? Und wenn man sich angemeldet hat, ist das auch verkehrt, weil man Gefahr läuft, zu viel von sich Preis zugeben. Ein Medium der totalen Kontrolle – dieses Internet. Dann stelle ich mir vor, wie es wohl gewesen wäre, wenn es im Osten Internet gegeben hätte. Hätte die sozialistische Regierung diesen Zug der Zeit verhindern können? Aus meinen Erfahrungen, die ich während meiner Reise gemacht habe, ist der Zug der Zeit nicht aufzuhalten. Ich blicke zurück auf meine lange Reise. Bei einer Station meines Lebens hatte ich den Vater meines Kindes kennengelernt. Aber bereits bei der nächsten Station bin ich ausgestiegen und aufgesprungen auf einen anderen Zug, der mir es leichter machen sollte. Viele Jahre später geht es mir gut. Ich fühle mich auf dem Zentralbahnhof angekommen, weil ich einen liebe- und verständnisvollen Partner und sehr gute Freunde gefunden habe. Die Durchsagen am Bahnhof sind klar und verständlich. Egal, von welchem Bahnsteig ich weiterreise, die Stimme sagt immer das Gleiche. »Du kannst stolz darauf sein, was du im Leben geleistet hast.« Ja ich bin stolz, besonders aber auf meinen Sohn.

Obwohl er ohne Vater groß geworden ist, hat er einen vernünftigen Beruf erlernt und ist mittlerweile verheiratet und hat zwei süße Kinder. Nachdem sein Vater auf die Briefe nicht geantwortet hatte, die mein Sohn ihm schrieb, entschied er sich dieses Gepäck zurückzulassen. Da war er gerade 9 Jahre alt. Ich erinnere mich daran, dass in jedem Abschnitt der Strecke einer der Passagiere schwankte und mein Verständnis oder meine Hilfe brauchte. Auch wenn der Zug auf der Strecke stehen bleibt, versuche ich doch alles Mögliche, den Zug des Lebens für diesen Menschen ins Rollen zu bringen und das unnötige Gepäck abzuwerfen.

Ich arbeite heute mit Menschen, die oft auf ihrer Reise schon verzweifelt waren, genauso wie ich. Dann gebe ich ihnen etwas von meinen wichtigen Reiseerfahrungen ab; Respekt, Wertschätzung und Freundlichkeit.

Denn so habe ich es erlebt, wenn ich selbst während meiner Zugreise schwankte, gab es immer jemanden, der mich verstand und unterstützte. Ich musste ihn jedoch suchen und informieren.

So werde ich weiterhin versuchen, eine gute Reise zu unternehmen, damit sich die Mühe des Lebens am Ende gelohnt hat. Denen, die Teil meines Zuges sind oder sein möchten, wünsche ich eine Gute Reise.

Nachwort

»Sei, wie die stolze Rose, selbstbewusst, glücklich und frei und nicht wie das Mauerblümchen im Moose – so dämlich, behämmert, blind und scheu!«

- ein etwas abgewandelter Vers -

Ein Mauerblümchen hat sich nicht von selbst diese Stelle ausgesucht, sondern wurde an diese Stelle geboren und sucht sich seinen Raum und Nahrung, um auch zu blühen und zu strahlen wie eine jede Blume. Jedoch erweist sich eine Mauer nicht als Versorger mit Notwendigem zum Leben wie zum Beispiel ein Garten. Mühsam muss sich das Mauerblümchen ständig den Gegebenheiten anpassen, regnet es, muss es trinken, da es nicht weiß, ob es morgen wieder etwas bekommt. Wenn es etwas Staub ins Gesicht bekommt, wird es selbst diesen Dreck behutsam abschütteln, damit der Nährboden um es herum zunimmt. Das Mauerblümchen versucht, mit dem mitgegebenen Erfolg zu haben, es blüht und wächst, obwohl andere bei eingehender Analyse dieses Territorium für ungeeignet und keinesfalls lebensfördernd halten. Und siehe da, es nutzt jede ihm mitgegebene Eigenschaft und die Einflüsse, für die es nichts kann, zu seinem Wachsen und beschwert sich nicht über die ungleichmäßige Versorgung, sondern sieht diese mit seinen Möglichkeiten zum Leben und lebt. Nicht, dass es seinen Platz anderen schönen Plätzen im Leben vorzieht und sich einredet, alles sei doch toll und es würde schon jemand für das Mauerblümchen sorgen, es müsse nur daran glauben. Nein, es bemerkt sehr genau, dass es nur für sich selbst sorgen kann und muss, so ist es immer bemüht, seine Lebensenergie zu pflegen und zu erneuern. Wer einen Lebensraum geschenkt bekam, an dem alle guten Entwicklungsmöglichkeiten vorhanden waren, wird sich schwer mit einem Mauerblümchen identifizieren können. Aber es wird dem Mauerblümchen sehr helfen, wenn man es bewundert als ein Schmuckstück an einem Ort, an dem eine Blume nicht vorgesehen ist. Es ist doch ein besonderer Platz und hier sich überhaupt zu behaupten und festzuhalten ist eine bewundernswerte Leistung.

Dieses Buch basiert auf biografischen Grundlagen und wurde aus der Erinnerung geschrieben. Orte oder Zeitangaben können daher etwas abweichen. Ähnlichkeiten mit lebenden oder bereits verstorbenen Personen sind rein zufällig.

Widmung

Natürlich meinem Sohn Daniel …
Er ist der wichtigste Mensch in meinem Leben.

Meinem Bruder Michael …
Nicht zuletzt hat er durch einige spannende Geschichten zum Buch beigetragen.

Meinen lieben Verwandten …
Ihr habt mit eurer Unterstützung dazu beigetragen, das Leben in der DDR zu ertragen.

Unbekannte Frau aus dem Intershop …
Sie haben mich für einen Tag zum glücklichsten Kind der Welt gemacht.

Allen mutigen Menschen, denen ich begegnet bin …
Ihr habt für Eure Freiheit gekämpft, Menschen zur Flucht verholfen und Großes erreicht.

Erster Mann und zweiter Mann ohne Namen …
Sie haben mir ein paar von meinen wenigen Glücksmomenten beschert.

Danksagung

Ich sage allen Danke, die zum Buch beigetragen und mich unterstützt haben. Ein Dankeschön auch an meine kleine Familie und an meine Freunde, die lange ohne mich auskommen mussten, weil ich meine Zeit am PC verbracht habe.

Ein besonderer Dank geht an Norbert D., der mir mit Rat und Tat zur Seite stand und mich dazu motiviert hat, das Buch auch zu veröffentlichen und an Andy Niemann, der mit sehr viel Kreativität das Cover malte.

Autorin

Cornelia Zoels, geboren 1964 in Brandenburg, technische Ausbildung bei den Verkehrsbetrieben, denn ein Studium im Osten blieb ihr verwehrt.

Nach dem Mauerfall im Jahre 1989 konnte sie ihren geistigen Horizont erweitern, denn der Westen bot ihr alle Möglichkeiten, Versäumtes nachzuholen.

Sie hatte Jobs u.a. als Wirtschaftsleiterin, Versicherungsvertreterin, Coach, psychologische Beraterin und pädagogische Mitarbeiterin. Bis heute erzählt sie als Zeitzeugin ihre Geschichten im Gesellschaftsunterricht.

Seit 2013 arbeitet sie als persönliche Ansprechpartnerin im Jobcenter der Region Hannover.

Die Zeit darf nicht in Vergessenheit geraten….

Mit diesem Buch hat die Autorin nicht nur Ihre Erfahrungen mit der ehemaligen DDR und deren Stasi – Regime aufgearbeitet, sondern sie erfüllte sich Ihren Traum von einem eigenen Buch. Aber nicht nur das Schreiben ist zur Aufarbeitung der DDR- Diktatur von großer Wichtigkeit, sondern auch die Arbeit als Zeitzeuge. Regelmäßig ist die Autorin in den Schulen, um über ihre Erfahrungen im Unterricht mit den Schülern und Lehrern zu sprechen.
Der Austausch ist in der heutigen Zeit sehr wichtig, so die Autorin. Denn wer kann den Unterschied zwischen einer Diktatur und Demokratie besser erklären – wenn nicht die Zeitzeugen.

www.zeitzeugenbuero.de
Cornelia Zoels | Facebook

Von einem der auszog, das Flüchten zu lernen

Autor: Jens Dräger

UVP: 4,50 EUR
Paperback
100 Seiten
ISBN: 978-1507620878

Wir tauchen hier ein, in eine bewegende Geschichte, die es nach heutigem Rechtsverständnis eigentlich nicht geben dürfte. Und doch ist es passiert. Auch heute noch werden in dieser aufgeklärten, zivilisierten Welt Menschen ihres Glaubens und ihrer Lebenseinstellung wegen verfolgt, erniedrigt und unterjocht. Diese Geschichte spielt im Jahr 1989 in der damaligen DDR. Der Autor wollte dem Leben in der DDR entfliehen und wurde bei einem Fluchtversuch in Bratislava verhaftet. Detailgenau werden hier die Einzelheiten seines Fluchtversuches, seiner Haftzeit und der anschließenden Entlassung in die Bundesrepublik Deutschland beschrieben.